百年薪火　世纪风范

谨以此书献给世纪广东美术家

《世纪广东美术家》编委会

世紀廣東美術家

主编◎张东明　唐　健

南方日报出版社
NANFANG DAILY PRESS
中国·广州

图书在版编目（CIP）数据

世纪广东美术家 / 张东明，唐健主编. — 广州 ： 南方日报出版社，2015.12
ISBN 978-7-5491-1338-5

Ⅰ. ①世… Ⅱ. ①张… ②唐… Ⅲ. ①美术家－列传－广东省—1919～1978 Ⅳ. ①K825.72

中国版本图书馆 CIP 数据核字(2015)第 279855 号

SHIJI GUANGDONG MEISHUJIA
世纪广东美术家

主　　编：张东明　唐　健
出版发行：南方日报出版社
地　　址：广州市广州大道中 289 号
出 版 人：周洪威
责任编辑：周山丹　陈盈璐
特约编辑：孙茂勇
装帧设计：肖晓文
责任技编：王　兰
责任校对：阮昌汉
经　　销：全国新华书店
印　　刷：广州市岭美彩印有限公司
开　　本：787mm×1092mm　1/16
印　　张：24.5
字　　数：320 千字
版　　次：2015 年 12 月第 1 版
印　　次：2015 年 12 月第 1 次印刷
定　　价：88.00 元

投稿热线：（020）87373998-8503　读者热线：（020）87373998-8502

网址：http://www.nanfangdaily.com.cn/press　http://www.southcn.com/ebook

前言

触摸大师　唤醒艺术

近代中国迎来了“数千年未有之大变局”，20世纪的中国画坛，出现了这样一群广东美术家，他们以艺术为栖身之所，焚膏继晷，寝馈其中。

把目光投向20世纪初中国“西学东渐”的思想前沿地——广东，我们看到了这样一群变革者、先驱者。美术教育方面，林风眠、郑锦等广东美术家扮演了现代美术教育先驱者的角色，国立北平艺专（中央美院前身）和杭州艺专（中国美院前身）的首任校长都是广东人；美术思想方面，无论是倡导新国画运动的“二高一陈”，还是鲁迅所倡导的新兴木刻运动中诸多来自广东的艺术家（古元、李桦、黄新波等），都以思想之光开启了中国美术百年变革的征程；艺术风格上，广东艺术家“折衷中西、融汇古今”，涌现了岭南画派以及诸多开宗立派式的人物……

“推倒雕琢的阿谀的贵族文学，建设平易的抒情的国民文学；推倒陈腐的铺张的古典文学，建设新鲜的立诚的写实文学；推倒迂晦的艰涩的山林文学，建设明了的通俗的社会文学。”重读五四运动领袖陈独秀的《文学革命论》，我们似乎可以找到广东美术家所走过的思想历程：无论是高剑父抗战时期横砍竖劈的刚劲笔法，还是黄少强在艺术中的“谱家国哀愁，写人间疾苦”，抑或是司徒乔笔下对苦难人生“最真切的情绪”，无不在艺术中转向大众启蒙、关照底层民众的审美。而被英国牛津大学苏立文（Michael Sullivan）教授评价为“中国现代绘画真正的先驱者”的林风眠，最终在点线面的艺术表现中实现了对东西方艺术的通透理解和表达，创造出“在孤寂中有着热烈，在沉静中有着壮美”的“林风眠式表现主义风格”，浓缩了中国艺术家从传统走向现代的精神历程。

为了探寻这从历史深处传来的幽光。近年来，一批批国内外学者将目光投向了20世纪广东美术家。国际上，加拿大维多利亚大学郭适教授、美国普吉湾大学洪再新教授纷纷将研究目光投向20世纪的广东画坛。而在广州本土，广州美院教授李伟铭等一批研究者近20年埋头于广东美术近现代研究，从美术史中打捞遗珠，零星的成果正拼接为完整的研究版图。

借助他们的成果，我们得以触摸这些远去的艺术大师，得以触碰他们百年来所经历的种种搅动与挣扎，感受他们走向现代主义的种种兴奋感，体味他们在艺术中绽放的人性温暖和关照。我们的撰写者，希望回到历史中追寻那些耐人寻味的细节，客观评价和呈现每一位艺术家，留住可信的史料，传递给读者。

贡布里希在他的艺术史经典著作《艺术的故事》中说，没有艺术，只有艺术家。回望20世纪这些创作了不朽杰作的艺术家，回首处只看到一个个寂寞丹青人，他们踽踽独行，以殉道般的精神将艺术与人生熔铸于一炉，于荒棘中辟出一条求真、求善、求美之路。我们希望回溯这一段段平凡又传奇的人生，讲述艺术的故事。

目录

第一章

美育先驱

回首百年美术发展历程，来自广东的美术先驱不仅在个人艺术风格上领风气之先，不少更在美术教育方面担纲领军人物，如国立杭州艺专第一任校长林风眠、国立北平艺专第一任校长郑锦等。他们“兼容并包、学术自由”的思想，为现代中国美术教育奠基。

林风眠（1900—1991），广东梅县人，中国画家暨教育家，中国近现代美术的启蒙者之一。1919年，林风眠赴法留学，其间广泛接触西方现代主义艺术。1925年，林风眠回国，任国立北平艺专校长，后受蔡元培之邀赴杭州筹办国立杭州艺术专科学校，并担任首任校长。林风眠锐意革新艺术教育，倡导“新艺术运动”，主张“兼容并包、学术自由”的教育思想。

抗战爆发后，林风眠辞去校长职务，潜心作画。他试图通过西方现代主义艺术观念对现代中国画进行革新，创作出彩墨交融、构图新颖的新境界。“文革”结束后，林风眠移居香港继续创作，直至1991年在香港逝世。林风眠著有《东西艺术前途》《我们所希望的国画前途》，其代表作有《春晴》《江畔》《仕女》《山水》《静物》《宫女与花瓶图》等。

郑锦（1883—1959），广东香山人。郑锦早年在日本留学，在东京美术学校攻读人体画科，并以作品《婷婷》入选日本级别最高的文部省美术展。郑锦画风深受日本影响，他擅画人物花鸟，尤喜古装仕女，风格精雅秀逸。郑锦对两宋院体的钻研也十分深入。

1915年，郑锦应国民政府教育部之邀回国，任故宫博物院副院长，推动文物开放走向民间。1917年，郑锦奉命筹办中国第一所国立美术学校——国立北平艺专，并被任命为首任校长。1924年，郑锦与晏阳初等人创办中华平民教育促进委员会，推行平民教育运动，亲身参与编订中国第一本专为农民而编写的识字课本《千字文》。郑锦晚年寓居澳门，专心绘事。

林風眠：

一卷20世纪艺术百科全书

20世纪上半叶，以文人画为代表的传统笔墨艺术日渐衰顿。此时的中国画坛，或师法外洋，“以西润中”，如徐悲鸿、刘海粟；或坚守本源，变法突破，如潘天寿、齐白石。其中有一位大师则以“熔铸中西，汇通文野”著称。他“不惜如哪吒童子般破解骨肉重构金身”（谢春彦语），自成一派，开一代画风。西方美术史研究权威苏立文曾专门撰文称赞他是“中国现代绘画的先驱者”，直言“他比同时代的任何中国艺术家都更了解西方艺术（尤其是后印象派艺术）”，“能够把西方美学内在化并与他对中国艺术的理解相融合……以创造新的绘画”。

他就是我国现代画坛一代巨匠，中国现代艺术教育的主要奠基人之一林风眠。

林风眠（1900—1991）出生于广东梅县，19岁赴欧游学，曾担任国立北京艺术专门学校（现中央美术学院）校长，也是国立艺术院（现中国美术学院）首任校长。他倡导“介绍西洋艺术，整理中国艺术，调和中西艺术，创造时代艺术”的理念，先后培养了一大批享誉世界的艺术大家，如吴冠中、李可染、赵无极、朱德群、苏天赐、席德进等。

新文化运动的狂飙突进，抗战的滔天洪流，“文革”的牢狱之灾，远走香江的韬光晦迹，他都一一经历过。作为20世纪的同龄人，他见证了百年来民族文化所遭受的困厄与磨难、“中西融合”所历经的波折与流衍。他是中国现当代史上极少数不为时局所左右、一辈子不改理想初衷的艺术大师之一。观其一生来去浮沉，从“兼济天下”到“独善其身”，这其中既有“亦余心之所善兮，虽九死其犹未悔”的弘毅之志，更蕴含着一种“时命或大缪，仲尼将奈何”的悲怆。

诚如中国美术学院院长许江所言，“林风眠是一卷世纪性的艺术百科全书”。从林风眠独特的个案中，“能看到百年知识分子艺术家的忠诚和激情，也能从他和时代的关系中去领会艺术家的责任，重新捡回那些被忽视的价值”。

百年双喜 特约 世纪广东美术家 A17

林风眠：一卷20世纪艺术百科全书

百年巨人 世纪风范 广东中烟工业有限责任公司特别呈献

命运开篇处的寒凉底色

1900年11月22日，林风眠出生于广东梅县阁公岭村一个石匠家庭。上中学时其绘画天分已让老师自愧弗如。傅雷曾说，他对艺术的追求正如他的祖父不论四时晴雨皆赤脚凿坚镌石之精神。用林风眠自己的话来说，一生“从未无故放下画笔”。

同乡挚友林文铮曾用“痛苦”一词来概括林风眠毕生创作的基调。林风眠的艺术具有一种“罕见的苦味”（许江语），发源于命运开篇一抹寒凉的底色——幼年时，母亲与人私奔未果，险被宗法私刑处死，后被卖到他乡，再无音讯。他因此大病一场，卧床半年，变得沉默寡言。

1919年底，林风眠赴法勤工俭学。在欧洲6年，林风眠游学于法、德，曾先后投师于法国第戎国立高等美术学院和巴黎国立高等美术学院柯罗蒙工作室。他喜欢到户外进行色彩写生和人体速写训练，同学李金发说他下笔“信手拈来皆成妙谛”。在第戎美术学院院长杨西斯“珍视本民族艺术遗产”的提点下，他花了大量时间去东方美术馆和陶瓷博物馆临摹。他与当时学院派眼中“欺世盗名”的塞尚、毕加索、马蒂斯甚为投缘，亦从叔本华的哲学、波德莱尔的诗歌等不同艺术门类中博采广撷，创作出了具有表现、抽象等现代艺术风格的《柏林之醉》《暴风雨后》等作品。

1924年5月，在法国斯特拉斯堡举行的中国美术展览会上，林风眠的作品引起轰动，尤其是高2米、长4.5米的油画巨作《摸索》。当时中国《艺术评论》的报道称，“全幅布满古今伟人”，从荷马、耶稣到托尔斯泰、歌德，“个个相貌不特毕肖而描绘其精神，品性人格皆隐露于笔底”，“皆有摸索奥秘之深意”。这幅笔法粗犷、写意，色调灰黑沉郁的作品，据说只用一天时间一气呵成，深得学界泰斗蔡元培的器重。

在艺坛初露锋芒之际，林风眠第一任德籍妻子罗达在分娩时染上产褥热去世，婴儿随之夭折。悲恸之余他写下“人生有情泪沾臆”的字句，亲手为罗达刻了一方墓碑。《令人赞赏的春天失去了她的香味》，被视为画家当时“心境”的写照——这幅画描绘一群燕子飞过雾中开花的梨树，恍如柔情一梦，蕴含着一种花落燕归的迷离的惆怅。

50多年后，劫后余生的林风眠于1979年赴法国举办画展，其间曾到巴黎郊外罗达的墓地凭吊，奈何遍寻不得，顿时老泪纵横。

万马齐喑时的“一声惊雷”

林风眠（1900—1991）

1925年，林风眠偕第二任法籍妻子阿丽丝回国，在蔡元培的提携之下，未满26岁被聘为国立北京艺专校长。1928年，又赴杭州出任我国第一所综合性国立高等艺术学府——国立艺术院的首任校长。执掌中国南北两大美术阵营的十年时间里，林风眠在中国艺坛一举成为众所仰望的风云人物，一度被称作“艺术界的胡适之”。

在这一时期的史料中，林风眠的形象既挥斥方遒、士气俊发，又隐忍藏锋、用晦而明。在主持校政上，他抱定“为中国艺术界打开一条血路”的决心，投身“改造艺术院校”的事业。在北京，他力排众议，邀请当时被正统国画家讥为“野狐禅”的齐白石来校讲学，又大胆地将裸体艺术引入教学；在杭州，他尝试将西画系与国画系合并，毫不避讳地延请与己观点针锋相对、强调国画独立性的潘天寿任教，颇具蔡元培兼容并包、唯才是举的风范。

在社会活动中，他更矢志以“我入地狱”之精神，将美术作为开启民智、移风易俗的利器。他撰文、作画怒斥政治腐败，在白色恐怖下掩护进步学生；他发起、组织了以“艺术社会化”为宗旨的北京艺术大会，主办西湖博览会艺术馆；1928年，他在杭州牵头组建了“艺术运动社”，发出了“集中全国艺术界之新力量”“促成新时代艺术之实现”的豪迈新声。

著名美术评论家郎绍君将其十年创作历程总结为“救世”与“避世”两个阶段。从1926年到20世纪30年代初，以油画居多，取材于军阀连年混战、政变屠杀、民不聊生等黑暗现实，呼唤人道主义，抗争意味浓烈。画风倾向于表现主义，构图简约，笔法凌厉，用色强烈而凝重，如《人道》《人类的痛苦》《悲哀》

等。这些作品“直接描写人类自相残杀的恶性”（林文铮语），画面遍布绞架、锁链以及扭曲的、受难的人体，充满无言的断喊凄嘶，“在万马齐喑的时刻……仿佛从沉闷的云缝里响出一声惊雷”（蔡若虹语）。林风眠多次触怒当局，在北京差点招来杀身之祸，辞职南下之后，又惹恼戴季陶，被指“在人的心灵方面杀人放火”，险些令杭州艺专关门。

1931年，蒋介石到杭州艺专参观，看到《痛苦》时，放话称：“青天白日之下，哪有那么多痛苦的人？”迫于政治高压，林风眠遂转攻国画花鸟、风景和人物，在造型、设色、空间处理等各个方面进行融汇中西的尝试，运笔简洁、迅疾，色彩斑斓，画面蕴藉、灵动，已具有“风眠体”的雏形。

在王朝闻等学生眼中，这位年轻的校长总是轻言细语，微笑可亲，有如“恬淡和澹荡的惠风”，有时上台讲话还会脸红。周末，他时常与弟子们欢聚于西湖边上他亲手设计、建造的寓所“玉泉居”，他鼓励学生纵笔随心，摒除拘谨，甚至劝他们作画前喝点酒，释放天性。待到夜深人散，他栖身于二楼画室，一边听着古典音乐，一边铺纸开笔，通宵跋涉，直至精疲力竭。

于人，他是盗天火的普罗米修斯；于己，则是滚石头的西西弗斯。笔下可撼摇星河，亦可静影沉璧，林风眠为布丰所言“风格即人”留下了一个精妙的诠释。

“沉默洞窟”中的惊世蜕变

抗战爆发后，经历迁徙、并校、学潮和辞职等一系列风波，林风眠将妻儿安置于上海，辗转浙、赣、湘、云、贵及香港等地，避居重庆，从少年得志、才彦环绕的艺专校长猝然跌入残山剩水、乡野民丛，由此迎来了一生由显转隐的分水岭。

在沅陵辞职之际，林风眠对追随多年的师生“无不念念”，留下信件叮嘱校方“加意维护，勿使流离”，令闻者痛哭。他料想不到的是，此时杭州旧居已被日军占用为伤兵医院，《人道》《人类的痛苦》等昔日巨作，被扯碎当成了马厩的遮雨篷……

在重庆，林风眠没有开过画展，他托人谋了一个负责宣传抗日的“设计委员”的虚职，靠微薄的薪水维生，在长江南岸大佛段一座土墙泥地的仓库里，一住就是将近七年。据李可染等人的记述，林风眠当时过着遗世独立、“苦行僧一般的清净生活”，自己操持家务，置办三餐。他经常就着一点水煮猪肉、蔬菜，足不出户地画上一天，一次可画几十上百张，大部分付之一炬，剩下的直摞到屋顶。

1936年，林风眠和妻子女儿在家中

事后，林风眠谈起这段往事却说：“在北京和杭州当了十几年校长，住洋房，乘私人轿车，身上一点人气儿乎耗光了。你必须真正生活着……身上才有真正人味，作品才有真正的生命活力。”

即便在抗战期间，林风眠仍坚持艺术的非功利主义态度，拒绝转投写实主义，不喜欢“照相式刻板与平俗”，理由是其“在艺术的价值上是微细的”。他将精力集中于宣纸彩墨创作，偏爱风景、花鸟、仕女、苗疆与戏曲人物等“小众”题材；在技法与材质上，他打破油画、水粉、国画等的边界，探索方形构图、瓷绘笔线、空间糅合、光线透视、色墨层叠等形式构成，将西方的写实与东方的写意进行挪移、错置、嫁接和重组。

谢春彦、郎绍君等评论家指出，这种“调和中西”的尝试，绝非患得患失、流于皮相的“修补”或“妆点”，而真正是由内及外、由个性语言到气质内涵的涅槃。无论是《拾玉镯》中烟视媚行的玉姣斜坐，背篓摆摊的苗族女子，还是苍莽远山与旷野泊船，“无一笔传统程式”，却又是十足诗化的东方意蕴。即使是在最清寂、萧瑟的空山鸟语、风吟渔唱之中，也渗透着一股热辣、浑厚的自由创造之精神，大有“元气淋漓嶂犹湿”之势。

正如他本人对弟子所言，“我走的路，正是你们没走过的”，他更明白，艺术家之修炼譬如织茧化蝶，除了沉潜蜕变，还要有能力挣脱过往经验的牢笼，破茧而出，“许多人走不出来就死在那里了！”他以大破大立之势促成了“风眠体”的出世，但这种与当时的“主流”格格不入的自我苦斗，却注定了余生无尽的孤独。

抗战胜利后，林风眠抛弃了所有行李，只带了几十公斤未托裱的彩墨画登上回沪的飞机。此时，作家无名氏却预言，他的命运是“残酷定了”的，“过去他奋斗了20年，被误解了20年，在‘沉默洞窟’里隐藏了10年。今后他还得被误解20年，沉默20年”。

寂寞蛰伏里的精神远征

1945年之后，林风眠被杭州艺专聘为教授，主持林风眠画室，与家人团聚，此时距其初下杭州一晃已近20年。“浮云一别后，流水十年间。”他温文随和，深受爱戴，一如往常；他又像过去一样办画展、做报告，课余与学生纵论古今，听贝多芬和花腔女高音，与傅雷、关良等名流交往，只是“欢笑情如旧，萧疏鬓已斑”。

1951年杭州艺专改为中央美术学院华东分院，轰轰烈烈的“彻底改造”中，原有教学体系被一概推翻：油画先驱吴大羽遭到解职，退隐上海；潘天寿、黄宾虹等丹青巨擘，被勒令从石膏素描从头学起；林风眠、关良被当成“新派画小集团头头”，和学生一起下乡“改造思想”。

林风眠“识趣”地辞职离开，携眷寓居于上海南昌路一栋法式二层小楼，又一次开始了漫长的蛰伏和寂寞的精神远征。他依靠卖画和一点补贴为生，经济拮据，不得不出售画册和唱片，裁下宣纸边条作画，以求物尽其用。1956年妻女远赴巴西投奔亲戚，孑然一身的林风眠退居二楼，深居简出，常以面条、稀饭果腹，作画之余，饮茶、养花、看戏。

在这种“野鹤无粮天地宽”的氛围中，没有附庸迎合的累赘，只有以心饲艺的纯正。林风眠在和友人的通信中，自称画风“改变得很厉害”：在戏曲人物题材上，他借鉴立体主义画派，将分场的故事人物折叠在同一画面上，以寻求一种时空上“综合的连续感”；他又将敦煌壁画、皮影等作为“形式的来源”，想从“民族形式”中寻求一条比马蒂斯、毕加索更具进化意义的“出路”。

20世纪五六十年代，林风眠完成了一系列以鹜鸟和秋景为母题的彩墨画。无论背景是晨光或暮云，布局是群飞或独宿，色调采花青或赭墨，如其自述，

20世纪50年代准备下乡，前排左三为林风眠

这些鹭鸟图都给人“渚清沙白鸟飞回”之感，有杜诗苍凉沉郁之况味。而在西湖秋景系列中，林风眠顿悟自己是“一个从记忆中汲取灵感的画家”。画中的湖、桥、屋、柳，既非西画的对景写生、模仿自然，更非因袭传统笔墨范式，而是画家在追思、神游中“饱游饫看”，由此提炼出白墙黑瓦配金红树叶的刺激、极致的对照。画中秋色的刚烈与浓酽，没有“自古逢秋悲寂寥”的自怜做派，而是呈现出一种“君子固穷”、怡然自处的气品。

林风眠在绘画上正值盛年，静物画之考究多变，花鸟画之特立独行，仕女画之疏离如诗，均标志着“风眠体”的成熟，即便是表现山河新貌、渔村丰收等“应命之作”，也绝不流俗，没有染上“浮夸病”。

20世纪60年代初，林风眠的作品成了“黑画”。1966年傅雷夫妇含恨自尽，林风眠震惊之余，为免留下“罪证”，赶在红卫兵抄家前闭门烧画。由于担心烟囱冒烟被人发现，遂改将上千幅画作撕碎，沉入浴缸溶成纸浆，再倒入马桶冲走，与平生心血惨烈挥别。义女冯叶回忆说，在阴沉的气氛中，他“光着头，一言不发”， 脸上一反常态地“坚毅、决绝”。

远走香江后的沧桑诗意

“文革”之中，林风眠遭到批斗和抄家，一度因“间谍罪”蒙冤入狱。1972年底，林风眠被释放，收藏家柳和清称，4年多不见天日的牢狱生活，使得他的胃病和心脏病更为加重，“脸上一无血色”。因顾虑“时局难料”，他不敢再提笔作画。果不其然，1974年，水墨画《山村》又一次受到批判。

1977年，林风眠在叶剑英家族帮助下被批准出国探亲，赴巴西探望阔别20年的妻女，此后移居香港。临行前，好友巴金收到的告别留念是他的一幅《鹭鸶图》，学生吴冠中收到的是青蓝色调的苇塘孤雁，他为此赋诗一首，遥祝恩师“浮萍苇叶经霜打，失途孤雁去复还”。

客居香港的10多年间，林风眠先后在日本、法国和中国香港、中国台湾成功举办个展，以八十高龄凭记忆重画在“文革”中毁掉的作品，“将生命留在尺牍间奔腾、呼号，哭之笑之”（吴冠中语）。《噩梦》《人生百态》系列等作品，不复精致的含蓄，而是回归青年时代蓬勃的浪漫与表现主义格调，既老辣又天真，仿佛让人看到“尖峰突兀，山林深杳，残阳如火，雪域荒莽”，“笔触之粗犷、色彩之强烈、风格之纵放，前所未有”（郎绍君语）。

林风眠大半生都在孤独和艰辛中度过，在狱中他曾作诗自嘲：“我独无才作画师，灯残黑尽夜眠迟。青山雾里花迷径，秋树红染水一池。”更于“沉沉梦里钟声”，发出“问苍天所为何来”的不平之声。然而，其暮年所绘秋景，却始终涌动、弥散着一股哀而不伤、纯净隽永的沧桑诗意，如天风岚霭，徐徐拂面。

在香港，林风眠听闻有爱国华侨愿意捐款在其杭州故居建纪念馆，他婉言谢绝，表示愿将资助之经费，用于培养青年深造。有人建议将款项命名为“林风眠奖学金”，他说：“那就应该从我自己的口袋里拿出钱来，不能占个空名。”

1986年，华君武、黄苗子等人代表全国美术家协会，邀请林风眠在“合适的时候”回来看看，林风眠微笑着点点头。他还曾诚挚地期盼：“如果再多给我50年，能够再多画一点……”

1991年7月，林风眠突发心脏病入院，绝笔之作是应邀为“傅雷纪念音乐会”所题的字。一个月之后，一代宗师长眠香江。

许江用细腻的文字为林风眠描绘了一幅“永恒的肖像”：“鼻梁之上立着圆拱顶一般的隆光引着你潜入他的内心”，“这眼中有火，而双唇却又似冰一样的沉默”。林风眠仿佛知道“那悲惨而恢弘的命运的意义”，“他从孤寂中产生对孤寂的爱，并把这种爱化作艺术的烈焰，温暖着他的时代和人间”。

本文主要参考了郎绍君《林风眠》、朱朴《林风眠研究文选》，并得到了广东林风眠艺术园的鼎力支持，特此致谢。

访谈

“他卡在了那个时代的咽喉上”

受访者：中国美术学院跨媒体艺术学院院长、教授高士明

“世人解听不解赏，长飙风中自来往。”受客观历史原因所限，林风眠生前被长期曲解、冷落、贬低甚至遗忘，他的艺术探索和建树亦未能得到当时主流意识形态和美术界的充分理解与认可，“卡在了那个时代的咽喉上”。至今，他的作品仍未得到系统的整理、出版，加之伪作泛滥，纠葛是非不断。历史总是线性地涂抹，时过境迁之后，我们又该如何纪念这样一位贞静淡泊、会通履远的先行者？

2014年，林风眠诞辰100年和110年之际，中国美术学院都隆重策划、举行了一系列纪念活动，并特意为此设计了一个标志——一只高高扬起的翅膀，它象征着引领时代的先驱风范，又蕴含着独立孤行的不屈意志。此外，广东林风眠艺术园还特别与中国美术学院共同设立了“林风眠奖学金”，在象山图书馆开辟了林风眠专题书架。2014年，由广东林风眠艺术园和中国美术学院共同组织了“世纪风眠”大型创作工程也于2014年完成。

“林风眠不仅是一个人，而且是一条道路”

南方日报：您曾经提出一个令人耳目一新的观点，即“林风眠不仅是一个人，而且是一条道路，是20世纪中国艺术史上最重要的一支学术脉络”。林风眠这一脉所具有的共同特点是什么？

高士明：我是在1999年参与中国美术学院“林风眠百岁诞辰纪念展”策划工作的过程中，开始重新认识林风眠先生的。我们发现，林风眠的一生与那个时代非常多的文化艺术名人紧密相关。留法期间，他和同乡李金发、林文铮组成了一个“铁三角”，他们共同生活，互相磨砺，一起策划展览，彼此交流心

得；回国之后，林风眠执掌国立艺术院期间，是“艺术运动社”的主要发起人，在他的身边形成了一个以留法、旅日归国人士为主的艺术群体，林风眠提出的“介绍西洋艺术，整理中国艺术，调和中西艺术，创造时代艺术”的口号，对20世纪的中国美术史产生了深远影响。

林风眠之路，一方面是一条“精神之路”，另一方面也是一条“方法之路”。在林风眠这个名字背后，其实是一个庞大的艺术军团。其中既有林风眠的同仁们，当时国立艺术院第一代教授，还有他的学生们，比如吴冠中、赵无极、朱德群、苏天赐、席德进等。20世纪中国艺术史上，只有这一支——林风眠所开启并倡导的这条道路，为中国现当代艺术不断地赢得世界的关注与认同。

南方日报： 在您看来，如何通过林风眠的个人经历与作品，更好地促进我们去理解、捕捉20世纪中国重大艺术史运动的嬗变和本质？

高士明： 中国历史上第四次非常重大的艺术史变动，便是发生在林风眠所生活的20世纪。这一历史时期，艺术史事件发生的密度，所形成的历史与文化的张力，是数百年间难以企及的。围绕“西风东渐”这一主题，在无数次艺术运动之中，涌现出的是“现代”与“革命”这两个20世纪最为重要的命题。而林先生的一生创作和美育实践贯穿了整个20世纪，在新文化运动、新中国建立前后和新时期等不同阶段，都卡在了那个时代的咽喉上。正如林风眠研究专家郎绍君先生所言，林风眠研究作为一个个案，与20世纪中国美术研究两者是互为表里的。

百年双喜 特约 世纪广东美术家 A18

“他卡在了那个时代的咽喉上”

——专访中国美术学院跨媒体艺术学院院长高士明教授

林风眠最动人的是“惆怅与通达共生的情怀”

南方日报： 徐悲鸿和林风眠都曾在巴黎高等美术学院求学，也都曾有意识地借鉴西方艺术、改造中国旧时代艺术。在您看来，他们的艺术主张及实践最本质的差异何在？

高士明：徐悲鸿师从写实派导师弗拉孟，他继承的是当时在欧洲已趋于没落的写实主义传统。因为在他看来，中国传统绘画最大的问题在于缺乏科学之基础和坚实的造型。徐悲鸿还认为，中国传统艺术的式微，是因为和现实生活离得太远，所以他提倡从西方引来现实主义的精神以充实中国艺术的内涵。他自己也曾说过："吾国因抗战而使写实主义抬头。"他所倡导的写实主义道路和风格，顺应了当时时代的需要，演变为时代主流。而林风眠的诊断则是中国传统艺术陈陈相因，其问题在于缺乏自新之能量。所以他从现代派诗歌、艺术之中取经，希望能以现代主义的表现性与批判性，为传统中国艺术找到一种自我更新、重获生机的道路。在当时的社会环境下，他无疑是一位超越时代的、孤独的先行者。

此外，还必须强调一点，林风眠提倡的"中西融合"，并不是一种简单的A+B式的叠加或者并列，而是以一种全新的、开放的视野和文化胸襟，实现中西艺术的对话，打开一个崭新的创造格局。这与梁启超所说的"不中不西，即中即西"，以及陈寅恪所谓"不中不西，非古非今"，在精神上是共通的。这里所说的"调和"，实则"贯通"和"再造"，最终是为了"创造时代艺术"。

林风眠作品中蕴藏着中国古典艺术的诗性气质

南方日报：林先生的作品最打动您的地方是什么？

高士明：林先生晚年在香港画了很多回忆西湖景致的作品，这些作品深深打动了我。在这些作品里，你可以体会到林风眠作品中蕴藏着的中国古典艺术的诗性情怀——听风雨、览江山。其实，林先生这一代人，无论艺术家还是学者，他们的身体中都流着文人和士大夫的血脉，达则兼济天下，穷则独善其身。而这个蓬蒿之间、江海之上的"江湖"，正是文人心灵的隐逸之地。在20世纪迅疾变迁的进程中，经过反复的搓洗磨砺，这个"江湖"几乎已经不存在，在今天更多地体现为一种艺术体制的内外之别。那个不存在的"江湖"，恰恰是林风眠晚年不断追忆、神往的所在，也是我们在20世纪逐渐失落的精神空间。

在我看来，在林先生的创作里面，有一种非常重要的气质，即惆怅与通达的合体。他的作品使人联想到人的生命在地久天长中所呈现出的偶然、无常、脆弱、短暂，但他的忧郁又与欧洲传统的忧郁完全不同。他的惆怅里面带有一种通达，这种惆怅和通达共生的情怀，透视出林风眠骨子里的东方性。

“中西融合”已是艺术史无法回避的命题

南方日报：在“国际化”“全球化”已经成为共识和常态的情况下，您认为林风眠当年呼吁的“中西融合”的艺术理念在今天有着怎样的意义？

高士明：林风眠先生提倡的“中西融合”已经是艺术史学者们无法回避的命题，在其原初语境中，这个口号有超前性、先见性，从其诞生背景上来说，也有一定的时代局限性。正如许江院长指出的那样：在林先生那个时代，人们仍然是从中西二元的思维逻辑出发，去“开眼看天下”；而在今天，“全球”和“本土”的定义处于随时变动之中，这种互动性的跨文化语境，是我们与谈论“中西调和”的林先生那一代前辈最大的不同。

林风眠早年呼吁以艺术启蒙民众，涵养心灵，提升国民性，这实际上呼应了蔡元培先生“以艺术代宗教”的美育思想，应该发扬光大。在他主持西湖博览会艺术馆筹备工作期间，艺术馆展出了不少关心现实的艺术作品。现在，我们学校也提倡“以乡土为学院”，提醒学生们，眼光不要只盯着北京798艺术区，或者巴黎、纽约，不要忘记我们脚下的土地，不要切断我们与乡土社会的内在联系，也不要遗忘艺术工作者的现世情怀。

作品欣赏

点评人：朱朴（广东林风眠艺术园学术顾问、上海林风眠研究协会副秘书长）

《痛苦》

点评：此作原名《人类的痛苦》，作于1927年，那时林风眠闻悉同乡、同学、好友熊君锐（早年共青团旅欧支部负责人之一）回国后在中山大学工作却惨遭国民党杀害，十分悲痛，激情愤起而作此画。原是一幅4米×2米的巨幅油画，毁于抗战年代。20世纪80年代，林风眠以纸本的中国画形式按原作又重新画了一幅，可见林风眠的人道主义情怀的伟大！

《伎乐》

点评：早在20世纪30年代初，林风眠已经开始研究临摹敦煌壁画。在他看来，中国传统绘画，一种来自文人画的形式，一种来自敦煌壁画的形式。西方现代派的有些画家对敦煌壁画的形式顶礼膜拜梦寐以求却无法求得。“尤其两线之间的平涂，中间色的度数，几乎人手都不能画出来的。”这幅作品中的两位异族女子，身着薄纱上衣，一位手持莲花，一位吹奏笛箫，正是林先生研究敦煌壁画后，在20世纪50年代取得的成果。

《池塘》

点评：杭州是林风眠的第二故乡。他任教国立杭州艺专期间，有一年老是发风疹病，医生和家人要他天天去散步，于是林先生就天天午后一个人到苏堤上，来回走一次。当时正是秋季，走了三四个月，饱看了西湖的景色。湖面的夕照，南北山峰的倒影，风云雨雾的变化，飞鸟低低掠过水面……这些画面，深深地印在林先生的脑海里，不过当时他并没有想画它们。数十年后，林先生定居上海，偶然想起西湖的美景，便开始创作一大批这类具有诗情画意的风景画。《池塘》便是20世纪50年代参加展览会的代表作之一。

《莲花》

点评：一位手持莲花的淑女，如同盘坐观音，静谧无声，几分恬静，几分禅意。同类题材的仕女，有蓝色的、有白色的、有粉紫色的，色调虽然各异，恰共同穿着一件薄透纱衣。这样用纯线条表现的纱衣，把既透又明的质感，表现得淋漓尽致，仕女画盛行于世的唐代，也没有一个画家这样画过。从这个意义上说，林风眠经过长期探索和提炼，凝聚在这根白色线条上的创造，是前无古人后无来者的创造，丰富了中国绘画的表现力。

《舞》

点评：《舞》，画了一只既不像丹顶鹤，又不像长脚鹭鸶的飞禽。因为要说丹顶鹤却没有红顶，要说长脚鹭鸶又长出了黑翅墨尾，验证了“似与不似之间”这句话。所以同类作品，虽然题目不一，但人们都能意会是延年益寿的吉祥象征。为便于表述，这里暂取“白鹤”一名。这只“白鹤”，林风眠画了几十年。从法国回来，他就追求在线的表现上有所突破，但并不容易。经过长期磨炼，他可以运用一根迅捷流畅的线条来表现“白鹤”，其线条不仅有了突破，而且成为“风眠体”标志性的符号。在芦苇丛里觅食的“白鹤”，有两只的，也有一群最多五只的，场面十分壮观。

《宝莲灯》

点评：这是劈山救母、人神相恋的传说。林风眠自小失去母爱，看到这出戏，如同身受，十分感动，于是在表现戏剧题材时，《宝莲灯》成为他的首选，从单个圣母到圣母与侍女，又从圣母与侍女到书生、异母兄弟、二郎神等一串剧中人物的脸谱同时出现。这幅作于1979年的作品，就是如上所述打破时空的后期杰作。

郑锦：

不喧不争拒投时好　求真求美终持清誉

中国近现代美术教育史，在某种程度上，可以说是留洋美术生的创业史。而近现代以来的国画史，无疑是画家在急剧变化的时代舞台上，在传统与现代、东方与西方美学思想的碰撞下艰难求索的历史。郑锦正是这段历史中一位绕不过的美术教育家和国画家，其成就与失落都与时代有莫大的关系。

作为最早留学日本学习美术的中国人，郑锦在1914年回国前已享有一定的国际声誉，作品多次入选高规格展览并广受好评；日本学者认为郑锦重现了唐宋技法，替东方艺道增彩；受聘归国之日，梁启超曾评价其技法“竺于旧则，得所折衷，劘于新则，资以濡染”；在郑锦之后赴日的高剑父誉郑氏之画为“真美合一”，期许其“能开国画之前途”……

这位国画大家，更是中国美术高等教育制度的奠基人和设计者，他是从日本引进整套美术教育制度的第一人，并在中国大地上以创校校长的身份，践行这些制度和理念长达8年。

然而，卸任国立北平美术专科学校校长一职后，郑锦逐渐远离中国现代美术话题中心，淡出公众视野，至今知者寥寥，美术史对其贡献也语焉不详。其艺术成就该如何定位？其美术人生为何会隐而不彰？或许，郑锦的故事不应该因时代的变迁和时间的流逝而被遗忘。

百年双喜 特约
世纪广东美术家
A10
郑锦：不喧不争拒投时好 求真求美终持清誉
百年薪火 世纪风范 广东中烟工业有限责任公司特别呈献

东渡扶桑游学　早年海外成名

1883年，广东中山三乡雍陌村一个侨商家庭里，诞生了一名男婴。其父郑玉池曾游走于北京、日本等地经商，颇具文化学养，擅长山水画。幼年聪颖的孩子在为父亲伺候笔墨的过程中，开始接受艺术的熏陶。

得风气之先的侨商家庭为他选择了一条崭新的人生道路：东渡日本。由此，拉开了中国首所官方美术院校的创始人——郑锦步入艺坛的序幕。郑锦乘船离开家乡时才刚满13岁，其随即展开的18年留学生涯，在多名亲朋的记述中，至今仍十分清晰。

在日本横滨，郑锦最初就读于大同中学，因此认识了他人生中的第一位重要导师、这所中学的创办者之一梁启超。随后，他开始学习油画，并于1902年考入著名的东京美术学校，成为中国近代在日本正规美术学校学习绘画的第一人，这一年郑锦刚满18岁。

5年后，郑锦进入日本美术最高学府京都市立美术工艺学校（西京艺术大学）继续深造，专研唐、宋、元、明、清各派技艺。

1911年，辛亥革命爆发，3位后来写入中国美术史的年轻人相聚在京都市立美术工艺学校。"鲍少游就读一年级，陈树人就读三年级，我父亲郑锦已经快要毕业。"郑锦的女儿郑美成在93岁时曾如此追述。

"二高一陈"（高剑父、高奇峰、陈树人）和鲍少游都是在郑锦之后赴日留学的学生。据郑美成回忆，他们终日游览山水名胜，写生作画，在月色下交流创作心得，参观日本的各大艺术展览，一路欣赏，一路揣摩，相互砥砺，最终创立了中国画坛名重一时、历久犹新的岭南画派。郑锦也被一些专家认为是岭南画派的一代宗师。

鲍少游后来有诗记录这一情景："弱冠春游东海东，客途邂逅乐融融。精研笔砚千秋业，点染丹青百代功。花近小楼欣鸟语，月迷古寺讶狐丛。卧看比壑三冬雪，一枕梳钟旅梦同。"

正是在这一时期，郑锦爆发出一个艺术家的创造力和影响力，作品接二连三参加日本画坛展览，知名度节节攀升。1907年，其绢本画仕女图《娉婷》入选日本最高级别美术展览，因此轰动了日本侨界。目前，这件作品珍藏于台北故宫博物院。

1912年3月，郑锦描绘文天祥的作品《待旦》入选"大正美术展览会"，在东京大正博物馆展出，广受日本文化界肯定。考古学家黑川真濑评价说："唐代金碧辉映之技法湮没已久，今于郑君斯见之，东方画之异彩也，吾叹之技伟矣！"此时，29岁的郑锦可谓风华正茂。

创办美专推动美育　故宫私藏公之于众

"郑生褧裳，负笈扶桑，秉色腾贵……生冥心妙造，历逾岁纪，沿流沂源，众长奄备，莫不细入毫发，而意惬飞动，务极规矩，归于自然，宋元家法，往往而合，其诸擅高往策独秀当时者欤！东京市新古博览会、大正博览会、美国巴拿马博览会，竟至褒题，翕然精诣，东方学者，未能或之先也……”这是梁启超为引介学成归来的郑锦所写的文章，文辞间洋溢着他对这位后辈的赏识。

1915年，由于在日本留学18年的成绩和影响力，民国政府教育部聘请郑锦回国。此前一年，他已取得当时留洋艺术家中美术专科的最高学历。称得上衣锦还乡的郑锦，途经天津时专门拜见了老师梁启超，梁以“生”相称，为其画集写下上文《郑褧裳画引》。这篇1000余字的文章是梁启超平生少有的几篇美术论文之一。在文中，他称赞郑锦的绘画境界高妙，合乎宋元家法，希望他到京之后能够得到高层和文化界的认可。

郑锦（1883—1959）

民国初年，中国的政治、经济、文化教育，都面临革旧布新的局面。文化教育界，尤其是时任北大校长的蔡元培，十分重视借鉴外国教育和美育的经验。青年出洋留学与学成报国，渐成时代风潮。

据记者调查，20世纪前期，在外国研习美术的中国学生约300多人，其中负笈日本与赴欧美留学的各占一半。而当时中国对美术师资的需求剧增，是赴日本学美术的原因之一，中国新兴美术师范教育中的师资大多有留日背景。

因此也就不难理解，为什么1914年北京高等师范学校新设立国画科便立即聘郑锦为教师、1917年北大成立“画法研究会”后也聘请郑锦为导师，其余还有陈师曾、汤涤、金城、徐悲鸿等人。

1917年，民国教育部决定筹办中国第一间国立美术学校，首先将郑锦视为校长最佳人选。

中国虽有悠久的绘画历史，然而却从未有过正规、系统的美术教育。受命办学的郑锦深感责任重大，全力以赴。由于国内没有现成先例，郑锦遂再次东渡日本“取经”，在昔日求学之地东奔西走，访问各家艺术院校，考察办学规模、方针和设备等情况，搜集资料，设计课程，订立招生制度。

“父亲在美术学校筹建之前，往返日本，与鲍少游等共同尽心尽力策划美术学校，按照日本美术学校的形制，制定出分省选考、分科教授制度，编订课程和招生程序，连学生的课室、桌椅款式都尽心研究。”郑美成生前回忆道。

经过一年的努力，中国第一所正式立案的“国立北平艺术专科学校”，于1918年4月15日正式成立，郑锦被任命为第一任校长，正式任职长达7年，是该校1950年改名中央美术学院之前，历任校长中任期最长的一位。郑美成出生于学校成立这一年，郑锦为她取的名字，蕴含着“北平美术学校成功”的愿景，从中也可以看出郑锦对这所学校期望之高。

当时民国教育部对郑锦的器重，还表现在他同时受命任故宫博物院副院长及文华殿古物陈列所主任。郑锦把皇宫内的私家收藏公之于众，把文物开放给社会民众。为了吸引观众，文华殿陈列物品每周进行更换，稀世珍品更随时更易。此外，还在东、西华门外置一大公告木牌，书写陈列物品门类，以期观众知晓。而对于郑锦个人来说，得以接触故宫珍藏，眼界大开，同时也重新反省和审视自己的绘画取向。他有机会观摩熊希龄、罗瘿公等人所收藏的顾恺之、吴道子、唐寅、仇英等真迹百多帧，以为参考学习。在这段日子里，郑锦的画风开始追摹宋元风格，这也影响了他日后的画风。

中央美术学院美术馆馆长、博士生导师王璜生教授评价说，郑锦是中国现代美术教育前期厥功至伟的教育家。“国立北平美专作为中国官方美术高等教育的起点，对教育制度的贡献影响深远，并成为中国美术家的摇篮，近百年来人才辈出。”王璜生说，作为第一所公立美术院校的筹备者及首任校长，郑锦功不可没，在他任校长期间，学校培养了刘开渠、李苦禅、李剑晨、常书鸿、王曼硕、雷圭元、王雪涛、邵宇等一大批人才，他们日后都成了中国现代美术史上卓有成就的美术家或美术教育家。

作品不投时好　甘愿急流勇退

20世纪20年代的中国，风云诡谲，各种新思潮交叉碰撞，传统堡垒人物也纷纷迎战。个体的价值与命运，犹如沧海一粟，多数时候只能随着时代的巨浪起起伏伏。

2014年，距离郑锦辞去校长一职已整整90年，距郑锦逝世也已55年，当重新审视这段历史，大多数美术史研究者认为，多种复杂原因使得郑锦去世后声名寂落。但可以肯定的一点是，离开一手创立的国立北平美专，是郑锦后来逐渐淡出美术界的一大转折点。

从现存档案和当时的媒体报道中，可以“破解”郑锦离开学校的原因。当时学校面临的经济危机是一个重要引信：北平8所高等院校教育经费已经拖欠达半年之久，许多教授学者竟饥肠辘辘地为学生上课。而更为直接的原因恐怕是，各种政治力量的角逐下，郑锦被人攻击为“日本文化侵略”的代表。

众所周知，20世纪中国画坛乃至整个中国社会，都弥漫着崇尚

《秋园锦雉》，郑锦作

郑锦（左三）与家人，约摄于1922年

西方的思潮。版画家、美术教育家杨先让分析说："平心而论，郑锦对东西方绘画的理解、掌握不可能不深，观念上也未必保守，作为校长，他有强烈的革故鼎新意愿。不幸的是，他位处北京这座五四运动的中心城市，却以接近宋画的精雕细琢和日本风的珍禽异卉、古典仕女名世，不合时宜或许才是被贬抑的根源。"

与此同时，学校内部的各种矛盾正愈演愈烈，既有校务方面的，也有"留欧"与"留日"两派教员较劲的情况，甚至在国画教育内部还分成"国粹派"与"调和派"，这些问题，最终促使斯文、耿直的郑锦以辞职告终。

"北平艺专1923年开始闹学潮反对当时的校长郑锦。他是广东人，现在想起来，这位老先生的画还是很不错的。"著名雕塑家刘开渠作为当时的亲历者，后来在一次学术研讨会上发言说，"他画的是大幅仕女图，由于我们当时认识水平有限，认为他画的是日本画，现在查查20世纪20年代日本一些大展览，就有很多郑氏的画，他在艺术上是有成就的。"

除了时代原因，也有研究者提出，郑锦的个性也是一个原因。郑锦从不哗众取宠，不喧不争，在大多数旧相识的纪念文章中，他总是一副温柔敦厚的形象。1941年，他在澳门举办两次个展，当时报界惊呼曰："郑氏的艺术虽极深邃，惟素不轻易示人，故不易多睹。"

其画不投时好，其人每日埋头创作。而这显然与当时的时代"脾性"相距甚远。

投身平民教育十二载　艺术与人生迎转折点

作为校长的郑锦，不可避免地迎来了时代浪潮的冲刷；作为画家的郑锦，因艺术风格"不合时宜"，只好直面时代的交锋。面对事业的挫折，郑锦急流勇退，后来投身到"平民教育"之中，成为其人生重要的转折点。

"裳兄，你的画画得真好，可惜欣赏的人太少了，不如到定县去把艺术平民化？我们在定县办平民教育，单是文字还不够力量，希望你能到定县去为他们作画！"在《平民教育运动的回顾与前瞻》（1946年）一文中，晏阳初如此描述他最初劝说郑锦加入平民教育的经历。出生于1890年的晏阳初毕业于耶鲁大学，是中国著名的平民教育家和乡村建设家，主张通过办平民学校培养"新民"。

"因为久慕其名，我特别去拜访他。见到他家里的画很多，墙壁上架子上摆得琳琅满目，但所画的皆是些《富贵图》《美人图》一类专供王宫大人们欣赏的画。”晏阳初的回忆里保留着颇多两人交往的细节。此时，郑锦正处于学潮的困窘中。

此时的郑锦已经体会到中国底层民众美育的重要性，他随即辞去国立北平艺专校长一职，带着出身富商之家的夫人和子女前往河北定县。

自此，郑锦一脚跨过泥巴墙，在晏阳初、朱其慧等人创办的中华平民教育促进委员会里主持直观视听教育部，致力于乡村建设实验与启发民智的工作。

“到定县后，他住在两间破房子里，可是布置得真艺术，用洋油木箱子来做家具，上面铺着定县织的土布，素雅美观。”晏阳初在文章中记述道，“从此，郑锦不再画杨贵妃一类的《美人图》了，而是画了大量反映社会现实的题材，如老农、老圃等。”

中国第一本专为农民而编写的识字课本《千字文》，就诞生于这个时期，课本中4000多张插图，均出自郑锦之手。

远离了阳春白雪的象牙塔，郑锦每日游走乡间观察老百姓的生活，每见精彩的农家门神、灶神，便流连忘返，又钻到定县建于唐代的开元塔，观摩塔中壁画，对民间艺术深入研究。郑锦与晏阳初、梁漱溟、孙伏园、汪德亮等人投身这股有史以来规模最大的平民教育潮流，成为代表人物。

1937年，吴铁城、杨子毅主理中山县政，希望把中山建设成全国的“模范县”。两人知道郑锦在中华平民教育促进委员会工作了12年，累积了丰富的农村建设经验，特邀郑锦回归故里，完成中山建设模范县的宏图大计。正当他大展拳脚时，中山沦陷，郑锦的艺术梦再次被击碎，他决定携眷迁居澳门。

抗战期间，因为精通日本文化，日本人及一些在日亲属力邀郑锦“出山”任职，他均予以拒绝。他的下半生一直保持书生意气，洁身自好，远离政治。他以画笔作“武器”，创作了《民族意识》《抵抗》《故乡》《群鹰奋战》《日暮途远》等大批抗战题材作品。

1941年5月27日郑锦（右）与赵少昂摄于香港

澳门的安宁给了郑锦一张平静的书桌，在他76年的人生中，他始终画笔不辍，直至生命最后一刻。而偏居一隅，又使这位曾经的教育大家和国画大师身后更加清冷。1959年，郑锦因哮喘病在澳门悄然逝世。之后的半个多世纪，他逐渐被人们淡忘。

“目前，对郑锦的研究还远远不足，甚至可以说是空白。所幸对他的关注正在慢慢增多。”王璜生介绍说，目前中央美术学院已经开始将郑锦的研究纳入议事日程。一代美术教育先行者不平凡的求索之路，正重新展开于我们的眼前。

本文参考了鲍少游《画意诗情忆故人》、陈继春《郑锦的生平与艺术》、谭雪生《中国近代第一间公立美术学校创立者——郑锦》、杨先让《难忘的一九一八》、蔡星仪《开济功难灭 丹青艺永存——试论郑锦》、汪伦《我的外祖父——郑锦》、于中龙《百年辛亥革命后给中国画坛带来什么》、李硕儒《汪伦一哭》等文章，特此致谢。

精细一妙笔　纤毫毕展现

受访者：郑锦外孙汪伦，画家鲍少游，中央美术学院博士、艺术史学者陈继春

2002年，美国加州南海艺术中心郑锦艺术研讨会暨遗作展开幕式上，他的外孙汪伦涕泪横流。

“那时的我鲁莽无知，想起外祖父年轻时留学日本，终生以教画、画画为业，但我自己并不习画，不知道外祖父造诣如何。”后来汪伦痛心疾首回忆说，“想到家里有外祖父一些遗作，不妨问问他的学生是否值钱。”他刚一开口赵少昂就正色道：“你外公的画岂可以钱论价！你要是缺钱花，尽管跟我说。”这一幕令他至今无地自容。

其实，汪伦虽然幼年时曾经和郑锦生活过一段时间，但他不知道自己外祖父在中国近现代美术史上的位置。很多年来，不但普通读者对郑锦知者寥寥，很多专家也不了解。1952年毕业于中央美术学院，曾任该校民间美术系主任的杨先让，直到退休后定居美国认识汪伦才了解郑锦；《美术辞典》将郑锦的逝世之地澳门谬记为香港；2008年出版的《北京美术史》对他语焉不详……

外孙汪伦：每种颜色都用无名指调出

20世纪50年代初，汪伦和外公外婆一起生活了一段时间。“每当夕阳西下，外公便带着我，在‘青洲’（澳门）海边一同散步。”汪伦在回忆文章中写道。

“那时我只有五六岁，见他作画时，大都站立在画架前一丝不苟，聚精会神地画，我也在一旁做他布置的作业。画完成后签名盖章时，他才把画作平放在桌子上。”汪伦说，郑锦每次作画都用自己的左手无名指，在一个小研钵上调校颜色。与现在的画家使用现成的化学颜料不一样。这就是他的作品几十年，个别上百年，颜色保持鲜艳夺目的原因。

其他人用粉、胶水，调得不好，就好像倒模一样，裱画时就会渗在裱画台上，因此减弱其艺术效果。当时澳门所有裱画师都说，只有郑锦的画是一尘不染，也就是一点儿颜色、白粉也不残留在裱画桌上。

老友鲍少游：郑氏作品被误为宋元人佳作

郑锦居住在北京这段时期，因兼任古物陈列所主任，得以有机会精心揣摩故宫所藏的历代名家手迹，而他又曾在河北从事平民教育达12年。郑锦留日时的学弟兼好友鲍少游认为这段“汗漫幽燕”的经历，令他探塞上之奇，复得古人之秘，由是而艺益进。

一天，鲍少游在香港听说有人捐赠了一幅宋画人物巨帧，行家们争相转告，传诵该作品是宋元名家佳作。他连忙赶往现场观看，见之惊喜，因为眼前的人物画竟然是他几十年老友的大作《谁家玉笛暗飞声》。由此可见，郑锦宋元院体风格的绘画技巧已达到相当的高度。

学者陈继春：他曾劝张作霖保住国宝

1999年10月的《澳门杂志》第十二期刊出中央美术学院博士、艺术史学者陈继春的文章，其中讲述了郑锦任故宫博物院副院长及文华殿古物陈列所主任时的一桩往事。

1924年，张作霖入主北京，后来在与晋军交战时败北，撤回关外之前，张作霖命令文华殿古物陈列所将其珍藏一并交出，由部队带往东北。为了保障古文物免受兵祸，忠于职守的郑锦四处奔走疏通关系，最后自己冒险去见张作霖。他对张氏说：“所内各物皆无价宝，仓促装运万一有损，殊属可惜，今想大帅不久回京，宝物终究仍归尊有……”张大帅竟从其言，致使古物免遭散落他方。

评 说

“不似中画　也非西画”
——从广东看中国现代美术教育的发端

作者：广州美术学院艺术与人文学院副研究员蔡涛

2013年，北京、杭州、广州的美术院校都各自举办了隆重的校庆活动。中央美术学院95岁，中国美术学院85岁，广州美术学院最年轻，刚好满一甲子。修订校史是眼下的热潮，如何计算寿龄，各校标准不一，但大家思路基本一致，追本溯源，为名校强校打造良好出身。在学术层面来看，这样的工程也有正面意义，至少让我们重新审视一地之美术教育的源流。

央美和国美在纪念活动中缅怀了创校者——来自广东中山的郑锦（1883—1959）和来自广东梅县的林风眠（1900—1991），以同样的思路去追溯广州美院的历史源头，需要重新提起的是1922年创校的广州市立美术学校的创立者、开平人胡根天（1892—1985）。我们将会看到这样一个历史景观，现代美术教育制度在中国的初期传播，广东人几乎包了场。

其实在外销艺术方面，广东人此前已经包了将近200年的场。西方世界发酵已久的“中国梦”，配合乾隆帝的“一口通商”御旨，曾经在广州催生出一个25万人之众的艺术品制造营销行业，这托举起了一个跨海越洋的全球市场。但25万人中能够被叫得出名字的人寥寥无几，他们只是文人官僚眼中的工匠，至多是能工巧匠。只有等到美术学院这种专事培育“艺术家”的舶来机构出现之后，名正言顺的“艺术家”才会源源不断地出现。

美术教育的滥觞，自然关联到充满屈辱的近代中国史，正是为了振兴实业，实现强国梦，晚清的最后几年，图画手工科开始在官办学校中出现。进入民国，图画手工开始向现代美术转移，留洋归来的艺术家们开始在中国各地兴办公立、私立的美术学院。在制度层面上，他们都在传播源自巴黎的美术学院模式，其思想层面的新意，是改变晚清新学注重的实利主义，代之以启蒙思想的内容。强调个性和创造力的艺术家和现代艺术观，开始登上历史舞台。

美术教育的起始阶段，广东人的身影依然忙碌。1918年，中山人郑锦应北洋政府之聘，担任了国立北平艺术专科学校的首任校长，是为中国第一所公立美术学校。郑锦毕业于京都市立美术工艺学校，学的是日本画，他的获职，据说是因为他比在教育部的同事陈师曾和周树人具备更为专业的美院教育背景。1922年，一个具备更加正统的学院背景的人物——开平人胡根天，应广州市教育局局长许崇清之聘，主持成立了南中国第一所公立美术学院——广州市立美术学校，胡氏毕业于当时声名卓著的东京美术学校，学的是西洋画专业。短短4年间，一南一北，两个留学日本的广东人，为中国的现代美术教育开了局面。

如今我们都知道美院有国油版雕的分科，返观这两所最早成立的美院，在绘画科中并未做中国画、西画之划分，现在看来，这种设置有其特别的用意，当时很可能参照了东京美术学校1916年的改革方案。该案指出，美术学校的教育和其他的专门学校相比具有特殊性质，尤其应该“尊重学生的个性及天禀之发挥”，为此学校提倡导师制，各教室由单独的导师进行个性化指导，并且将日本画与洋画合并为绘画科，强调了绘画超越种族、国家、地域而独立的人文价值。

1928年，时任国民政府大学院院长的蔡元培，聘请了拥有巴黎、第戎、柏林等地游学经历的林风眠，在西子湖畔主持创设国立艺术院。这位客家籍的艺术家在中国现代美术史上拥有着极高的声誉，既因为他是一位才华横溢的孤独的艺术家，又因为他在国立艺术院开创的全新局面。林氏有两句名言：“介绍西洋艺术，整理中国艺术，调和中西艺术，创造时代艺术”，“为艺术战”。这两句口号，前者基本应和了折中派较早前提出的概念，后者又太像政治运动的应景话语。更为精准地表达其艺术理念的，是他在《1935年的世界艺术》一书中开篇的那句话：“青年的画家渴望着到自然的纪律里去，这就是回到可读的、有生气的、有人性的绘画里来。”与郑锦、胡根天一样，林风眠在国立艺术院最初的绘画科的设置上，也是独此一门。

1986年，普宁人赖少其于广州市立美术学校毕业50周年之际，在羊城宣布“丙寅变法”，他晚年的水墨画迭出新意，不断突破既定的风格，直至衰病的最后时分。这位忠诚的共产党员早年、中年以制作时代题材的木刻著称，新中国成立后，作为一名高级官员，他又是一位中国古典书画艺术的鉴赏家。但大家时常忘记了，20世纪30年代，在观音山广州市美的校舍中，他还曾经是一位野兽派的狂热爱好者。赖老于丙寅年创作的水墨画《剑叶洒金花与黄虾花》，2014年曾在广州市艺术博物院展出，在画中赖老补题了一段：“余于丙寅归故里，住羊石斋中，吸收中画与西画之长，实习变法。既不似中画，也非西画。姑称为中国人所作之画可也。”

90年前，三位广东籍校长对于“绘画科”的创设，多少反映了一种与世界先进潮流同步的理想情态。1986年，赖少其写下的这段补记，语句虽短，却是他对20世纪中国美术历程的整体性观察与思考，用意颇深。所谓非中非西，强调的还是艺术本体，这似乎又回到了那三位美育先驱者的思想原点。

作品欣赏

点评人： 王璜生（中央美术学院美术馆馆长、博士生导师、教授）、蔡星仪（旅美美术史学者）、陈继春（中央美术学院美术史博士）

《日暮途远》

点评：《日暮途远》是郑锦早年的作品，体现了他所掌握的娴熟写实技巧和对民间生活深入细致的观察，在他生活的时代这是一件不可忽视的写实主义佳作。

画中四野苍茫，红日将尽，风沙沉积，蓄势即将刮起，灰寒的色调更加深了历尽沧桑之感。郑氏除十分注意其结构与透视外，更于驴子身上描上将脱未脱的毛发，期望表现出人驴俱苦的感受。戴着黑帽子、身系白毛巾的老农，其无力感和蹒跚感跃然纸上。

郑锦曾向画展观众解释其令人惊讶的技法，“（画毛巾）先全部涂成黄色，在上面加上‘介字’的点就可以了，要注重的只是毛巾的红线，如果高低曲折不分，便有木头毛巾之弊了”。此外，他还指出画驴时不要以为驴、马的分别仅在耳朵长短，其实，驴与马在鼻子和脸庞上仍存在极大的差异。该作品由郑美成捐赠给台北故宫博物院。

《玉兰孔雀》

点评：这是郑锦的早期绘画作品，工整，微妙，到位，繁复中见技法之精妙，纤毫毕现处，孔雀与玉兰花的生命力喷薄而出。郑锦的早期作品代表了当时留日学生的最高艺术成就，很少人能达到他的水准，方人定比他晚了很久。该作品现藏于中央美术学院美术馆。

《春神》

点评：这幅巨轴中绘裸女数人，身披轻纱，相逐于群花之间，落花缤纷，鲜艳夺目。在表现手法上，其渲染功夫十分到家，极富日本画风味，但却是以纯中国画笔法描画，这种融合中日绘画手法于一身的技巧，使画中表现出独特的、难以言传的美感，一新观画者的耳目；郑锦凭借其良好的素描功底，突破了中国古典国画中画美人不画手的虚伪做法，破旧法，立新风，充分显现了郑氏娴熟的写实技巧。该作品藏于台北故宫博物院。

《狐狸》

点评：郑锦的早期作品艺术水平很高，《狐狸》就是其中的一件。可以看到，画中狐狸的毛发非常细腻、松软，冰雪上还有狐狸和月季花隐约的倒影，狐狸三脚轻盈立于冰上，右前脚抬起自然弯曲，身子斜背对观众，头后扭探望，是难得一见的佳作。构图大胆，动作灵妙，色彩边界自然，既有白茫茫中一点红的惊艳，也有东方式的大量留白，不拘泥于传统。最见窍门的是冰水互溶、相护的高超处理，冰上倒影与水上倒影的反差、对比，可看出作者的高超水准。该作品现藏于中央美术学院美术馆。

《涤梳图》

点评：《涤梳图》同样呈现了郑氏在《春神》中运用的技巧。这帧于1941年完成的作品，以金黄色船框，衬托出斜靠在船窗边的美女，从透明的轻纱衫中显露出丰润性感的体态。构图是特写镜头式的西洋风格，气氛意境仍旧是十足的东方韵味。画中的少女，左手拨开轻纱，从船舱里伸出右手，在河上洗涤刚用完的梳子。画家细致地描绘了女子如云的秀发和柔顺的上衣，以细笔中锋描写河水的波纹，无论是船板的木纹，竹制的船篷，还有倒放在甲板上的纨扇，甚至扇内的图画，均细致描画，精细异常。该作品藏于广州艺术博物院。

《春回大地》

点评：1943年冬天，郑锦开始创作《春回大地》长卷。这幅精品远景是高山大水，由北至南，迂回入海，当中散置树木和奇花异卉数百种，参差错落，点缀其间；122匹骏马，或坐或卧，或静止或奔腾，各异其趣，明显来自于他长时间对马写生的素材积累。画作色调堂皇富丽且生意盎然，以宋院笔法出之。两年后，这幅高4尺、长33尺的力作甫一完成，港澳的文化人一致认为是郑氏平生的代表作，一致给予赞赏。

综观郑锦的绘画作品，极其写实，对于物象的形体细节无不刻画入微，而又色彩浓重、鲜艳夺目。依他的手稿《春回大地制作日志》所记，光是为了该图中的马，他就花费了约3个月的时间，画了160多幅马的各种姿态、动作的草图。该作品由郑锦后人保存。

第二章 但开风气

无论是最早赴欧洲学习油画并学回成熟油画技法的李铁夫，还是高擎“国画革命”大旗的“二高一陈”，都开启一时风气之先，为20世纪中国美术的蜕变带来新的活力。

李铁夫（1869—1952），广东鹤山人，中国近现代油画艺术与民主革命先驱，被誉为“东亚画坛第一巨擘”。李铁夫早年赴加拿大，师从美国著名画家切斯、英国肖像画家萨金特，成为近代中国最早到西方学习油画的画家之一。李铁夫的写实主义风格，深得欧洲传统艺术精髓，也受到西方观众的青睐。1916年，他被选入世界最高画理学会，成为进入这一机构的第一位亚洲人。

在西方求学期间，李铁夫还不遗余力支持孙中山民主革命。1907年，李铁夫加入同盟会，并协助孙中山筹款。李铁夫还变卖产业与多幅作品捐助革命活动。20世纪40年代，李铁夫回国后，长年蛰居香港，直至1950年回到广州。1952年，李铁夫在广州病逝，临终前将自己的作品与其他收藏悉数献给国家，现藏于广州美术学院。

“二高一陈”，指“岭南画派”创始人高剑父（1879—1951）、高奇峰（1889—1933）、陈树人（1884—1948），又称“岭南三杰”。他们早年曾追随孙中山进行民主革命，立志以革命精神改良国画。他们提出“折衷中西，融汇古今”的口号，引进西法、注重写生的同时，又保存了传统国画的笔墨，为中国画坛带来了一股新风。

高剑父、陈树人皆为隔山画派代表人居廉的弟子。高奇峰为高剑父胞弟，亦承传居廉重视写实之风。三人早年皆赴日本留学，深受东洋画风影响。民国初年，高剑父兄弟在上海出版《真相画报》，创立审美书馆，宣传“新国画”主张。高剑父对现代美术教育亦贡献良多，他在广州创办春睡画院，培养出方人定、黎雄才、关山月等一大批国画人才，使“岭南画派”成为与“京津画派”“海上画派”鼎足而立的又一重要的画家群体，对近代中国画坛具有深远意义。

李鐵夫：

傲骨嶙嶙绝世俗　野逸旷达笔墨真

百年双喜 特约
世纪广东美术家

李铁夫：傲骨嶙嶙绝世俗 野逸旷达笔墨真

百年薪火 世纪风范 广东中烟工业有限责任公司特别呈献

拂去烟尘，中国百年油画史上有这样一个背影：他画艺非凡，狷介孤僻。在艺术中，他刮垢磨光，兀兀穷年，树立了中国人现代油画创作的一个高峰。他是李铁夫，被称为“中国油画第一人”。评论界认为，他比后来的世纪大师徐悲鸿、林风眠更早从西方学回了完整的油画语言。

这位被孙中山称为“东亚油画巨擘”、被郭沫若称为“奇人”、被李济深形容为“将艺术与人生融合成一片”的画家，一生未娶，遁世绝俗。少年李铁夫目睹晚清凋敝，与诸多率先“开眼看世界”的广东人一样，选择赴海外求学；青年李铁夫意气风发，视艺术与革命为人生两大使命，在海外从事革命活动；中年李铁夫回国，目睹民国政坛腐朽，决意脱离世俗回归艺术……他铮铮铁骨、不苟于俗世，后半生在落魄孤寂中度过，却淬炼出极其纯粹的艺术之境。

“尘心撇下，虚名不挂，种园桑枣团茅厦。笑喧哗，醉麻查，闷来闲访渔樵话。”百年中国画坛的众多艺术家之中，李铁夫野逸旷达的气质，让他显得格外特别。一个大时代的翻滚下，他在艺术中参透人生浮名，将自己寄放其中。他生前留下的作品可谓件件是“绝尘之作”，尽管他在身后的半个多世纪里声名寂落，但他和他的艺术，如云中鹤、岩上松，旷达清高。

“不随时俗任孤行，自喜年来笔墨真。写到灵魂最深处，不知有我更无人。”百年后回望李铁夫，他至真、至纯的艺术人生留下一个美的范式。

年少海外谋生　崭露西画天赋

一幅《未完成的老人像》，寥寥数笔，人物面孔如雕像，粗犷笔触隐去眉目，含糊中定格了谜样的表情。这背后，隐逸了一位画家的传奇人生。

如果说，艺术的宗旨是展示艺术本身，同时把艺术家隐藏起来，那么，那甘愿被隐去的艺术家，往往有某种耐人寻味的奇异之处。他们在创作中注入才思，一生的才思闪电般在画面上定格。这是种魔力，把人间最俗常的面容变为最迷人的杰作，经久传世。

在后来的研究者看来，早于徐悲鸿、林风眠这些如雷贯耳的大师，李铁夫是近代到西方学完整绘画技巧的中国第一人。但他并未能像两位晚辈一样名噪美术史，他桀骜的个性、孤绝的气质，让他走出了不一样的艺术轨迹。

1885年，年仅16岁的李铁夫离开故乡广东鹤山远赴加拿大，依靠旅居那里的叔父谋生。两年后，他考入加拿大的阿灵顿美术学校。及至30多年后，被当时上海《申报》称为“中国公派留学美术第一人”的徐悲鸿才负笈欧洲求学，这时的李铁夫在美、英等国已学成炉火纯青的西画技巧。

由于缺乏确凿的考证，李铁夫海外求学的经历已经散佚，根据一些史料记载，大致有这样的线索：他先在加拿大阿灵顿美术学校求学，后赴美国纽约美术大学学习西方绘画、雕塑，之后曾被选派到英国皇家艺术学院深造，这期间

李铁夫在纽约公园留影

他多次获奖，崭露了一个东方人学习西方油画的天赋。1916年，他入选世界最高画理学会，技巧已不逊色于当时的欧美画家。

19世纪后半叶，李铁夫所踏入的欧美画坛波谲云诡，传统古典写实主义与印象派正在交锋。这之中，李铁夫遇到了两位让他膜拜的大画家——英国画家萨金特和美国画家切斯。他的名片上赫然印着“萨金特门徒”的字样。

萨金特是英国肖像画大师，他私淑古典巨匠西班牙肖像画大师委拉斯开兹，直接在画布上对人对景写生。19世纪的欧洲学院派画家，习惯先向真人画素描然后移写到画布上，画成的人体如石雕或蜡像，虽有形态，却不具血肉质感，缺乏精神生命。但委拉斯开兹率先打破这一传统，直接对照人和物写生。

李铁夫师从萨金特等人沿袭了这一体系，展示出一位东方画者“青出于蓝而胜于蓝”的造像天赋。他从中国《古诗源》中“将飞者翼伏，将奋者足踽，将噬者爪缩，将文者且朴”的古谚中获得启发，将一个东方人对景物天然灵性的捕捉能力释放出来。

这时期他创作了一批精湛的人物肖像，如今经历岁月侵蚀，但其精巧的细节仍可感受。20世纪初，游学于印象派风行的西方画坛，徐悲鸿避开了西方风头正盛的现代派，选择将古典写实主义带回中国。同样，具有东方文化背景的李铁夫在绘画中，选择了一条介于古典写实与印象主义之间的“折衷之路”。

李铁夫早期的绘画，流露出强烈的东方审美意趣。他画中的色彩没有以明丽鲜艳为主，也没有选择印象主义的自然外光，他让人物肖像处于一种幽暗色调之中，笔下人物肖像的身体轮廓，总“时隐时现”于幽暗背景。他的笔触着重于人物内心的探求，从老教授的渊博深沉、音乐家的活泼欢悦，到斗牛士的彪悍开朗……

李铁夫的油画在美国屡获殊荣，其“作品入选美国国际画院廿一次，为东亚画家所未有”。有评论家认为，李铁夫探讨西方艺术的途径和他笔下所掌握的西画精神与内质，是稍晚几位留学西方的名画家所没有触及的。而他的油画造诣，在中国现代第一辈的油画家之中，几乎无人可与之比肩。

李铁夫（1869—1952）

热血投身革命　后期心灰意冷

除了绘画，李铁夫的人生还有另外一条隐线——他生前曾自豪地与友人谈起毕生两大爱好：一为革命，一为艺术。

自1885年踏出国门到1930年回国，四十余载李铁夫客居海外，留下了不少与辛亥革命有关的事迹：据资料记载，从19世纪90年代后期开始，李铁夫把大部分时间用于革命活动。当时孙中山经常到英国、加拿大和美国的华侨中进行革命宣传和组织工作，李铁夫追随孙中山，成为一位活跃的革命家。他先在英国组织兴中会，1908年又随孙中山由英国至美国，筹建同盟会纽约分会。他还担任同盟会纽约分会书记达6年之久。他甚至还将40余年的大部分作品（近百幅）卖出，筹资以助革命，但始终过着“既无官禄，又无家室，也无财资”的生活。

与他早年快意追求革命理想形成巨大反差的是，他后来对国内政治心灰意冷，决意离开。这像一个巨大的讽刺，激发了李铁夫艺术中遗世独立的气格。

回国之初，李铁夫曾梦想创建一所完全西式的美术学校，曾致信孙科陈述自己要创作40幅辛亥革命和孙中山生平史画的宏大计划，但空无回音。他眼见权贵鱼肉人民、官僚争权夺利的民国社会现实，深感早年的革命理想早已破灭。

1934年，李铁夫应一权贵之邀从香港到广州为其绘肖像，他带着学生莫华新一同前往。出人意料的是，莫华新一日独自外出却死于非命。李铁夫异常悲愤，没有完成画作便拂袖离去。而其友人曾回忆说，原本李铁夫是个十分健谈、性情豪爽之人，自此变故后，他性格逐渐怪异，沉默寡言，还时常叹息拭泪。

这一时期，李铁夫为老朋友、著名画家冯钢百创作的《画家冯钢百》（1934年作）堪称其代表作。这幅作品中，李铁夫一改早年游学欧美时理性精巧的画风，笔触中展示出东方美学的奔放恣意。可以说，这幅作品最接近他理想中的作品。

画面中，李铁夫的笔触沿着冯钢百头部的轮廓移动，色彩流动，为肖像注入了看不见的澎湃激情。肖像的身体用长长几笔勾勒，眼神呈现出一种不稳定的情绪，透出某种令人不安的张力。

有人回忆了李铁夫作画时的情形。创作时，李铁夫动作幅度之大如同击剑一样。他先在画布上挥动肘臂，然后猛地退后，再往前用力在画布上补漏，完全不像其他油画家那样精雕细琢。而他的油画笔触又好像用中国书法的大笔触“写”出来的一样，一气呵成。

“水分泾渭难合污，器异薰莸味岂投，志士知时宁就暗，良禽择木岂迁幽。”他曾多次奋笔挥就这样的悲愤之辞。渐渐地，他脱离各种世俗应酬，全然退守到艺术中。他甚至跟朋友这样说，娶妻成家都是浪费生命之事，艺术成为他后半生的全部依系。

蔡元培曾说：“革命者不计成败，偏重感情，近于艺术家。”或许从这个角度更能理解李铁夫生命中的悲剧成分。他以一个艺术家的浪漫情怀，在现实中屡屡碰壁，磨砺出艺术中的铮铮铁骨。

他曾赋诗喻己志存高远：“傲骨嶙嶙今复尔，行空天马肯羁留？”也正是这种气质，让他在民国画坛显得如同一个另类。李济深曾著文称赞李铁夫一生不计较功名利禄，“将艺术与人生融成一片，堪为从事艺术者学习的榜样”。

李铁夫翻阅画册

摒弃世俗交际　全然退守艺术

孙中山曾赠李铁夫“东亚画坛第一巨擘”的题字，并与黄兴等联名在报章上称赞他：“在各地赛会中均名列前茅，洵足与欧美大画家并驾齐驱。”但他回国后，却似乎处处碰壁，特立独行。他不单我行我素，对官僚、军阀公然表达不屑，甚至还不顾基本的人情世故，一直游离于民国的主流政治文化圈之外。

20世纪40年代，他在友人的帮助下于重庆、南京等地举办画展，因而酬酢不断，李铁夫感到与官场人格格不入，甘愿独自去登峨眉山。举办画展时，徐悲鸿、吕斯百、沙汀、邓初民、端木蕻良、廖冰兄等数十人到场祝贺，他却疏于应酬。在南京举办画展时，李铁夫更加对官场氛围深感厌弃，为躲避应酬一个人跑到了上海。

他无视唾手可得的优渥生活，宁肯忍受清贫潦倒，也不愿放下一个艺术家的清高。他常常直呼孙科为“科仔”，当时孙科已身居高位，后来逐渐放弃了对他的接济。即便是对他十分敬重的徐悲鸿，也被他不留情面地直批其作品“学生腔”，从而断了往来。他不知道什么叫作富贵，什么叫作官爵，却独享艺术给他的尊严与自由。

即便不踏入文艺界主流圈，以李铁夫的出色画艺，保证优渥的生活不是难事。但他偏偏看淡这些俗世物欲。他曾有一“乖张”规定，要求客户的人格能与他的画相称，苛刻到让人难以接近。一次，他为香港一显赫人物画像，画至一半，听说对方实乃祸国殃民的汉奸政客，愤慨之下将画好的部分涂得稀糟，掉头而去。如此一来，李铁夫就只能为朋友及家人绘制肖像，仅够糊口而已。

渐渐地，李铁夫没有了可靠的生活来源，在清贫寂寞中过着“箪瓢屡空”的生活。他意识到唯有艺术是自己不得背弃的依托，索性将多年积累的数十幅创作卷在一起，装于麻袋随身携带。抗战期间，他辗转于桂林、南京等地，都随身带着这些油画作品。这也使得数十年后，他留下的这些油画作品残损不堪，颜料面临剥落。

他自题“此地无丹青，壮士发冲冠”，借燕赵之士的慷慨悲歌以自况，调侃自己买不起颜料。后来他也曾自认，没有颜色可用的时期被迫用墨作画，反而让他创作出了更满意的风格。而他也想把早年的水彩画都撕掉，并且撕掉了不少。

1946年，已是76岁高龄的李铁夫在南京举办画展时，展出了一幅作品《二次革命失败蔡烈士锐霆就义时写实》，堪称其晚期的一件代表作，其中可以读到他仍未熄灭的革命激情。李铁夫根据见诸报端的一张照片完成了这幅作品。蔡锐霆是武昌起义新军将领，后因拥护孙中山反对袁世凯称帝，被袁诬杀。画面中，这位身着黑衣的烈士斜躺在荒滩上，双手被铐着，鲜血在流淌。

画面中，李铁夫采用了一种直接写实表现遗体的手法，这在中国绘画中并不多见，画中烈士就义后空洞的眼睛、冰冷的面孔，让人不寒而栗。时过境迁，回头来看，烈士的遗体如一条死鱼般搁浅在河滩。这个死鱼的意象后来经常出现在李铁夫的画作中，意味深长，似乎隐喻了他革命理想的幻灭。

晚年遁世绝俗　魂归艺术故里

1947年，对民国政治深感无望的李铁夫，只身一人到了香港。此时他已经70多岁，在香港过起了居无定所的生活。弟子高谪生在土瓜湾为他租下一间小屋，他与友人在此谈艺论画，他自嘲为“任瓜棚”。

饱食而遨游，泛若不系之舟，这时期的李铁夫更加野逸遁世，甚至被人称为“画怪”。人们时常见他衣着随意地出没在香港油麻地一带的茶楼，用过午餐后，闲云野鹤地不见踪迹了。因为耳疾，他说话声音过大“言震屋瓦”，频频与邻居发生摩擦，后来不得不搬迁，与弟子一同住进菜地里的一间无墙屋。他反倒没有怨言，在屋上自题“纯屋”。

乱世之中人若浮萍，又有谁还在意，这位青衫翩然、行迹无端的老人，曾是位大名鼎鼎的画家？

据友人记述，这间破木屋只有一面墙壁，三面用帆布搭起，阴雨天四处漏雨，而夏天则热得似烤炉。但就是这座无门的小屋，李铁夫却往来快哉。因为买不起颜料，他索性更多地创作水彩画和书法，直接画在报纸上。有时，他干脆直接在茶楼里作画，然后送给接济他生活的朋友们。

晚年李铁夫的艺术风格更加超然绝俗。他的水彩画和书法，格外挥洒自如。他既可以写出“松柏老而健”那般稳健坚实的风格，也可以写出“打门无俗客”那样苍劲飘逸的气度。他晚年创作的《四川峨眉山》被认为是其水彩画中的杰作，他已不是在画，而是用中国书法在“写”，氤氲浓重，气魄雄浑，形成了极具中国民族艺术的风格。

从油画到水彩，再到书法，晚年的李铁夫把东方美学的情思意趣注入到西方技巧中，老辣但不狰狞。他推崇书法家傅山所说的“宁拙勿巧，宁丑勿媚，宁支离勿轻滑，宁率真勿安排”，艺术上更洒脱恣肆，出于自然又不做作卖弄，返质朴，归天真。

让人印象深刻的是，李铁夫晚年常作水墨画，以抒发他未酬

1950年，黄笃维等接待李铁夫先生自香港归来广州

的壮志，笔下常见的是逡巡的猛虎、振翅的雄鹰或自由翻飞的鸿雁，气势犹如初生牛犊般旺盛。

1950年，他被人民政府从香港接回广州，他欣然接受了华南文联副主席之职，担任华南文艺学院名誉教授，生活由政府照料，终于安顿下来。两年后，他病逝于广州，跟随其颠簸了大半生的作品，留在了广州美术学院。

多年后，在他的故乡鹤山，后人为了纪念这位艺术家，集资修建了“铁夫画阁”。至今入门处还悬挂着他生前书写的一副对联，印刻着颠沛流离大半生的游子对故土深情的眷恋。对联上写的是唐代王勃的诗句：“海内存知己，天涯若比邻。”

直到20世纪七八十年代，这位几乎被人们遗忘的画家，才终于有了一两本画册问世，重新出现于美术史研究者的视野里。他生前孤独求索达到的艺术境界之高，让后来者为之惊叹。这也不免让人感慨，在艺术的世界里，有一杆无形的秤，它公平地丈量每一位画者，褪去功名，不挂虚名。

“夜阑风静縠纹平。小舟从此逝，江海寄余生。”所有生的孤独、离的苦楚、死的寂寞、别的忧伤，都幻化为艺术里永不磨灭的幽光。一切都归于平静，回到原点，指向永恒。李铁夫的一生，是一位真性情画家对艺术至纯、至美的求索，他生前曾题写的晚清诗人何绍基的一首诗或许是其为人、从艺不染尘埃的写照：

自知性僻难谐俗，且喜身闲不属人。

“他是美术史上一座独立的方尖碑”

百年双喜 特约 世纪广东美术家 A21
美术评论家、广州美院教授谭天、中国艺术研究院博士、广州美院教师许以冠谈李铁夫:
“他是美术史上一座独立的方尖碑”
远赴欧美求学的广东现代油画先驱

受访者：美术评论家、广州美术学院教授谭天，中国艺术研究院博士、广州美术学院教师许以冠

20世纪初期，不少中国艺术家都试图从西方寻求方法，为沉寂的中国画坛添上朝气。其中，徐悲鸿和林风眠在1919年负笈巴黎，刘海粟则在1926年将西方美术教学法如裸体模特教学引入上海。然而在他们之前，李铁夫于1887年就在海外学习油画艺术。他被认为是中国近代美术史上，首个成熟学回西方油画语言的中国人。他在毕生的艺术实践中，将西画技巧与中国传统文化相融合，走得至深至远。

“出岫闲云宁有意，在山泉水本清流。”李铁夫生性孤僻，不苟于世俗。即使生活落魄，他也绝不肯屈就人格。可以说，他性格中的决绝孤傲，激励出他在艺术中至真至纯的表达。但长期以来，李铁夫被人们遗忘在百年中国美术史的一个角落。该如何重新认识和定位李铁夫在中国美术史上的价值？

谈影响

他与徐悲鸿在美术史上的意义不同

南方日报：与徐悲鸿等大师相比较，李铁夫有哪些未被大家认识的价值和亟待整理发掘的部分？

谭天：2000年日本举办过一个东亚西洋艺术大展，第一张画就是从广州美院借去展览的（李铁夫画作），日本人承认李铁夫是东亚油画第一人。也就是说，他的艺术在整个东亚都具有影响。

他比徐悲鸿早30年出去学画。或许从某种角度看，他达到了徐悲鸿油画艺术中没有达到的高度，他的油画更正宗，一是技法，一是对油画艺术本身的理解。有评论家认为，徐悲鸿是一个西方艺术的好学生，但是独立画一张静物创作的感觉没有李铁夫好。同是画一张静物，徐悲鸿早期留下的作品不少是习作，而李铁夫的已经是独立艺术家的作品，艺术含量是不一样的，达到的层次也是不一样的。

然而对比徐悲鸿等人在中国美术史上的重要性来讲，李铁夫缺少了公众意义，他没有从事过公共教育事业，这是他先天孤傲的性格使然。但徐悲鸿是把艺术当成事业，教育作为后援，两个人的出发点和归属是不一样的。所以，徐悲鸿在中国有影响是因为他是中国现代美术教育，特别是写实主义教育的奠基者，他有很多学生形成很大的一个群体，让他站在金字塔的尖顶。但李铁夫不是这样，李铁夫在美术史上就像一块独立的方尖碑，但没有金字塔那么醒目。

许以冠：李铁夫在20世纪20年代前后已经画出油画《音乐家》、水彩《纽约郊外》等高水准的作品。其时，在国内康有为、陈独秀、蔡元培等对改造中国艺术提出各种主张，借用西方写实主义的方法改造中国艺术被认为是道路之一，当时徐悲鸿、林风眠等还没出国学艺，李铁夫的艺术本来可以作为最有力的例证，但由于时空的错位，他在国外的创作不为国内所了解，未能在这一进程中起作用。20世纪30年代他回国后又逢国难，颠沛流离，他的艺术没有产生应有的影响，也未能在美术教育方面发挥作用。李铁夫在1952年去世之后，他的艺术经验没有被美术界研究和学习；直到1979年，对他的研究才真正开始。20世纪80年代后，西方多元的艺术思想涌入，对油画语言的研究没有成为中国油画创作的重点，他的油画本体语言的艺术价值没有被充分认识。目前，他的艺术成就日益受到关注，研究他的艺术和经验，对中国艺术的发展有重要的意义。

谈价值

创作中表现东方写意精神

南方日报：如何看待李铁夫绘画里的“折衷风格”？

许以冠：李铁夫的创作从时间上分为国外与国内两个时期，都有着“折衷”的特点。国外时期，他对西方艺术发展的内在规律有深刻的认识，选择了结合西方古典主义和印象主义风格的“折衷”道路。表现在：他在国外时期的油画创作偏于古典主义，但水彩画却具有明显印象派风格；他的油画遵循古典主义的创作理念，又有印象派的一些技法特点。他在回国后的创作中，开创性地把纯正的西方艺术语言与中国书画创作的精神追求和创作元素相结合，创造了“中国油画”的新模式。

对艺术风格的选择与画家学习西方艺术变革中国文化的目的相互联系。徐悲鸿受到康有为的影响，主张引入西方的写实主义改造中国艺术，对后印象派以及野兽派某些画家持批评的态度。而林风眠则主张学习西方现代主义艺术。李铁夫学习西方艺术的重点在于艺术规律和语言的探索，以包容的心态学习西方艺术，并寻找一种东西方文化结合的方式。李铁夫有着开阔的艺术视野，“折衷”风格是基于他对艺术发展规律的独特见解和一个中国人的文化立场所做出的选择。

南方日报：李铁夫毕生的艺术实践，对后世有哪些影响？

许以冠：首先，李铁夫是中国油画创作的开启者。中国画家对油画语言的探索还需要很长时间。李铁夫对西方造型艺术规律有深刻的理解，他对立体造型的“one、two、three”（“三度空间”）的见解非常到位，深入浅出。他的创作体现出的西方绘画艺术的造型修养，是当今中国油画家学习的典范。

其次，李铁夫对西方艺术的发展历史有独到的见解，并融会贯通地运用到艺术创作中。他的艺术体现了自古典主义到印象派的学习，对现代主义艺术的关注。他的艺术风格的确立和发展就立足在这基础之上。我们应该学习李铁夫先生的创作经验。他纯正的艺术语言是艺术精神和创造力的高度统一体。

李铁夫有深厚的中国传统文化修养，使他能够将中国文化元素融入西方的艺术语言中，为中国油画创作探索出一条道路。同时，出于深切的社会关怀和责任，他把这一种新的语言运用到表现中国的现实生活中来。这些对当今的艺术创作有着重要的现实意义。

作品欣赏

点评人：许以冠（中国艺术研究院博士、广州美术学院教师）

《未完成的老人像》

点评：在李铁夫的所有油画作品中，这是颇为特别的一幅。不仅作品处于未完成的状态，而且其强烈的技法语言也与其他作品不同。画面突出的特点是笔触的运用。画家如同雕塑家般，为了抓住对形体的强烈感觉，快速地塑造形象。留在画面的笔触既像是黏附在结构之上的泥巴痕迹，又像是刀劈斧砍，画中人物像一尊未完成的雕塑。另一特点则是对色彩的运用。光源和环境的色彩、头部不同部位的色彩倾向被强调，但色彩的过渡和倾向又恰到好处地统一在画面的色调节奏之中。用极其概括的笔触表现对形体的精准理解和“形色一体”的表现方法，正体现了李铁夫“折衷”风格的审美追求。

《鱼尾》

点评：李铁夫对鱼类题材的兴趣可以追溯自切斯对他的影响。此类题材的作品展现了画家纯熟的油画技巧和独特的表现方式。作品平实、含蓄，不炫技，可以看出画家安贫乐道的生活态度。《鱼尾》应该是李铁夫晚年的油画作品。画家晚年的作品有两个显著特点，一是采用薄画法，二是注重“书写”方式在油画表现中的运用。该作品中，观者似乎能够感受到刮了鳞的鱼皮顺滑、鱼肉紧致的质感，闻到切开的鱼肉腥味。作品在油画技巧上虽然没有早年的丰沛和犀利，却多了一份返璞归真的睿智，使油画作品具有了“中国式”的气象。

《画家冯钢百》

点评：1930年李铁夫回国，4年后创作了《画家冯钢百》，作品呈现出与国外时的创作不同的面貌。作品一改过去的谨慎，表现了对象的强烈感觉，对结构了然于胸，表现得游刃有余，用色上没有早年学院式幽暗的做法，更具有印象派的特点，同时，巧妙地把人物结构在光影下形成的色彩层次通过“书写”的笔调表现出来，一气呵成，大大加强了画面的表现力。这幅画在油画语言表现方面是中国写实油画的一个高峰。

《二次革命失败蔡烈士锐霆就义时写实》

点评：此作品创作于1946年，是李铁夫先生最重要的代表作。作品中开阔的背景犹如寂静的海湾，革命烈士巨大的身躯横亘在大地之上。作者充分表现了烈士的特征，手上的手铐和跌落的礼帽等细节点明屠杀主题。李铁夫以报章上的黑白照片作为参考，整体的冷色调以及对比色的运用烘托出画面阴沉的气氛，西装和礼帽组成的大块黑色、暗红色的血迹与泛黄的面容传达出强烈的视觉效果。“书写性”用笔使整个画面具有如同写生般的灵动和整体的韵味。该作品是能够反映李铁夫“革命和艺术”相结合的唯一主题创作，也是中国油画创作历史中最早的具有强烈的社会批判意识的作品之一。

『二高一陈』：

开创『国画革命』的一代宗师

百年双喜 特约
世纪广东美术家
A20
「二高一陈」：开创「国画革命」的一代宗师
百年新火 世纪风范 广东中烟工业有限责任公司特别呈献

翻开近世岭南画人的长卷，“二高一陈”是人们无法忽视的一组名字。它如同一颗耀眼的启明星，划破了晚清死气沉沉的画坛夜幕，开创了一个属于“新国画”的时代。

“二高一陈”，指岭南画派三位创始人：高剑父（1879—1951）、高奇峰（1889—1933）和陈树人（1884—1948）。他们拥有相似的人生经历与艺术理想：早年深受岭南画家居廉熏陶，继而游学东瀛，投身辛亥革命；他们共同倡导“折衷中西，融汇古今”的艺术主张，探索建立与时代相适应的“新国画”，充分调动传媒与教育的力量，为岭南美术界培养出一批具有革新性的艺术人才，影响岭南画坛超过半个世纪，在中国美术界亦有相当的声誉。“二高一陈”开启了现代美术的风气之先，堪称岭南现代美术的“一代宗师”。

回顾“二高一陈”的人生传奇，其魄力之充沛、思维之宏博、阅历之庞杂，仍然让人叹为观止。然而，他们的艺术人生又是如此时乖命蹇：动荡的时局、频仍的战乱，让他们的艺术实验多归浅尝辄止；他们曾经拥有大量的追随者，而生前身后却未能逃避被讥议的命运；就连他们自身的艺术理念，也因充满嬗变、矛盾和惶惑而变得一言难尽。尽管如此，他们变革国画的追求，仍然好比一道激流，义无反顾，勇往直前。正如高剑父所言，艺术只有“永远地革命、永远地创作”，才能实现“永远地进化”。

或许，历史并未给“二高一陈”留下太多的时间沉淀，却让他们找到了国画的另一种可能性。当我们越过历史的急流险滩，回顾岭南画派创始人的遗踪时，不难发现：他们已将自己的一生，深深扎根在岭南这片开放和革命的热土里；而他们走过的道路，也正与吾土吾民的百年命运休戚与共。

起

东渡游学寻索变法良方

岭南画派的开篇，就是一部传奇。1879年10月12日，是传统历书的“大凶日”。一位中国美术史的划时代人物，却在这天呱呱降生。他的名字，叫作高剑父。由于生不逢时，高剑父差点被家人送到育婴堂去。在父亲力排众议之下，才将孩子留了下来。

民间俗讳不足取信，但跌宕坎坷的命运，却如影随形伴随着高剑父的一生。“少年孤苦，曾学绘画瓷器等工艺品以谋生活。”父母与长兄的早逝，成为高剑父踏上求艺之路的最早缘由。

在亲友引荐下，14岁的高剑父来到位于广州海珠区的“十香园”，走入了人生的第一位艺术导师——居廉之门。居廉与族兄居巢并称“二居”，是岭南乡土绘画的代表人物，首创真正意义上的“岭南画风”，在晚清画坛独步一时。高剑父颇得业师真传。他的《仿恽寿平水仙蟹石》牛刀小试，已深谙居派独特的“撞水撞粉”之妙谛，在清新润泽、光影毕现的花叶之间，流露出画家娴熟的运笔与着色功力。

与江河日下的国运相似，晚清画坛满目倾颓。陈陈相因的摹古积习，让时人笔墨生气全无。面对国画的深重危机，康有为大声疾呼：“如仍守旧不变，则中国画学应遂灭绝！”不过，以写生著称的“二居”门庭，却是充溢着别样的清新风气。他们“眼之所到，笔便能到；无物不写，无奇不写”。居廉搜集大量前人未涉之绘画素材，又在私宅植下十种香花，供写生专用。十香园的种子，也在高剑父心里潜滋暗长。

岭表之地素得风气之先。高剑父毕竟并非“池中之物”，按捺不住对西画的向往和好奇。赴澳门就读“格致学堂”时，他向传教士麦拉学习素描，不久又踏足东瀛三岛，展开求艺之旅。不过，到目前为止，尚无任何资料证明他曾在当地接受过正规教育。人们只能从一些画会活动里，找到他的蛛丝马迹。

在他去日本的三十年前，日本画家也以同样的方式游学欧洲。他们吸收西画光影技法，营造出朦胧缥缈的氛围。这一技法让高剑父心醉神迷。从《并蒂莲花》到《菡萏蜞儿》，层层隐隐的一波涟漪，为画面渐渐添上一道烟雾氤氲的神秘气息。博物馆里的动植物标本和图谱，同样抓住了高剑父的眼球。他从中找到了科学的写生语言。在他留下的一批临摹稿里，每种昆虫的生命衍变历程都被展现得纤毫毕现。看似草草不工的一笔一画，推动着高剑父艺术生命的蜕变，最终破茧成蝶。

日本的求艺经历，为高剑父日后的“国画革命”酝酿思想。从日本画的笔调里，他似乎找到了暌违的“远亲”：以竹内栖凤为代表的京都派，笔墨可远追唐宋，精准的写生功夫又堪当国人范本。“折衷中西”的灵感即由此发轫。对日本画的推崇，也并未使他放弃自身的独立思考。高剑父将竹内栖凤推为“世界第一之动物画家”，同时又批评他“绝技尽于画面，未有东方之妙耳”。

师出同门的陈树人，很快就成为高剑父的知音。陈树人是居廉的侄孙女婿，才华也深受乃师赏识。高、陈二人同游写生，共商变革之道。在高剑父动员下，五弟高奇峰、六弟高剑僧也先后东渡旅日。二人早年学画于兄，画艺各有千秋：奇峰擅画走兽，笔下狮、虎炯炯有神，有革命气象；剑僧天资聪颖，少时即有画名，对“撞水”法有独到之见。高氏昆仲声誉日隆，一个属于他们的时代已渐见端倪。

可惜的是，正当剑僧学成归国之际，突然身染时疫，客死异乡。雏鹰折翼，成了高剑父一生的隐痛。

高剑父（1879—1951）

承

辛亥怒潮催生“国画革命”

日本的游学生涯，将“二高一陈”推上了新的艺术征程，也在他们的灵魂深处掀起了另一场风暴：革命。

与欲振乏力的晚清画坛相比，满目烽烟的破碎河山更令人痛

高剑父（左三）与杨善深、陈树人、黎葛民、关山月、赵少昂（从左到右）

心。甲午败绩的奇耻大辱，让每位海外游子皆深受刺激。革命风潮一日千里。相继成为同盟会会员的“二高一陈”，很快就被卷进这场风暴的核心。高氏兄弟奉命返粤从事革命活动。高剑父还参加了“支那暗杀团”的组织工作，轰轰烈烈的黄花岗一役中，也出现了他的身影。

辛亥硝烟渐渐散去，传奇生涯也归于平静。高剑父一度投身“实业救国”，赴景德镇重振瓷业。但树欲静而风不止，宋教仁遇刺的枪声击碎了他的梦想。天下重归乱局。他在陈炯明麾下履职，但不久便因故辞去。未几，陈炯明悍然兵变，炮轰粤秀楼。“战后河山认劫灰”，平叛之后，高剑父、陈树人随孙中山重登越秀山，胸臆间有着说不出的苍凉。不久，孙中山北上和谈，一去不归，在北京病逝。

“万劫危楼，只剩得蔓草荒烟、淡鸦残照。”一次次功败垂成，让高剑父对政治现实产生了极大的无力感，他从此再没踏足官场一步。陈树人虽继续担任高官，但对宦海党争同样远引高蹈。政坛的失意，似乎让“二高一陈”回到原点，也使之以更专业的姿态投入到“艺术革命”的事业中来。

“兄弟追随总理作政治革命以后，就感到我国艺术实有革新之必要。”鲁迅将杂文视作“投枪”与“匕首”，高剑父同样坚信，“用形象来控诉，比任何文字有力”。画报就是他们推动社会变革最直接的方式。1905年，高剑父参与创办的《时事画报》，就以图画纪事“开通群智，振发精神”。民国成立后，高氏兄弟又在上海创办《真相画报》，将“监督共和政府，调查民生状态，奖进社会主义，输入世界知识”的宗旨进行到底。

“二高一陈”深深感到，传统国画的笔墨程式，已无法承载政治革命的时代需求，必须“吸收各国古今绘画之特长”，方能造就“现代绘画的新生命”。1908年，高剑父便以“新国画”投石问路，在广州举办首次个人画展。高奇峰不久也打起了“折衷派”的大旗，昭显其“折衷中西，融汇古今”的主张。

“和现实生活有关的，方才是有价值的艺术。”既将“艺术大众化”视为革命目标，传统文人的“山林逸气”对高剑父来说，已显得不合时宜了。高剑父认为，自然界一切均有美感，凡物无分贵贱，都应成为“新国画”的素材。对于各种新式兵器和工业产物，高剑父都表现出极大的热情。他将飞机、坦克率先搬上中国画，呼之为“天地两怪物”。为了拿准飞机的神髓，他还特意乘机翱翔，在空中写生。

为了开辟“国画革命”的战场，高氏兄弟在上海创办了兼有画廊营销性质的审美书馆，以自产自销的明信片开拓“新国画”的市场。值得一提的是，这里还记录着高氏兄弟与徐悲鸿的一段画坛佳话：徐悲鸿少时潦倒落魄，在“二高”帮扶之下渡过难关，他初次面世的作品，便经由审美书馆出版。高、徐两家的友谊，也影响了徐悲鸿的艺术观，无形中为“新国画”赢得了新的盟友。

高奇峰（1889—1933）

经过数年经营，“新国画”开始崭露头角，其阵地也由沪上回移粤中。1921年，由高剑父主持的广东省第一次美术展览会在广州文德路开幕。“二高一陈”的作品深得军政要人推崇。随后，高剑父本人也登上了“国画革命家”的盟主地位。“艺术革命之大旗”似乎将要“从广东发难起来”了。

然而，在这一胜利的背后，暗地里却在涌动着新的波澜。

转

新旧争鸣重溯折衷正源

“新国画”自诞生之日起，从来毁誉参半。高剑父的笔法，就被传统派批作“野狐禅”。《天地两怪物》等出格之作更挑动了不少画家的神经。面对“二高一陈”的强势回归，一批岭南传统画人决意组织力量，分庭抗礼。1923年，赵浩公等14位画家组成了“癸亥合作画社”，不久扩大为“广东国画研究会”。国画研究会盛期会员几达数百之众，他们举行雅集、画展，出版画册，欲与“折衷派”一争高下。

一系列的短兵相接，终于在1926年的越秀山游艺会变成了正面交锋：因不满主办方将“折衷派”作品边缘化，高剑父授意学生方人定撰文，贬斥传统派因循守旧；黄般若代表国画研究会奋起还击，反讥“折衷派”剽窃日本画，欺世盗名。在长达数年的隔空论战中，针对高剑父师徒的“为鬼为狐”“非驴非马”“抱养之义儿”等谩骂之语，一时充斥报端。

“许多人以为广东人很新，富有革命性，不知粤人头脑顽旧的，正复不少！”“艺术革命”的主张不为接受，高剑父耿耿于怀。而最让他备受打击的，莫过于剽窃日本画的指控。然而，高剑父师徒对此竟无还击之力。其实，“二高一陈”早年取法东洋，作品中生硬模仿的拼凑之处并不足为怪。高剑父就以“日本画即中国画”自我辩解。但耐人寻味的是，他的后期作品也在有意无意洗刷东洋风，晚年甚至声言“宁可有洋味，不可有日味”。

“他们每骂我一次，我便刻苦一遭。”面对传统派的批评，高剑父也在进行反思，暗下苦功，恶补传统画学。他笔下的《万壑争流》《古松》，极具文人画意，让对手们也心生惊讶。事实上，“国画革命”从来都没有主张“打倒古人、推翻古人、消灭古人”。相反，高剑父一生都对传统国画怀着深深的眷恋。这为他晚年向宋院画、文人画的趣味转型埋下了伏笔。

尽管饱受非议，高剑父并没有改变立场，他对海外艺术的兴趣有增无减。这一次，他将目光投向南亚。1930年，借前往印度出席亚洲教育会议之机，高剑父对南亚、东南亚诸国进行沿路考察，其间还拜会了诗哲泰戈尔。泰戈尔对“折衷派”的主张亦颇为赞赏。这位特殊的海外知音，给身陷漩涡的“折衷派”注入了信心。

更重要的是，高剑父从南亚之行中找到了“折衷”精神的正源。印度艺术便是将希腊、波斯、埃及诸家共冶一炉。在阿旃陀石窟里，出神入化的佛像壁画让他彻悟了东方美学的神髓。他花了一年多的时间，将这些壁画临摹回国。此行洗去了高氏在日本时期的模仿痕迹，留下了简练圆浑的线条、厚重稚拙的笔触、古朴深沉的红褐色调，幻化出宁静澄澈的佛家意境。画家本人也自信地表示，经过“一变、再变、三变”，敢说“摆脱一切，完全自我表现了”。

载誉归来的高剑父，走向艺术生涯的全盛时期。他已超脱新旧争鸣的是是非非，在大江南北频频展露身手：高剑父多次担任全国性美展评委，作品亦屡获殊荣。在他出任南京中央大学教授期间，“春睡画院展览”也随之被带往宁、沪，将岭南发端的艺术新风吹送到长江流域。“新国画”的集体亮相引起画坛震撼，就连画家傅抱石也要慨叹：“中国画的革新或者要希望珠江流域了！”

合

作育英才汇入抗战洪流

高剑父一生都与教育结下了不解之缘。他漫长的教育生涯，几乎贯穿了20世纪前期中国美术教育的改革历程：早在辛亥革命前，他就在各类新式学堂担任图画教员；直到逝世前不久，他还在南中美术院（前身为春睡画院）和广州市立艺术专科学校执教鞭。他冗长的履历表里最闪光的一笔，当数1923年创办春睡画院。

与其说是一家教育机构，春睡画院更像是一所“艺术实验室”。画院由高剑父主持教务，设有中西美术课程。学生们可以旁观博涉，多方试验。春睡画风的多元化格局更让傅抱石惊讶：高剑父从不维护“血统”的纯正性，更反对学生模仿自己。“无论学哪时代之画，总要归纳到现代来；无论学哪一派、哪一人之画，也要有自己的个性与自己的面目。”也正因如此，人们才看到了方人定中西结合的人物，关山月昂扬怒放的梅花，还有黎雄才苍茫大气的“黎家山水”。

高氏兄弟将美术教育视为“国画革命”的重要战略。当时，春睡画院紧贴现实的风气对有志青年无疑极具感召力。高门弟子也一律“有教无类”：其中既有农民、报童、疍家，也有理发匠、茶馆学徒、打铁徒工。高剑父的识人慧眼，同样为人津津乐道：他在路过肇庆时发掘了黎雄才，关山月则是他在中大“揭穿”的“冒牌旁听生”。对于穷苦人家，画院一概免其学杂，有潜质者，高剑父甚至不惜重金资助他们出洋留学，黎雄才赴日深造就得益于老师的支持。

就在春睡画院蒸蒸日上之际，一场史无前例的全民抗战爆发了。他们倡导的艺术主张也遭受前所未有的考验。在日军轰炸下，春睡画院化作一片颓垣败瓦。高剑父避走濠江，长子失踪、夫人病逝的打击接踵而来。虽是见惯枪林弹雨，孑然一身的他，心中还是不免凄惶。手中的画笔，也收起了昂然出鞘的剑锋，转

陈树人（1884—1948）

而变得怨愤苍凉。他的《白骨犹深国难悲》画面极其凄惨，观之大有老杜“新鬼烦冤旧鬼哭”的悲凉。

战争的苦难，也让高剑父师徒彻底融入到民族的“大我”之中。高剑父用自己的笔下丹青，为乱世点起一盏明灯。硝烟中诞生的《东战场的烈焰》，就以凌厉的笔触痛陈日寇侵华罪恶。《扑火灯蛾》则影射侵略者自取灭亡，油灯里的光芒照彻了整个画面，昭示抗战必胜的信心。春睡画院留澳师生还举办画展，义卖赈济难民，表达他们共赴国难的坚定信念。

八年离乱过去，高剑父已烈士暮年，仍感到“时代之车轮”还在“不断地发动着、旋转着”。他回到广州，创办南中美术院，又为自己制订了“十五年计划”：出国考察，环球写生，研究“新宋院画”和“新文人画”，创办艺术研究院……他仿佛还要“永远地革命、永远地创作、永远地进化”。但动荡的时局没有给他留下机会，苦心经营再次流产。1949年，高剑父二度避居澳门。这一次离开，他就再没踏足这片魂牵梦萦的故土。

油尽灯枯的高剑父，人生已经进入倒计时，脑海里却有太多夙愿没有完成。“高剑父不但生不逢时，死也不逢时。”他的学生黎明不无遗憾地说。就在旅欧办展前夕，高剑父倒下了。弥留之际，他对重执教鞭仍念兹在兹。1951年6月22日，一代宗师的传奇人生落下了帷幕。

奔腾不息的溪流，经历了千回百转，终于融入大海。“二高一陈”和他们的时代已经离我们远去，留下的种种喧嚣都被置诸身后，任人评说。然而，当我们仔细谛听他们的笔意时，还能感受到“世界潮流”的浩荡呼声。这道呼声召唤着他们一生上下求索，踽踽前行。广州美术学院教授李伟铭如此总结：“他们用自己的毕生努力告诉我们艺术是变化、发展的，中国画是世界绘画的一部分。这也是他们留给后人最重要的启迪。”

本文参考了李伟铭《图像与历史——20世纪中国美术论稿》、李伟铭《高剑父诗文初编》、陈滢《文博探骊》、陈滢《岭南花鸟画流变（1368—1949）》、陈滢《得时代风气之先——试论上海对高剑父艺术的影响》、陈继春《革命与艺术追求——辛亥前后的高剑父兄弟行状初探》、陈继春《高剑父印度之行及其他》、顾丞峰《岭南画派——中国现代绘画的变革者》、岭南画派纪念馆《岭南画派在上海》等文献。

访谈

“折衷中西、融汇古今”的艺术追求

百年双喜 特约
世纪广东美术家
“折衷中西、融汇古今”的艺术追求
他们将媒体的力量引入国画

受访者：研究员、广州艺术博物院原副院长陈滢，澳门学者、中央美术学院美术史博士陈继春

回首“二高一陈”的艺术人生，不难让人感觉到，近代中国知识分子那颗焦躁而不安定的心。“二高一陈”是最早以怀疑姿态审察传统画学的画家群。他们身体力行地将发展和世界性的眼光引进中国画，为中国画获取丰富的思想和语言资源。

然而，“二高一陈”没有摆脱被误解的命运：他们高擎“国画革命”大旗，游走大江南北，从未考虑建立地域性画派，身后却为“岭南画派”的框条所囿，苦心孤诣隐而不彰。他们“折衷中西、融汇古今”的画风，迄今为止也没有找到切中肯綮的评判模式。“既好古、又好今，既好旧、又好新，既乐于入世革命、又乐于出世归隐。”高剑父充满矛盾的自白，让他们的历史面貌更显扑朔迷离。

他们将媒体的力量引入国画

南方日报：“二高一陈”已经成为当今岭南历史文化的一个重要符号，他们的艺术生涯与岭南人文之间有何渊源？

陈继春：广州从乾隆年间就是“一口通商”的重要口岸，澳门也有将近500年的开埠历史。岭南长年培养的开放风气，是其他地区所不能企及的。只有在这样的土壤里，才会产生“折衷派”的艺术主张。从17世纪开始，就开始有许多外国画家进入广东，对广东画坛产生深刻影响。“二居”的作品里也带上了西画的痕迹。可以说，早在“二高一陈”旅日之前，他们的思想基础就已经具有“折衷中西”的特征了。

“二高一陈”不仅受到西画的写实主义影响，他们的艺术创作也反映出广州浓厚的商业气息。高剑父早年曾拜伍德彝为师，伍家乃十三行行商之首，广彩瓷器是他们的大宗生意之一。在革命时期，高剑父以“美术瓷窑”为掩护，筹措经费；革命成功后，他又投身“实业救国”，以图改良瓷业。这无形中将美术与实业联系起来，强化了美术的社会功能，为日后“国画革命”奠定思想基础。

南方日报：学者简又文在评价高剑父时，称之为身兼“国民革命”与“国画革命”最有力的倡导人物。“二高一陈”如何在“国民革命”与“国画革命”两者之间建立联系？

陈继春：“国民革命”和“国画革命”都反映出在西方文化介入的背景下，中国知识分子对自身文化体系信仰的动摇。“二高一陈”的艺术主张和政治取向，与这一历史潮流是紧密切合的。他们都是同盟会成员，目睹日本明治维新之后艺术格局的新变化，也希望中国艺术走上现代化道路。

在“国民革命”与“国画革命”过程中，有两个因素起到非常重要的作用：传媒与教育。“二高”都是媒体人，先后参与创办《时事画报》和主理《真相画报》。高奇峰在日本还是学制版出身的。这是因为国人的识字率不高，运用图像说话的方式能产生更广泛的影响力。作为报人，“二高”的市场意识也更为敏锐，因此提出了“艺术大众化”的命题。他们举办画展、开设审美书馆，都是为了促成这一目的。

他们开启了中国画坛写实思潮

南方日报：“二高一陈”都有着东渡求学的共同经历，由此萌生“折衷中西”的艺术观念。日本学画的经验，给他们日后的美术实践带来哪些影响？

陈滢：明治维新后的日本画坛，充满了开放与兼容的艺术精神以及反映时代、现实的新鲜感，这种特征是晚清中国画坛整体所缺乏的。古典主义、现实主义、印象主义、野兽主义、立体主义同在日本大行其道，但出于传统的知识背景所限，高剑父也没有走进正规的美术学校读书，西方艺术给他们带来的直接影响非常有限。

真正给高剑父带来启发的是博物馆里的“博物图画”和日本画。“博物图画”不加修饰，高度写实。它既是近代西方科学精神的启蒙，又是与中国宋院花鸟一路写实写生绘画相近，因此特别引起高剑父的共鸣。值得一提的是，高剑父并没有将写生与临摹对立起来，反而使之相得益彰。他实现了居派艺术与“博物图画”的融合。可以说，20世纪中国画坛的科学主义写实思潮，最早就是从高剑父身上开始的。

南方日报：除“折衷中西”外，“融汇古今”也是“二高一陈”提倡的另一个重点。高剑父后期更是全面回归传统。应当如何解读他对传统艺术的认知以及晚年的转型？

陈滢：高剑父自始至终都没有抛弃传统。他认为，现代画是从古代演化过来的，必须先了解古画，然后才能认识现代画。高剑父的这种情愫，首先来源自他早年在传统型画家居廉门下的知识背景和审美趣味以及他在伍德彝家中观摩、临摹古画的经历。其次，他从近代日本画也得到同样的启发：对高剑父影响至深的近代日本画诸大家，如竹内栖凤、今尾景年等人，既学习西方却又不抛弃东方绘画、民族绘画的传统，这种“折衷中西”的实践，对充满革命精神而又深深眷恋传统的高剑父来说，无疑有着极大的影响。

不过，我们也须注意到，由于高剑父的业师居廉本身是一位“画人”，而不是“文人”，在高剑父身上也同样欠缺传统的“文人”气质。他无法像同时代的国画大师黄宾虹、潘天寿、傅抱石那样饱受中国传统“雅”文化的浸润，他的作品始终欠缺含蓄隽永的“书卷气”，也鲜见古拙厚朴的“金石味”。

“岭南画派”不是他们的初衷

南方日报：“二高一陈”倡导一种适应时代需要的“新国

画”，今人却往往只将他们当成“岭南画派”的创始人。您如何看待这种错位？

陈继春：创立“岭南画派”从来不是“二高一陈”的初衷，这个概念是到解放初期才被郑振铎等人正式提出来的。“折衷中西、融汇古今”才是“新国画”真正的价值核心，是一种“动力概念”：它强调以中国画为本体，寻找中西美术的平衡点，也是“中体西用”思想在艺术领域的一种体现。“二高一陈”无疑希望取得全国性影响。

因此，他们以当时作为全国政治、经济和文化中心的南京、上海为目标。然而，由于“二高一陈”的影响一直未能越过长江以北，随着政治环境的变化，以北京为代表的文化占据主流地位，“二高一陈”的影响力就反而被局限在岭南，造成了这种历史性的错位。

一个画派是否成立，往往视乎他们共同的师承和艺术风格。然而，有共同的师承也未必有共同的艺术风格。“二高一陈”提出“折衷中西、融汇古今”的口号，不过是希望引起全国美术界的讨论和回应而已。龚自珍的诗句“但开风气不为师”，更能反映“二高一陈”的艺术初衷。

作品欣赏

点评人：研究员、广州艺术博物院原副院长陈滢

高剑父《东战场的烈焰》

点评：这是高剑父最为著名的画作之一。该画以20世纪30年代日军轰炸上海后的景象入画：画面上烈焰冲天，火光熊熊，遍地断壁残垣，令人触目惊心。在以往的中国画（山水画）中，画的都是隐逸的古刹、茅屋、扁舟、板桥，以及策杖山林、泛舟江湖的高人隐士。在20世纪之初，高剑父尝试将“现代事物”如飞机、汽车、电线杆等引入中国画中，因而有“标奇立异”“画界叛逆”之称。而《东战场的烈焰》则更进一步，直接让时局大事进入中国画，可谓开先河。高剑父的这个尝试，是他“艺术革命”具体的、勇猛的实践，在绘画历史上有着重要的意义。此作品现藏于广州艺术博物院。

高剑父《鸡声茅店月》

点评：高剑父1918年在上海创作的《鸡声茅店月》是其“折衷中西、融汇古今”的一个范例。这时的高剑父经过数次到日本游学，受到“维新”的近代日本画的影响，画风大变，完全颠覆了之前的“居派”绘画面貌。该画正是高剑父“日风时期”画风的体现：该画以中国晚唐词人温庭筠《商山早行》的名句“鸡声茅店月，人迹板桥霜”为画题。高剑父将南宋院体画刚劲的斧劈勾皴，与日本竹内栖凤的“西式”画风以及当时在上海流行的西洋水彩画法融合在一起——将中国古典诗歌宁静清新深邃的意境，与中国古典绘画的形式语言，融化在西画朦胧的光影折射与大片的色彩渲染之中，造成一种亦中亦西、不中不西的新奇的画面效果。该作品现藏于广州艺术博物院。

高奇峰《白鹭莲花》《鸳鸯图》（后者与高剑父合作）

点评：这两幅绘画体现了高奇峰早年对日本风格的模仿以及“变革”中国画的探索。两幅画都弱化中国画固有的线条表现，而强化色彩晕染的效果——作者在熟宣纸上让色、粉、墨渗化渲染，构成湿润、明丽、柔和、细腻、朦胧的效果，将光色的变化、空气的迷蒙表现得很充分；在大块的色彩渲染之中，又给白鹭、莲花与鸳鸯形体予准确、精细甚至纤毫毕现的写实描绘，表现了新鲜丰满的生命感觉。画面淡雅灵秀，笼罩着诗一般的情调。这种花鸟画既有优美的东方情调，又有西方严谨的写实造型，亦受到日本“朦胧体”画法的影响。此作品现藏于广州艺术博物院。

陈树人《淡黄杨柳舞春风》

点评：从20世纪30年代开始，陈树人逐步退出政治派系斗争的漩涡，这位曾经出生入死的辛亥革命志士，此后变为以诗画自娱的“得安老人”。在这种心境下，陈树人创作了他绘画生涯中最好的作品，该画就是其中之一。

在“二高一陈”之中，陈树人是最具文人气质的。陈树人常常以诗入画，该画是以南宋姜夔（姜白石）的名句“淡黄杨柳舞春风”为题的。陈树人将诗情画意融为一体，画面上满是淡黄嫩绿的杨柳，却又显得分外清新淡宕，隽秀雅逸。陈树人以线条的分割、交叉、排比来构成画面，以特写镜头般的“截取”法展现杨柳的局部，造成一种新奇的视觉感受，与画题的意境可谓相当吻合。正如蔡元培所言：“陈树人先生，纯粹美术家，而具优美之个性者也……其所为画，极轻微淡远之致……无不化板滞为灵隽，转粗犷而为秀逸，是诚彻底出于优美个性。”此作品现藏于广州艺术博物院。

陈树人《岭南春色》

点评：红棉，是陈树人在绘画中反复表现的母题。陈树人绘画红棉图的寓意相当深刻，而他在不同时期的红棉图上的题录，表达了他不同的思绪心境。《岭南春色》是陈树人的红棉图中最著名的作品，该画在1931年比利时万国博览会上获奖。该画以全景式的构图，画出高大挺拔的木棉树和绚丽灿烂的红棉花，以表现岭南明丽的春光。陈树人以皴擦强调树干树枝的质感，直接以颜色描绘红棉花；除使用国画的朱砂颜料之外，还在其中大量使用西画的水彩颜料。满幅的红棉如火如荼，却又显得清新文雅。虽然在居廉门下多年，又受过日本的美术教育，但两者在陈树人的绘画之中并没有留下什么痕迹，其表现出来的是“我自为我”的风格。

第三章 守护与激活

20世纪广东画坛，曾出现“国粹派”“折衷派”“西化派”三足鼎立的局面。广东国画研究会就是一个“国粹派”的特殊群体。他们与岭南画派之间爆发了“方黄之争”，成为广东艺术家们守护传统与激活创新的一次思想博弈。

方人定（1901—1975），广东中山人，岭南画派代表人物。他早年曾在春睡画院师从高剑父习画，后东渡日本钻研人体素描，归国后专心从事绘画创作。其作品融汇日本人物画的渲染技法，别出新意。

黄般若（1901—1968），广东东莞人，曾参与创办癸亥合作画社、广东国画研究会，早年气格庄严高古，与黄宾虹、张大千以书画论交，晚年艺术风气就为之一变，大胆创新，首创自成一格的“香江山水”。

20世纪二三十年代，以方人定为代表的岭南画派，与以黄般若为首的广东国画研究会之间，曾针对前者“折衷中西”的主张，爆发了一场影响广泛的论争，史称“方黄之争”。这场争议引起了文化界对传承与革新问题的思考，对中国艺术发展史产生了深远的影响。

方人定　黄般若：登高一呼国画新

纵观广东现代美术史，“方黄之争”的深远影响无法忽视。这场论争以两位主角的姓氏命名：方人定（1901—1975）和黄般若（1901—1968）。这两位生于同年的画人，分别代表两个有着迥然不同艺术主张的群体——岭南画派和广东国画研究会，他们也各自走出了两条不同的艺术道路。他们曾针锋相对，各执己见，在报端隔空论战，并逐渐演化为“传统出新”与“折衷中西”两种绘画理念的激烈碰撞。论战双方发表的精辟论述，也促成了两派艺术主张的交融，为中国美术史带来深远的启发意义。

尽管如此，方人定和黄般若事后都抛弃前嫌，共赴国难。“艺术上不要有门户之见”，更成为他们的一致主张。他们的艺术风格，也因论战的激荡而展现出崭新的面貌：方人定决意东渡留学，研习西洋人体技法，走出了一条与老师高剑父截然不同的人物画道路；黄般若晚年则凭借精深的传统笔墨、丰富的阅历与悟性，创作出一大批具有现代气息的水墨山水作品。方人定与黄般若，已不仅是这场历史性对峙的缩影，也将作为国画现代化的里程碑永载史册。

百年双喜 特约 世纪广东美术家 A20

“方黄之争”

“革新”与“国粹”的思想碰撞

黄般若 方人定 登高一呼国画新

几番辗转，只为求艺术真理

悲天情怀，令张大千“目悸心骇”

百年薪火 世纪风范 广东中烟工业有限责任公司特别呈献

“方黄之争”：“革新”与“国粹”的思想碰撞

回首80多年前那场充满火药味的论争，“方黄之争”虽为20世纪广东乃至中国画坛的一桩著名公案，却让今天的不少读者感到陌生。论战的议题既非私人恩怨，也超越了派系之争。他们对传统国画与民族文化何去何从的反思，在中国艺术史和文化史上引起深远的回响。

20世纪初，因痛感中国画末流因循凋敝的状况，不少有志青年都将目光投往西方，以写实主义对国画进行改革。其中，以“二高一陈”为代表的“折衷派”，更高扬“国画革命”大旗，活跃于艺术舞台。高剑父更在春睡画院设帐授徒，培养新生力量。然而，与此同时，一股全盘否定民族传统的虚无主义之风，也迅速席卷全国。为挽救日益沦亡的国粹，重振国画雄风，潘至中、赵浩公、黄般若等主张捍卫传统的画人在1923年组织了癸亥合作画社，两年后扩充为广东国画研究会，潘达微、李凤公、李研山等纷纷加入。该会声势浩大，组织完备，就连远在外省的著名画家黄宾虹也加入为其会员。

由于艺术观念不同，传统派与“折衷派”之间的矛盾日益加深。传统派认为应传承传统笔墨，“折衷派”则主张“折衷中西”改造国画。早在1921年“广东省第一次美术展览会”前，双方观念已产生严重分歧。而被国民政府高价购买的“二高一陈”的作品被传统派认为是“抄袭日本画”，引起舆论哗然。后来，高剑父授意方人定撰写《新国画与旧国画》刊于报端，指责传统派因循守旧。黄般若随即在潘达微的授意下，撰写了《新派画就是中国的衣冠吗？》一文，指出这些“新派画”其实是“抄袭日本画”，否定他们的作品是“中华民国的衣冠”。

论战一触即发，两大阵营各执己见，攻讦不休：法政学校出身的方人定，痛陈文人画消遣戏笔之弊害；有深厚传统造诣的黄般若深谙画史画论，直言脱离心性必致艺术陷于死亡。“折衷派”疾呼“国画革命”，传统派力主“民族特性”。黄般若还搜罗不少日本画家的作品图片，与“二高一陈”的作品并列刊于报上，令“折衷派几无反击余地”。

不过，你来我往之间，双方争论的焦点也从“抄袭日本画”逐渐转移到新旧派的关系、艺术的雅俗标准、国画应否改革与如何改革、传统文化如何传承等问题上，大大拓宽了国人艺术视野的深度与广度，为岭南画坛创造了开放、多元的现代格局，也为中国美术现代化留下了宝贵的遗产。有趣的是，隔空论战的两位主笔，竟素未谋面。直到1938年，在香港办抗战画展期间，方人定才与黄般若不期而遇，“相逢一笑泯恩仇”。两人惺惺相惜，握手言欢，开创了各自的艺术道路，共同为历史翻开一页新的篇章。

方人定——“国画革命”骁将

几番辗转，只为求艺术真理

弃官从艺处世清
特立独行，爱吾师更爱真理

1901年，方人定生于中山濠涌村的一个布贩家庭。家里的长辈希望他长大后能做官，给他起名“仕钦”。由于方父早逝，家道中落，为谋生路，三位兄长尚未成年便远赴美国打工。也正因如此，方人定很早就养成了独立自强的个性。在20岁那一年，他以第一名的成绩考入了广州法政学校法科专业。

理性的法律与感性的艺术，本是“八竿子打不着”的两条职业道路。然而，方人定似乎早已心有所属：他自幼酷爱画画，常在习字之余，煞有介事地信笔“写生”。他还私下临摹了《芥子园画谱》。传统教育的熏陶，让方人定养成了良好的古文功底，为他日后创作的古代人物故事画夯实了根基。

1923年，高剑父在广州创办春睡画院，尚在读书的方人定也慕名而来，投奔麾下。他善用自己的课余时间，潜心学习花鸟画和风景画。“折衷派”的艺术理念，也如春风化雨般滋润方人定的心田。但平步青云的雄心壮志，却在他的脑海里烟消云散。为使自己专心绘事，方人定竟将家里留下的法学书籍悉数送人，就连毕业证书也付诸一炬。他的名字也从“仕钦”改作“人定”，以示“人定胜天”的决心。

在高剑父的指导下，方人定在花鸟领域取得了不俗的成绩。1928年，他的作品在比利时万国博览会上荣获金奖，随即被比利时博物馆所收藏。然而，他并未在这些荣誉面前满足。在与黄般若的笔战里，方人定挥斥方遒。但零敲碎打的绘画知识，也让他的心里感到隐隐约约的不安。多年以后，方人定仍不时谈起那场笔战，喟叹自己当初对艺术的认知不过皮毛。

“民国十八年以前，我的作品通通是山水、走兽、翎毛、花卉，且跟足当时的新派画的一贯作风！”方人定不满“折衷派”的拿来主义。他清醒地意识到，继续留在春睡画院传承师父的“衣钵”，将使自己失去个性，也与“国画革命”的初衷大相径庭。他决意远赴东洋，学习人体写生，走出一条与乃师不同的艺术道路。

东渡期间，方人定与高剑父之间的关系也变得微妙起来。他的夫人杨荫芳晚年回忆，为解开“二高一陈”“抄袭”日本画的谜底，他随处搜罗明信片，回国后还苦劝高剑父毁弃从前的模仿作品。针对春睡画院的家长制作风，方人定同样面斥不误。他甚至还一度加盟“折衷派”的对立阵营，痛陈“岭南三杰”之非。这些“不肖”之举，甚至为他惹来“笼里鸡作反”的骂名。

尽管如此，方人定毕生都没有否认自己与高剑父的师徒关系。他们之间的私交也未曾中断。直到“文革”前，高剑父的雕像一直放在方家的客厅里。“吾师”与“真理”，也一直摆在方人定心中天平的两端。不过，他始终没有专学某一派、某一人，改而转益多师，摆脱一切阻碍艺术进步的羁绊。哪怕孤军奋斗，他也要“向着这一条光明大路前进、尝试”。

两渡东瀛寻新路
融贯东西，“再造”人物国画

20世纪20年代末、30年代初，方人定两渡东瀛，先后在日本美术学校、川端画学校、骏河台洋画校求学，成为岭南画派成员中留学时间最久、作品最多的一名画家。从日本归国后，方人定给自己的艺术探索方向“约法三章”：作品以人物为主体，题材以现代生活新姿态为对象，画法重新“折衷中西”。他日后的创作轨迹也由此定下了基调。

在方人定看来，艺术不是出世的，而是入世的。要直面人生苦难，人物画无疑是最佳载体。他将人物画视为新艺术运动的正途，甚至预言它在未来国画中的主流地位。方人定非常重视人物画资料的搜集，也认真分析了古代人物画的兴衰。他常常雇请模特到家里写生，又往郊外采风，创作出一批别开生面的作品。

1932年是方人定的创作高峰年，《归猎》《雪夜逃难》《到田间去》等代表作都在这一年诞生，不断对传统人物画的审美趣味发起冲击：《雪夜逃难》虽未洗除人物形象的东洋风，对背景氛围的渲染却显得尤为成功；《到田间去》则明显受到后期印象派的洗礼，而“撞水撞粉”法在衣服、土地、竹筐上形成的斑驳效果，则反映出他对“折衷派”的承传。

然而，方人定在艺术上的突破，并没有立即引起画坛的关注。相反，他的作品也被视为非中国画、非日本画、非西洋画的“三不像”，各种质疑之声不绝于耳。方人定心里也泛起了惶惑的浪花，甚至寝食难安，就连亲朋好友也为

“国画革命”骁将——方人定

他敲起了“退堂鼓”。他固执地婉拒了师友的劝言。直到1935年的“方、苏、黄、杨四人归国展”，这些“不中不西”的作品才重新受到舆论注目。

抗战爆发后，方人定的艺术思想又为之一变。他在香港举办了抗战画展，但稚嫩的画风无法令他满意。方人定不甘蛰伏，不久动身赴美学习参观。受到异域风情的启发，他淡化了工致装饰的东洋风，又吸收西洋的水彩画法，风格更显自由。返国后，方人定联合春睡画院的同学组织再造社，继续呼吁国画革新。可惜的是，就在这年冬天，香港沦陷，再造社亦无疾而终。

“再造”国画的理想成为泡影。或许出于际遇和心境的转变，他的革新色彩也正渐渐消淡，全面回归古典人物画。1949年之后，随着苏联写实主义占据主流，方人定的试验却退往边缘，他的画风走向通俗浅白，他的步伐也变得谨小慎微起来。为免将

《琵琶行》《西厢记》画成仕女画，方人定小心翼翼地将西洋构图引入画中。他四出征求群众意见，有时一幅草图竟可推敲数年。对衬景里的花草稍有不满，甚至将作品推倒重来，足见他的良苦用心。

“文革”爆发后，留给方人定艺术生命的时间与空间已经越来越少，但他仍笔耕不辍。直到临终前两年，病重在院的他竟全凭记忆，写下了《线条、皴法、色彩——谈中国画的三个问题》一文，将革新国画的思想亮光，燃点到生命最后一息。

黄般若——传统画学守望者

悲天情怀，令张大千“目悸心骇”

平生当愿“四无恙”
悲天悯人，守护国粹瑰宝

与方人定不同，黄般若后期主要在香港活动，人们对其艺术成就的认识也有些模糊。幸好，摄影为后人留下了此公的形象：这位身着长衫、神情温雅的长者，眉宇之间流露出风骨铮铮的文人气度。着装也是一种文化心态的表征。这似乎要人们记得：在西风东渐的浪潮汹涌而来的大时代里，还有这样一群文化人，在默默守护着中国的传统文化根基。

黄般若生于东莞，3岁丧父，不久寄居广州叔父黄少梅家。黄少梅是广东著名的传统派画家。因耳濡目染，黄般若自幼便对书画产生浓厚的兴趣。临摹是传统国画必由之路。黄般若的临摹笔法也可谓神乎其技，无论石涛山水、新罗花鸟、老莲人物，都到了以假乱真的地步。北京琉璃厂流传的华喦作品里，竟有不少出自张大千假手黄般若之作。

黄般若的笔墨功夫，得益于他与传统派名宿的往还。与辛亥元老潘达微的忘年之交，对他的影响最大。潘达微是革命军中的佛家弟子。语出佛家的“般若”，就是他在潘氏影响下改的名字。民国初年，黄氏叔侄曾应潘达微之邀，到佛山乔装行乞，与贫民一同起居生活，归来共绘《流民图》，引起画坛轰动。

或许因信佛之故，黄般若的笔意天生便带有一种悲天悯人的情怀。20世纪

传统画学守望者——黄般若

40年代初，正值烽火离乱之际，他笔下的观世音菩萨常常腾云蹈火而来。在寓居香江期间，他又创作了《木屋大火》《九龙火舌图》等多幅抒写贫民区石硖尾大火的图景。张大千读后，竟有“目悸心骇，欲哭无泪”的哀恸。

“平生愿无恙者四，一曰青山，二曰故人，三曰藏书，四曰名卉。”黄般若将居室名为“四无恙斋”，也用一生信守了这一诺言。黄般若完成了大量文物鉴定整理工作。在抗战期间，他在香港参与筹备了“广东文物展览会”，编辑出版了300万字的《广东文物》。光复后，他又为了解战时文物散失和保存情况，与郑德芬、潘熙三人发起举办了“中国古代文物展览会”。在返程途中，黄般若乘坐的“西安轮”突然失火。他临危不惧，尽弃所携私人藏品，从火场中抢救出多张参展古画，被传为一时佳话。

虽对传统文化情有独钟，黄般若也没有与时代绝缘。早在20世纪20年代，他就在潘达微主持的南洋兄弟烟草公司从事广告设计工作。由他亲笔撰写的《实用广告法》《广告学杂谈》，更是中国美术广告理论研究的先驱之作。香港早期漫画史，也有黄般若的一笔。他本人还是一名摄影“发烧友”，甚至请潘达微女婿李崧医务所的护士到海边拍裸体艺术照，在当时可算非常大胆的前卫之举。

与方人定一样，黄般若也在探听、感应中西碰撞的时代脉搏。他曾临摹印度和波斯绘画，也研究过欧美表现主义和未来主义。“今日东西方画学，已不谋而合，其原因艺术实为灵感的创造。”黄般若坚信，世界性的艺术并无国界之分，不断创作才能走出属于自己的道路。这些丰富的阅历，为他后来的艺术蜕变奠定了坚实的根基。

香江入画献新猷
弃古出新，独创现代水墨

1949年2月，黄般若正式迁居香港，开始他将近20年漫长的旅港生涯。他在艺海别树风帆，开启了艺术人生另一段不平凡的旅程。

这时，黄般若已届不惑之年，但他的艺术思考却出现了新的“疑惑”。“我原来睡在鼓里，今日才被人敲醒。”黄般若与画家吕寿琨的一席话显得耐人寻味。大时代的风风雨雨让他觉察到，现代的国画创作已经不能再走“似”的道路。他甚至高声疾呼：“不要把自己写的画归入任何画派”，要创作出“自我发展自我的艺术”。

“今后不再写旧画，再不露旧的笔墨。”在黄般若的眼里，南宗、北宗、工笔、意笔、院体、文人画的界限，都变成了“一件愚蠢的事”。曾经钟爱的诸家路数，都被他置诸脑后，甚至连从前气格高古的花鸟、山水、佛像亦不复多见，只在笔下展现出与众不同的“香江山水”：在他的作品里，看不到半点欧风美雨的都市风情，画家却深入穷乡僻壤，寻找那些不为人知的荒山野岭，为当年的香港留下了背影。

在黄般若的《港岛归帆》里，效法古人的亦步亦趋已泯然无痕，一笔一画却渗透着传统与现代交融的气息。画家信手涂绘，横染水天，便将澹澹碧波营构得富有艺术趣味，林立的墙桅与参差的古木浑然一体，不染都市尘嚣。他的

“简笔山水”力作《平洲奇石》更显奇崛，以波乱般的笔触绘成的山石，伴随着远去的点点归舟，旷远幽雅，别有一番韵律美。

“写画就是写心”，与其说黄般若写的是香港山水，还不如说是他的心迹。“变革传统比学习传统更难十倍。”黄般若在《谈艺录》里如此坦言：学习传统，需要毅力；而变革传统，不但需要胆识，还要耐得住寂寞。在香港这个灯红酒绿的花花世界里，昔日故友多已星散，寂寥的画人更难寻获知音。这也让黄般若更加醉心山水，寻找心中失落的一份韵致。

这些空灵的作品，不难体现出当年传统文化人流落港岛的心境。对国粹钟情半生的黄般若，自然难掩故土情思。1956年，侨务委员会、新华社等多次邀请他回内地观光、写生，并欲请他到故宫博物院主持鉴定工作。黄般若也终于回到一别十年的广州，并得到游览大江南北的机会。他笔下的《小鸟天堂》鲜有地采用全景视角：一座枯色树岛浮现画中，四周大片留白，唯见群鸥翱翔天际，聚散自如。

画者的心里，何尝未有倦鸟还家之意？在1965年赴京参加国庆庆典期间，周恩来亲自向黄般若发出邀请，请他到故宫博物院主持鉴定工作，黄般若终于答应了总理的请求，准备回内地。然而，不久“文革”爆发，计划中的行程搁浅。黄般若还忧虑存放在广州家中的五箱文物的安危，经询新华社意见，授意其子将文物送广东省博物馆暂寄，让毕生心血搜求回来的珍贵文物得以保存。两年后，黄般若在香港与世长辞。画家与他笔下的香江山水，一同化作“东方之珠”的一段传奇。

本文参考了李汝伦《方人定评传》，郎绍君、云雪梅《中国名画家全集方人定》，陈继春《岭南画派与中山》、《方人定纪念文集》，黄大德《黄般若美术文集》，刘曦林《重读黄般若》，陈滢《认识广东国画研究会的现代意义》，陈伟安《黄宾虹与广东国画研究会的艺事考》等文献，特此致谢。

"方黄"后人和美术史学者谈"方黄之争"：

论争是为"求艺术真理的探索"

受访者：黄般若之子黄大德，方人定之女方微尘，《亮节高风——方人定小传》作者、中央美术学院美术史博士陈继春

"方黄之争"的深远意义，在于它引发了广东画界关于传统国画现代转型的思考和讨论，促进了国画的变革与发展，也活跃了当时的艺术论坛。时至今日，论战双方提出的观点也一直是艺术界热衷讨论的话题。

然而，针对"方黄之争"的解读，往往被论者视为岭南画派与广东国画研究会之间的意气之争，双方代表也被贴上模式化的标签，因而掩盖了论战背后那些多元而生机勃勃的观点碰撞：归属"保守派"阵营的黄般若，对西方现代主义绘画颇有独到之见，晚年现代山水的创作更是惊人；方人定虽然曾经为"折衷派"进行热情洋溢的辩护，后期却质疑高剑父的艺术方向，他与春睡画院同人的"分道扬镳"也引起了画坛的哗然。

论"方黄之争"
双方都在思考国画出路

南方日报：从今天的角度回顾80多年前的"方黄之争"，我们应当如何评析这起事件以及它对艺术史的影响？

黄大德："方黄之争"的焦点在于，传统派指出"二高一陈"的作品抄袭、剽窃日本画。在当时西风东渐大潮下，临西洋画者大有人在，为何人们对之熟视无睹，偏偏对高剑父们抄袭日本画一事如此敏感？甚至抗战胜利后，"折衷派"仍然遭到胡根天等理论家的追击。究其原因，这场旷日持久的论争，与民族矛盾的升级不无相关。须知日本在1926年成立了东方文化事业委员会，企图从文化上

侵略中国。高剑父后来亦悟出了关键所在，并告诫学生现代国画“宁可有洋气，不可有日气”。然而，“方黄之争”背后的这一社会、政治、文化背景至今仍没有得到美术史研究的充分重视，以致被解读为两派之间的意气之争，这是相当遗憾的事情。

应该说，“国画路在何方？”“如何振兴中华文化？”是“方黄之争”双方都在共同思考的问题。黄般若通过自己的实践，使国画走出了一条在保持传统笔墨和文人画风格的同时，又与现代化现实相贴近的道路。“方黄之争”对方人定来说也是一个刺激，促成了他下定决心要走出一条与老师不同的道路，最终通过自己中西合璧的人物画，走出了一条革命性的道路。

方微尘：“方黄之争”本身是一场纯艺术的论争。方人定1948年在《艺术的论争》一文中就明确指出，论争的目的在于“求艺术真理的探讨”，而不是为了打倒某一派、某一人，他的目的也是希望通过论争使中国绘画艺术革新发扬光大。像当年这样的学术氛围，在当代广东乃至全国画坛也并不多见。

方人定对艺术创作的态度也是极其严谨认真的。他的每幅作品都反复构思，几易其稿。他常常将作品贴在墙上，让我们都参与提议修改。正因如此，以现代人的眼光来看，方人定的作品会较当时一些一味追求“纯血统”的画作更为亲切。他努力将国画题材从过去的山水、花鸟，拓展到现代人的生活，正是这场论争带来的影响。

南方日报：在过去，广东国画研究会通常被人冠以“保守派”的标签。人们应如何通过黄般若的生平，还原这些传统派画家的真实面目？

黄大德：振兴传统文化的理想，是广东国画研究会成员的共识。清末民初，不少西方学者要研究中国艺术不得不绕道日本，他们批评中国人“常舍弃本国之艺术而他求”。这一现象让黄般若和广东国画研究会的同仁触动很深，也让他们开始思考重振国画的问题。

从1923年的癸亥合作画社开始，黄般若等人就将“研究国画，振兴美术”定为宗旨。他们在广东国画研究会的《立案呈文》中也清楚表明：“吾国不患无研究之人才，而患无研究之

百年双喜
世纪广东美术史
A21
“方黄”后人和美术史学者谈“方黄之争”：
论争是为“求艺术真理的探索”

毅力；不患无研究之方法，而患无研究之常知。”他们希望对国画进行学术研究。当然，广东国画研究会后来发展到300多人，其中真正从事研究的人并不多，但也出现了黄般若、李凤公、李研山等理论研究的佼佼者。

在当时的广东画坛，无论从“人才、毅力、方法、常知”哪个方面来说，广东国画研究会都独当一面：它拥有属于自己的专业图书馆，在社会上也享有影响力；它设立了没有围墙的国画学校，采取雅集的方式传授画学、画法；它每周举办小型展览，不定期举行专题展示，每年举行大展，出版刊物……学习和研究的氛围十分浓厚。广东国画研究会是当时国内组织最健全的一个美术团体。

南方日报：方人定回国后，曾经与高剑父有过思想上的冲突，他与高剑父之间的真实关系究竟如何？

方微尘：自我懂事以来，爸爸一直自认是岭南画派的。20世纪60年代还与同门一起讨论岭南画派的特征。1962年“岭南派画家作品展览”在香港举行，封面几个字是我父亲写的，也采用了爸爸的《栖息》那幅画作为目录的封面。我大哥方心东1990年也从美国特地寄信回来说明，父亲是属于岭南画派的：“1948年初，我亲眼见到高剑父先生带领一大群弟子到文德路活动……当时爸爸紧随左右，而其他学生则跟在后面。”而父亲当时就在高剑父当校长的广州市立艺术专科学校担任国画系主任。

当然，父亲与他老师走的艺术道路还是有分歧的。他觉得不能光是教学生山水花鸟，完全没有人物画，这可能是他对高剑父先生不满意的地方。父亲也曾经提到自己的老师不是只有一个，既有日本的、也有欧美的，吸收各家所长、加以提炼才能独成一格。然而，艺术上有论争，并不等于不尊重老师。1973年，他卧病在床写的《线条、皴法、色彩——谈中国画的三个问题》里，还明确说出“吾师高剑父”的话。

论艺术变革

以开放的心态发展国画

南方日报：有哪些原因促成了黄般若晚年“香江入画”的变法？他给现代国画带来了哪些启迪？

黄大德：香港著名的美术评论家黄蒙田认为，黄般若属于“名士派”画家：

他对艺术创作仿佛是玩票。这一评论是很到位的。尽管不少人都说黄般若是个学者型的画家，但他从未把自己当作画家。他把毕生的精力都付与了搜集、整理、研究他所醉心的中国传统文化艺术。画画纯粹是出自兴趣和爱好，自娱自乐。

虽说如此，黄般若长年积累的传统功力和写生实践，对他的艺术变革还是起到了很大作用。黄般若一直都在留意西方美术的动态，正如他自己所言："余方青年，每神游于印度、埃及、意大利诸国艺术之下，而思有所讨论"，得出"不当抛弃祖国最有价值之艺术，而摭拾外来已成陈迹之画术"的结论。他在香港时期，几乎每周都远足旅行、写生。这些积累与实践使他完成了从"师古人"到"师造化"，再到"师心"的转变，最终摆脱了一切家法，实现了中国传统绘画创造性的转化。这些作品对现代水墨画的诞生起到推动作用。吕寿琨、章尚璞，甚至吴冠中都直接或间接受到他的影响，足以说明黄般若的意义。

南方日报：方人定后期的作品回归传统，被不少评论家认为有违他的初衷，我们今天应如何解读他后期的转变？

陈继春：在中国绘画传统中，笔与墨是一个永恒的课题。凡事有常必有变，画家的创作生活也不可能脱离社会。方人定的历史画也多是在社会客观环境下有感而作的。他在《国画题材论》里说："孔雀、金鱼、狮、虎，这是二十多年前新派画家的拿手好戏。今日艺术思潮来论，早应抛弃了。"由此可见，在20世纪40年代末时，方人定认为高剑父的国画改革和美术教育方式已经过时。高剑父晚年"新文人画""新宋院画"的主张，与方人定的艺术追求也大不相同。

方人定深知，花鸟画不比人物画那样直接地折射出画家对现实关怀的追求。国画想要适应时代发展，成为现实中为人们所接受的艺术欣赏形式而非"文化遗产"，必须进行形式上的突破、内容上的创新，在遵循艺术规律的前提下吸收新的、现代的审美元素和艺术观念，拉近画家与受众的距离。因此，方人定认为，中国画的内容取现实生活为题材，才是真的艺术品。以开放的心态在改革和发展的动态中发展国画，才能使之永远鲜活、永远具有审美价值。

作品欣赏

点评人：陈继春（中央美术学院美术史博士）

《春江水暖》

点评：此画成于方人定随高剑父学画三年之后。池塘边的雌雄双鸭，雄鸭右脚直立，颈部伸长鸣叫，其双翼略耸；母鸭微转，翘尾侧身，引颈向左。作者十分注意对造型的把握并着重表现水禽的体积感和瞬间动态。勾染结合，突出双鸭的质感。学者认为其“颇似1920年前后高剑父带有日本画风格的作品。不同的是偏于精细秀润，不像高氏笔墨那么雄健粗放”。在我看来，更重要的是此画是向高奇峰学习的痕迹。方氏在入门几年后能画出如此高素质的作品，聪慧程度可见一斑。

《渔父辞》

点评：此作品画的是颜色憔悴且行吟于泽畔的屈原与渔父就“皆醉”与“独醒”进行对话的景致。正如我们所知，渔父后来莞尔而笑、鼓枻而去时所歌的“沧浪之水清兮，可以濯吾缨；沧浪之水浊兮，可以濯吾足”最令人感慨。

此画全以水墨为之，不着一点颜色。屈原束发着履，渔父戴帽赤脚，虽同行于泽畔，但画中的对比效果依然明显。方人定20世纪30年代的画与生活贴近，也就是在作品中拒绝反时代性的题材。尽管他于1937年上海的个展中仍有一帧名为《发》的古装人物画亮相，可是抗日战争后期，至少从在澳门普济禅院画罗汉起，他的绘画已萌发向传统回归的趋向。方人定以历史题材入画是借古喻今。就技法而言，其早期人物画中偏向日本式的线条开始让位于更富中国传统的用笔方式，如《渔父辞》中“屈原”的混描，表明方氏绘画与日本味或西洋味渐离。

《闲日》

点评：此图是方人定第一次留学日本时的代表作之一。画中的短发少女身穿黑色连衣呢绒长裙，静坐于椅子上，怀抱着一只白兔，手上拿着绿色的蒲公英叶，白兔鲜红的嘴正动着，嚼劲甚浓。玉兔与女性，不期然予人想见中国传说中的嫦娥与玉兔。方氏在此是为了营造古典与现代的对比？不得而知。可是，整个画面黑与白的对比是强烈的，更精彩的是女子的黑绒裙、黑丝袜，高跟黑鞋，还有黑发和黑眼睛，不同物象的“黑”有不同的色阶，以及不同材料的质感均被表现出来。单看此画纯正的色调已呈现出淡雅清静的气息。方氏后来的绘画中，走兽通常是与其图内的人物相伴出现的。

点评人：陈滢（研究员、广州艺术博物院原副院长）

《小鸟天堂》

点评："小鸟天堂"位于广东新会的一个河心小岛，岛上有一株生长了数百年的大榕树，榕树的树枝髯根垂到地上，扎入土中生生不息，日渐变成一片根枝错综的树林。因林在水中，人迹罕至，遂引来成千上万只野生鹭鸟栖息，鸟树相依，非常壮观。著名作家巴金到此游览后写下散文《鸟的天堂》，著名画家吴冠中亦到此作画。20世纪60年代，黄般若曾到"小鸟天堂"写生，之后创作了这幅水墨画。黄般若在写生的基础上，抓住景物的主要特征，表现自己心中的主观意象。他以独特的远眺角度，全景式地表现了"小鸟天堂"的奇异景象：岛上绿影婆娑、根枝错综、气根落地；空中则是小鸟满天，盘旋飞翔，若隐若现。黄般若将水墨的浓淡渲染与线条的疏密穿插交错在一起，构成茂密的树林；以灵动、散淡的点染组成漫天的鸟群，极富节奏的感觉；灵动而又厚重的点、线、面的铺排，既饱含着笔墨的意趣，更凸显出现代构成的意味，给人以新颖的形式美感，堪称其晚年"新派国画"的精品。

《罗汉》

点评：黄般若是“心中有佛”的画家。其名字“般若”为佛教语，是梵语的译音，意为“智慧”；为有别于一般所指的智慧，故用音译。黄般若常常以罗汉为绘画题材，这幅作于1947年的《罗汉》画艺高超，功力深厚，更是别具深意。该画构图奇特：翻滚升腾的烟火占据了画面的绝大部分，而绘画的主题——一位凝神静坐、忧心忡忡的罗汉，只是在画面的下方现出一个小小的身影。黄般若以奔放舒展的笔墨表现巨大的烟火，以严谨精细的笔墨描绘罗汉，巨大的红色的炽热烟火，与小小的身穿白衣的罗汉，形成了鲜明的对比，造成了强烈的视觉冲击力。黄般若以传统的题材、传统的笔墨，去表现时局的境状——冲天的烟火，象征着国内战场的熊熊烈火；忧心忡忡的罗汉，寄寓着画家忧国忧民的情怀。

《港岛归帆》

点评：黄般若于20世纪五六十年代以香港为主体，在写生的基础上创作了一批“新派国画”，《港岛归帆》就是其中的一幅。

该画在写生的基础上以写意的笔墨，形象地表现了当时香港岛的地形地貌。画中那大片的水墨浑厚、洒脱而又精粹，展现了画家高超的功力。而黄般若以精到的传统笔墨绘画出来的香港山水，却又给人很新颖的感觉：那既厚重又空灵的水墨渲染，那既简括又细微的皴擦笔触，那抽象的现代平面构成的因素，等等，无不散发出新鲜的“现代意识”——正如香港学者高美庆所言，黄般若“在博厚的传统基础上创造具有现代形态的中国画”。黄般若这位曾经代表广东国画研究会与“折衷派”展开激烈论战，被视为“国粹派”典型的画家，晚年却成为了香港“新派国画”的创始人，这真是广东美术史上一个耐人寻味的现象。

第四章

新媒体与新艺术

广东美术家善用媒体的力量进行传播，从早期宣扬革命的《时事画报》《真相画报》，到成为旧上海文化大观园的《良友》画报，广东美术家总是与时代的步伐同行，也点滴记录下社会转型的历史印记。

不少广东美术家在发展艺术的同时，也积极运用传媒的力量拓展自身的艺术影响力。创办于1905年的《时事画报》就是其中重要的先驱，画报以“开通群智，振发精神”为宗旨，以图画纪事为主，针砭时政，颂扬革命，包括高剑父、潘达微（1881—1929）、何剑士（1877—1915）在内的不少著名画家都曾投身其中。其中，潘达微还是从事新闻摄影和人体艺术摄影的先驱之一，曾亲自设立了广州第一个业余摄影团体——景社。

民国建立后，不少广东美术家都选择上海作为根据地，经营画报事业。高剑父、高奇峰兄弟就以“监督共和政府、调查民生状态、奖进社会主义、输入世界知识”为宗旨创办《真相画报》，较早在画报中引入摄影艺术。伍联德（1900—1972）则在1926年创办了《良友》画报，盛期发行达4万余份，人称“良友遍天下”。《良友》画报采用先进的照相制版术印刷，以图文并茂、雅俗共赏的风格，生动记录下时代变迁的轨迹。

潘達微 以劍士：

寓褒贬于毫端 诛奸邪于纸上

在2014年南国书香节上，一份被誉为“中国现代政治漫画鼻祖”的广州本土文艺刊物——《时事画报》首次以最齐整的面貌结辑出版，令世人得以一睹其昔日风采。

《时事画报》出世之际，正值清末国祚疲敝、存亡悬于一线的多事之秋。随着反清反帝斗争日益汹涌，开风气、启民智的需求愈发迫切，20世纪初中国近代新闻出版业呈现出勃兴态势。据统计，仅在广州十八甫一带，辛亥革命前后就有140多种报刊在此发行或迁来此地。

为唤起底层大众的救亡意识，上海的《俄事警闻》、香港的《中国日报》等进步刊物，不约而同地开始以诙谐的文字、歌谣、杂俎、漫画来讥刺时政。至此，曾是古代文人“漫笔”“戏作”的传统“谐画”，从书斋走向街头，逐渐演变成为具有清晰而强烈的政治指向的现代漫画。

李伟铭、陈平原等学者曾指出，位处舆论环境相对宽松、又是中西文化交汇锋线的岭南地区，加之主创者多为直接介入革命行动的新型知识分子，《时事画报》不但开广东画报之先河，且在草创之初就确立了“以革命思想入画”的方针，力戒早期画报“堕于风流自赏”的“恶习”，一跃成为晚清画报中政治上最为激进、革命色彩最为浓烈者之一，风行海内外。

作为一家地方性报刊，《时事画报》发行站点遍布国内以及海外华人区，包括东京、旧金山、檀香山、暹罗、安南等地。值得一提的是，《时事画报》所刊载的《廿载繁华梦》（黄世仲撰）等小说被陈平原教授誉为“晚清小说中的佼佼者”。其所记录的生菜大会、土地诞等民间习俗以及开设的《南音》《粤讴》等栏目，在中山大学历史系教授程美宝看来，则提供了难得的、生动的地方民俗及戏剧研究史料。

广州美术学院副研究员蔡涛认为，以潘达微、何剑士、高剑父等为代表的画报编辑，集艺术家的敏感直觉和经验、新闻工作者的社会良知和担当以及革命者的抱负和襟怀于一身，他们把强烈的参与政治变革的愿望付诸办报等现代传播手段，充分利用

百年双喜 特约　世纪广东美术家　A20　新媒体与新艺术

潘达微　何剑士：
寓褒贬于毫端　诛奸邪于纸上

1 臧否百态显图画威力

画报这种“新媒体”的传媒特性，宣传政治理念和新知识，对普通民众进行启蒙。就视觉风格的开创性而言，作为中国时政漫画的先驱者，何剑士表现得尤为惹眼，其作品将批判的机锋指向政坛昏聩与社会积弊，创造出了属于那个特定时期的奇崛诡异的画风。

同时，黄大德、李焕真等广州文化研究学者亦认为，以潘达微、何剑士为代表的杰出报人、漫画家，是掀起中国新漫画运动第一次高潮的重要人物，是策划者、发动者，也是杰出的创作者。他们的作品在20世纪中国现代漫画史上占着极其重要的开篇第一页。而他们的美育实践，对广东清末美术力量打破师承、地域的派系，实现大整合、大发展起到了关键性的作用。

学者李伟铭曾做过一番精辟的总结：“《时事画报》为我们重新描绘近代中国文明进化的图景——特别是重新认识近代中国知识分子如何从传统的‘士’的角色转化为大众社会生活中的一员以及一向囿于书斋一隅的诗词歌赋和绘画，如何经历了欧风美雨的洗礼和时代风云的激荡，在追求实用、趋近大众的过程中，实现自身价值和功能的蜕变，提供了一个相当有效的视角。”

臧否百态显图画威力

1905年9月26日，在广州当时的新闻出版腹地十八甫69号，近代中国第一份面向底层民众、以“开通群智，振发精神”为宗旨的画报——《时事画报》隆重地登上了历史舞台。

《时事画报》创刊号上明确刊文宣称，在中西艺术门类之中，令人“感触最速，印脑最深者，厥惟图画！”对于“长睡初觉”者，可“触其眼帘，警其视线，使得张目猛省，怵于惨像，而亟起以救危亡”。因此，编辑部同人决定“仿东西洋各画报规则办法，考物及纪事俱用图画”，臧否百态，悬镜照影。同时，考虑到当时风声鹤唳的政治环境，又提出了通过“曲描善喻，匠意传神”的方式，以求最大程度地深入人心，收“户诵家弦”之效。

《时事画报》的创作群体当中，既囊括了岭南画派名家伍德彝等前辈宿老，也吸纳了当时广东画坛一批新起之俊彦，包括高剑父、高奇峰、何剑士、陈垣、陈树人、廖平子等。虽以“居派弟子”高剑父作为名义上的“署名发起人”，但实际上，真正的创办人却是行事低调隐秘、年仅24岁的革命党人潘达微。

1881年，潘达微出生于广州东圃镇一个官宦世家，父亲潘文卿曾任清朝一品武官，辞官后与人创办清末广州著名民间慈善组织广仁善堂。潘达微自幼体弱多病，习诗文、善书画，甄冠南《潘达微先生之生平》称其“少有令名，长尤博学”，“谦逊慈和，夙以侠义称重于乡党”。潘达微年少时在求医过程中偶遇孙中山，遂立下“一雪国耻，匡时济世”的志向，加入了兴中会。此后，为了革命更不惜偕妻出走、散尽家产。

据学者黄大德的调查走访，潘达微当时承孙中山之嘱托，要为刚刚成立的同盟会创办一份国内的机关刊物。他认为，以往报纸上的“鸿篇巨制，经世大文”，因文字艰涩，难于在底层社会普及，断不如画报通俗易懂。

早在《时事画报》诞生之前，潘达微就亲身见证过“图画”鼓动性之力量。1905年夏天，全国各地爆发了声势浩大的“反美拒约”运动，抗议美国逼迫清政府续订歧视和排斥华工的《北京条约》新约。罗斯福就任总统后，派其女儿与美国兵部大臣来华，名为出访，实为施压。鉴于当时城中主要的交通工具是轿子，潘达微画了一幅《龟仔抬美人》，绘四只乌龟抬着轿了，轿上坐一美人，配以粤语顺口溜，号召轿夫拒抬美国人。这幅画被“拒约会”刊刻成传单，遍贴通衢，轰动粤港，更引发外交、舆论风波，持续数月方才止息。

“以革命思想入画”鼓动革命

《时事画报》创办伊始，潘达微便刻了“以革命思想入画”一印，作为自己的座右铭，《时事画报》亦将之尊为办报指南。出炉以来，不仅持续报道陈天华、徐锡麟、秋瑾等志士的壮烈事迹，亦对李叔同领衔的春柳社排演进步新戏等文艺动态予以关注。

至于潘达微的个人作品，如揭露清廷弊政的《舆论》，嘲笑保皇党变法失败的《孤臣》，讽刺各种势力、派别争权夺利的《猫与狗》，鼓动武装起义推翻清政府的《铁血主义》等，意识

黄花岗起义中的革命夫妻——潘达微（右）与陈伟庄

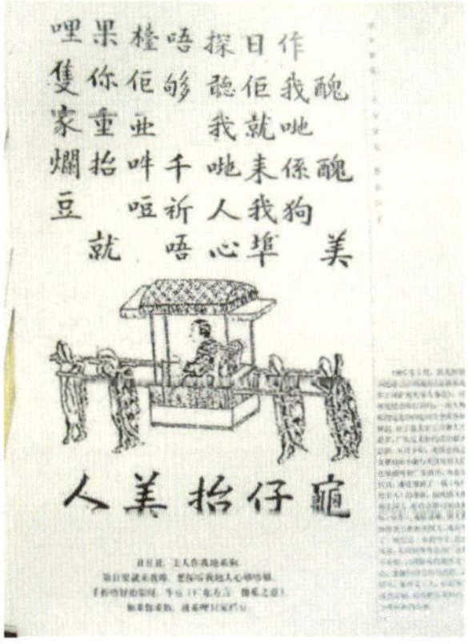

《龟仔抬美人》（1905年），潘达微作

1908年1月，高剑父（前右二），潘达微（前右一）

之大胆、立场之分明、寓意之深刻，格调沉郁、笔锋劲健、构图精当，足见其身为革命者忧国忧民、挥斥方遒的政治激情与书生本色。

1908年日本占领吉林省的间岛之后，又宣称南海大东沙岛为无主岛，欲强行霸占。1909年，潘达微特意作《日本之野心》一图，将日本描绘成一轮面目狰狞的太阳。

另一方面，潘达微对平民阶层审美喜好的了然以及对民间曲艺、风俗、掌故的熟稔，又使其善于借用家喻户晓的素材，传递“密集的革命信息量”。如1908年的《夜题反诗图》和《急急如律令》分别以民间故事、习俗入画，鼓吹革命势在必行。

潘达微少时曾师从名家吴英萼习画，擅山水花鸟。时人赞其“技法基础深厚”“气韵清幽苍朴”。《时事画报》最初几期的封面画，皆出自潘达微之手，均为工笔花卉图案，可见其丹青根底。以人物为主体的漫画创作原本非其所长，潘达微的作品在构思和笔法上不仅呈现出一种不断自省和更新的趋势，更令人管窥“西风激荡”对清末民初广东乃至中国画坛的浸染。

作于1910年的漫画《富人代表》，被誉为潘达微人物漫画中的杰作。画中的老头躲在阴暗角落里数钱，仿佛听到动静，一脸惊恐。该画将守财奴贪婪、猥琐、胆颤的形象描摹得惟妙惟肖。

1908年，《时事画报》还刊登了潘达微与黄晦闻合编的《小儿滑稽习画帖》。该系列选取寻常事物作为范本，如借“逞头露角”的蜗牛影射外强中干之人。同时，这一系列“习画帖”，也将爱国、民主、反对侵略等思想以及立身处世的准则渗入美术教学，有可能是中国最早的漫画教科书。

“滋味深摹”为把国民唤醒

除了《时事画报》，潘达微还兼任《广东日报》《有所谓报》的笔政，后又创办《天荒画报》《平民画报》等刊物，这一定程度上限制了他漫画创作的成就。事实上，将“快描变幻风云”“热望开明社会”“寓褒贬于毫端，诛奸邪于纸上”等主张体现得更为充分的，当推一代漫画大师何剑士。

何剑士1877年出生于广东南海一个富商之家。其父何昆山曾游学德国，从叔何启、姑丈伍廷芳，俱为名动香江的显赫人物。何剑士自幼熟读经书，傲岸不羁，耽于酒色，击剑、游猎、吟诗、绘画、弹奏、唱曲，无不精通。早年久困于科举场屋，后家道中落，又不愿傍附戚友，遂栖居于鳌洲（白鹅潭），以诗酒书画自娱。直至1905年“国人呼号拒美苛约”之时，何剑士才“挺跃而出问世事”，通过报章大显身手。

在《时事画报》创刊号上，何剑士即初试啼声，发表了题为《时事画报》的粤讴及《未造状元》等一组漫画。学者黄大德认为，这首粤讴及组画题跋，“是迄今所能见到的关于中国漫画创作实践及理论思考最早、最重要的文献”：不仅直言漫画的初衷——“当头棒喝大声呼”“欲把国民唤醒”；亦点明创作要领——可夸张、“潦草”，不必拘泥于写实，但须得抓住精髓，讲究“滋味深摹”“极地形容”，最终达到“笔墨通灵，色相可穷”的艺术效果，令读者生出“切痛”之感。

何剑士的画风独树一帜，张扬而浪漫，早期作品多讽喻烟赌、花柳、偷盗、械斗等丑态陋习，如《烟魔镜》《官界吸烟之趣画》《三十六种哭状》等。

随着粤中革命形势的演进，何剑士漫画作品的锋镝，渐渐转向苛政、吏治、官场黑幕。在《内阁总理》《盛来与端去》《小磨香油》《宪法政万岁》《官场现形》等代表作品中，前期模仿《点石斋画报》的写实风格，被极富想象力且运用自如的变形、夸张、象征手法所取代，惊悚、刺激的视觉效果，营造出一种浩大的时代动荡感。配以犀利爽辣的粤语嘲讽，更显出绘者嫉恶如仇、不平则鸣的个性棱角。而在另一些作品如《贫民之骨》之中，银币与白骨皆垒成坟茔，在悲悯民生疾苦之余，也流露出乱世飘零，“富贵疏忽，死生无常”的宿命意味。

发表于《时事画报》1912年第1期的《内阁总理》堪为其中翘楚之作。画作立意高妙，用拟人化的手法，将垂涎总理席位、争名逐利的各路政客，比作攀爬、哄抢宝座的无赖兽类。作者一反常态，舍弃了画中题诗、图文互参的传统格式，不着一字而意味无穷。

何剑士（1877—1915）

何剑士《贫民之骨》，《时事画报》1912年第2期

“满眼黄花零落”英年早逝

在当局打压之下，《时事画报》辗转穗港，几经中断、复刊、易名出版，最终于1913年停刊。以潘达微、何剑士为代表的《时事画报》诸君，一直积极致力于美育推广及社会改良活动。

《时事画报》创办前夕，潘达微召集了广东画界、学界200余人，以“茶会”形式举行广东近代第一个“美术研讨会”。1907年，潘达微、何剑士、尹涤云、高剑父等人又在广州发起广东地区第一个美术展览——“广东图画展览会”。1908年夏，西江、北江流域洪水泛滥，潘达微、何剑士等人在广州办展筹捐，救济灾民。两人毕生参与创办的慈善福利机构，涉及教育、医疗、艺术、体育等众多领域，不胜枚举。

关于艺术须“经世致用”这一点，潘、何两人既志同道合，又各擅胜场。精通音律的何剑士，于辛亥革命前夕创办优界改良社，用戏曲宣传革命。其平生所撰《游赤壁》《送别》《葬花》《燕子楼》等，在南粤民间广为传唱。潘达微信奉“美术者，可以养高尚之人格，可以陶纯雅之性情”，于1906年创办撷芳女子学校和缤华女子习艺院，除刺绣、手织之外，特意将“图画与词章”引入教程。

然而，对两人一生影响最大的，仍是“革命”二字。尤其是潘达微，不仅直接参与了广州起义，更以冒死殓葬烈士忠骨而青史流芳。他将安葬之地“红花岗”更名为“黄花岗”，取“碧血黄花”之意。终其一生，都在书桌上放置黄花和骷髅头，以示对昔日战友英魂的祭奠。可惜，这竟成为两人日后命运的一个暗喻——虽志洁腾芳，却注定悲凉。

推翻帝制之后，共和政体沦为军阀割据，革命阵营内部腐化堕落、攻讦倾轧，所谓“民国”徒有其名，这一切令两人备感失望。向来以“一剑风尘自负奇”自矜的何剑士贫病交加，伤时愤世，常觉气同漶咽，万愁压石，唯有借酒浇愁，咳血作画。尝于1912年作《民国一裸形》《雄鬼》二图，前者为一饥寒啼号、委弃道旁的雏儿，正遭受魔鬼觊觎；后者为一尊烈士骨骸犹持短剑，坐于凋零的黄花蔓草之中，“满眼黄花零落，秋坟自去唱诗。世事一年如旧，风云细想当时”。画面及其题诗，无不凸显其对“民国”前途深切的担忧，回荡着一股“血并朱研，泪和墨泼”的痛心之感。

1915年夏，何剑士深夜绘制一幅数十只蜘蛛结网的《蟢子图》，画未完成便溘然长逝，年仅39岁。

潘达微则谢绝高官厚禄，亲任芳村恤孤院院长。但随着袁世凯的复辟，他筹办的女子教养院被一夜解散，800多名女子和孤儿流离失所，大部分重新沦为奴婢，多年心血化为泡影。1921年，踏入不惑之年的潘达微皈依佛门，法号“妙化”。之后，他仍初衷不改，热心公益，毁誉无所惊，劳怨无所避，成败利钝无所计，视世间一切变幻如云烟过眼，号称“革命佛陀”。暮年转攻摄影，组织了我国早期在南方颇有影响的摄影团体景社。由于积劳成疾，48岁病逝于香港。

回望《时事画报》刊行之初，曾提出一条“明显超越晚清一般画报”的思路：“以梅兰菊竹图之飘逸不羁主义，枯木介石图之自立强硬主义，风尘三侠图之武士道主义……”作为传统文人向现代知识分子过渡的典型，潘达微和何剑士用自己短暂而不凡的一生，为蕴含在梅兰菊竹古典意象与笔法之中的生生不息、永不磨灭的民族精神，留下了耐人寻味的诠释。

本文参考了李伟铭《图像与历史——20世纪中国美术论稿》、黄大德编著《魂牵黄花》、李焕真《岭南书画考析》等文献。

《时事画报》1905年封面

《时事画报》1908年封面

伍联德：

十里洋场繁华梦　图像革命启美智

1936年11月，美国《生活》杂志横空出世，气势如虹，宣称“1936年以前，从未有过一本大型的、以图片为主的、大众化而又便宜的刊物”，自此风行。事实上，在太平洋彼岸，绾毂南北的上海，于1926年就已经拥有一本这种性质的综合性画报，其名为《良友》。

百年双喜 特约

世纪广东美术家

伍联德

十里洋场繁华梦 图像革命启美智

20世纪20年代的十里洋场——上海，经济繁荣，思潮勃发，成为出版机构云集的文化中心。于1926年2月15日在上海北四川路851号创刊的《良友》画报，是九开本形式，道林纸铜版印刷，封面是摩登女郎、著名影星胡蝶的套色照片，售价小洋（约等于大洋八折）一角。当年，这样轻巧、清新的画报形式在文化荟萃的上海也属罕见。初版3000份的《良友》，在短短两三天内售罄，而后在国外也竞相传阅，这般盛况，离不开幕后功臣、创办人伍联德的努力。

《良友》画报是伍联德用心血铸造的“金字招牌”，他毕生都与《良友》及其“出版育民，印刷富国”的人文理想厮守，呕心沥血。伍联德对于美术的特殊理解、敏锐知觉和卓越视野，造就其不凡的眼光和见地。他认为“图画”的传播有着惊人的效用，不可轻视。伍联德曾说过：“宣扬之道，文字之功固大，图画之效尤伟，盖文字艰深，难以索解；图画显明，易于认识故也”，“窃以为在文化落后之我国，藉图画作普及教育之工作，致为适宜”。这样的理念，促使伍联德挖掘“图画”，即影像的力量，创办了以图画为主，内容包罗万象的《良友》画报，让世态万象在此留下生动的印记。

《良友》总共出版发行172期，附加两个特刊，跨越了五四新文学运动时期以来所历经的文化变革时期，聚集了不同时期的文人群体。《良友》关注时事，以历史感为支撑和情怀，同时在社会生活、艺术文化、科学知识、影视体育等方面找到巧妙的契合点。在抗日战争爆发前的十年间，《良友》在中国画报史和美术史上已经拥有举足轻重的地位，“堪称领图像刊物之先的佼佼者”。当时的《申报》主笔黄天鹏曾形容《良友》为画报开启新纪元。文学史家阿英认为在现存的画报中，富有历史价值的无过于《良友》。环顾当年种种报刊，《良友》的形式和内容，在世界范围内也是先驱翘楚。它在新闻题材之外独运匠心，尽揽政界、文化界和官方、民间的丰富素材，以图片和文字相结合的形式，拓展了画报的丰富内涵，无疑是当年上海文化的出色代表。正如著名学者李辉所说："新闻早已变为陈迹，照片却日显其新。这便是画报的优势，而《良友》更将之发挥到极致。"

人文《良友》

创办画报以期"出版育民"

《良友》画报的沧桑历史离不开一个新锐青年，他就是伍联德。1900年，伍联德出生于广东台山，早年生活窘迫，父亲伍礼芬在美国纽约唐人街靠给人洗衣谋生，汇钱回来接济妻儿。在岭南大学读书之时，伍联德曾在图书馆出口无意看到鲜见于世的彩色印刷品，让他对印刷王国产生了由衷的向往。为此，年纪轻轻的伍联德没有遵循父亲的意愿出国深造。

在就读预科期间，伍联德与同学陈炳洪合作翻译了一本美术理论的书籍——《新绘学》，并投稿至上海商务印刷馆，获得300元稿费。该书还被岭南大学校长钟荣光盛赞，称其为"图书教科书之善本"。据说，两人用这笔费用周游上海，参观了彼时蒸蒸日上的商务印刷馆。当年上海的商业文化环境和出版业占据的半壁江山，深深地触动了伍联德的心，25岁的他决意闯入上海。

英文功底不错的伍联德在钟荣光的推荐下，进入商务印刷馆从事美术编辑工作，主编《儿童教育画》，并为《儿童世界》写美术图案字。当年，很少有人专攻美术图案字，伍联德在这个领域算是首创者。随后，怀着雄心壮志的伍联德与商务印刷馆的莫姓同事合作创办了一本以连环画为主的儿童读物——《少年良友》，可惜英雄气短，刊物终因销路不畅而停刊。重新上路的伍联德总结失败经验，邀请同学余汉生与之共同经营良友印刷所。经过一番辛苦酝酿，凝聚着文化理想与商业价值这双重抱负的《良友》画报在1926年应运而生。

1927年1月，伍联德到南洋群岛扩展业务，3月又赴美国进行文化考察，回国后，他在第25期的《为良友发言》中以大号字体标明："出版也可以保国育民！印刷也可以强国富民！"他明确《良友》的办刊宗旨即"对内提高国民的知识和艺术，对外则表扬邦国的荣光”，“以商业的方式而努力于民众的教育文化事业”。作为创办人，伍联德编辑《良友》画报至第4期后，力图从事公司的其他事宜，遂于第5期开始延聘《礼拜六》杂志的台柱人物、鸳鸯蝴蝶派的知名人士周瘦鹃为主编。由于周瘦鹃办刊意趣大异于伍联德，8个月后，他找来才情和志趣更为相近的梁得所担任主编，后来马国亮、张沅恒担任第四、五任主编。

在伍联德的领导下，编辑团队共同打造出文化视野与商业运营俱佳的《良友》画报，他们既是商人、出版人，也同时充当文化的播种人。各任主编有一个共同点，都是广东人，伍联德、梁得所、马国亮发挥了广东人敢为人先的特性。伍联德的个性中承继了粤商的传统精神——自信、自立、敢于开创，同时视团结凝聚为生命，在创造商业利润的同时，实现“出版育民，印刷富国”的人文理想，《良友》画报成为这帮广东出版人的精神土壤。在《良友》画报名编赵家璧的记忆中，伍联德是一位颇具国际视野的青年，“伍联德绝无旧社会中那种狭隘的地域观念，由于他的领导作风，全公司虽然半数是广东人（高级职员居多），半数是上海人（江浙一带人），但互相尊重、互相敬爱、团结一致，为这个共同事业努力工作”。

伍联德（1900—1972）

《良友》画报创刊号封面，摩登女郎——女电影明星胡蝶首度登场

摩登《良友》

“红粉之美”中独辟蹊径

《良友》画报的创刊号让时人耳目一新，留下经典图示。封面是由伍联德构思创意的，他大胆突破了中国女性不出闺阁的传统惯例——在版面三分之二的篇幅内放置了一幅手持鲜花、笑靥迎人的美人画，那就是当年红极一时的女星胡蝶。这种版面模式维持了一年之久，到了第29期，《良友》画报彻底改革封面，用人像着色，女性的姿态更加丰饶生动。用这样重彩着色、光彩逼真的摩登美女肖像作为画报封面，形成了非常强烈的视觉冲击，在当年引领了一种全新的健康、高雅、时尚的审美品位。

民国时期的《良友》画报的172张封面图像中，有161张女性图像，女性所占比例达到93.6%。而这些封面女郎都是现实中的知名人物，以年轻闺秀或者著名女演员、女电影明星、女体育家为主。第16期的封面人物黄柳霜是当时极负盛名的女演员，是美国电影界有史以来最著名的中国女演员之一。那期的封面照片更是黄柳霜赠送给伍联德的，据当年《申报》报道，伍联德在赴美研究印刷事业之时，途经好莱坞，获遇黄柳霜，备蒙招待，问及家世时，两人才知彼此还有戚谊。伍联德收到黄柳霜亲自赠予的照片，并以此作为封面，当期画报面世之后广受读者欢迎。

除了风华绝代的电影女星，《良友》的封面女郎还有著名的悲情女星阮玲玉，画面中的她倚墙而立，典雅娇俏；诗人徐志摩的妻子陆小曼也登上封面，执笔浅笑的模样，灵秀大方。第77期的封面女郎是游泳健将杨秀琼女士，更是以简单轻便的运动装、力与美的“美人鱼”形象示人，让人耳目一新。在《良友》迁港以后出版的刊目中，为了配合战时所需，时髦的封面女郎改为与抗战有关的妇女。每一位登上封面的女性都像一株傲立的玫瑰，独领时代风骚，在历史幽深处摇曳生辉。

《良友》画报所展现的女性风韵、悦目姿色、时尚品位和高雅的艺术姿态，确立了新时代女性的标准——德才兼备：既能相夫教子，又能独立于世；既是摩登的贤妻良母，又是天才式的职业女郎。它在表述女性之美的时候，既区别于晚清小报庸俗的烟花场气息，也迥异于现代时尚杂志中火辣、裸露的审美趣味。在那个相对闭塞的年代，《良友》画报在孱弱堪怜的“红粉之美”中独辟蹊径，以摩登女郎作为封面的形式树立时代新女性的典范，推崇新女性健康的体魄与独立之精神。

艺术《良友》
不遗余力推介“新美术”

《良友》画报有着让读者备感亲切的标志——封面美术字“良友”及“双鹅图”，这两个恒久不衰的元素，是由伍联德亲自设计的。他用“双鹅图”中纯洁的白色，塑造了《良友》“亲密知己”的文化形象，同时，也以这种设计带出了《良友》关于美育的理想。

20世纪初，中国引进西学，中西融合的新风及艺术救国的理念形成热潮。《良友》画报介入并影响美术发展的进程，它所涉及的领域包括国画、油画、雕塑、摄影、工艺、木刻、漫画、水彩，还包括建筑、广告、室内设计、美术教育等“大美术”视角下的偏僻领域，以丰富的图片展示方式向大众积极推介早已闻名的美术大家。从发起美术变革的晚清外销画和岭南画派、上海画派等各个画派，到留学归来提出艺术革新的徐悲鸿、刘海粟、林风眠等画界精英，再到陈之佛、庞薰琹等工艺美术设计先驱以及中国艺专、南方社、广州青年艺术社等各路英豪，《良友》皆付以版面宣传介绍。

著名女演员黄柳霜登上《良友》画报封面

另外，《良友》画报也密切关注国内的美术展览，如国民政府举办的第一、二届全国美展，《良友》都会及时报道。在1929年8月30日第38期上，刊载了齐白石的《白菜》、林风眠的《痛苦》《水面》、李朴园的《习作》、侯子步的《红叶》和吴大羽的《春》等重要参展作品。第128期的“第二次全国美展选辑”则较为集中地展示了全国美展的情况，刊载了陈之佛的《图案》、刘海粟的《耕罢》、常书鸿的《裸女》、吴湖帆的《云表奇峰》、高剑父的《墨柳》和张书旂的《花鸟》等。

《良友》画报展出第二次全国美展的部分重要作品

在关注及挖掘“新美术”流派方面，《良友》画报不遗余力。决澜社是20世纪30年代出现在上海的现代主义社团，痛感“中国艺术界精神之颓废与中国文化之日趋堕落”，积极进行变革性的艺术探索。《良友》画报推崇其社内成员庞薰琹、倪贻德、张弦、王济远、杨秋人、丘堤等最早引入现代主义画风的画家。同时，《良友》对传统艺术亦保留深情的回眸，从成刊之初便长设《国粹画》《中国美术古物》《中国建筑美》《中国美术》等栏目，且对国内收藏家珍藏的墨宝古画进行精良呈现，如施德之收藏的北宋刘松年的《青山寒泉》、明代唐伯虎的《双星介寿》等。

《良友》画报在中国艺术大众化事业中扮演重要角色，它改变了美术的传播方法，将美术作品以图片的方式呈现，再配以精炼的批评文章，既构成了喧闹的艺术生态，也为美术发展注入新的生命力，推动了艺术大众化，为大众普及了美术知识。

视觉《良友》

“照相式观看”传播真与美

20世纪20年代的中国，人们若想了解天下事，主要渠道是画报。当年，刊登新闻图片的报纸寥寥无几，这些报纸中能够销往外地甚至国外的更是不多。《良友》画报非常重视历史现场，每月发生的重大新闻，几乎都有如实报道。也正是如此，历经岁月的《良友》画报在今天成为极具价值的历史文献，成为人们了解民国生活百态的鲜活镜像。

黄英原是广州世居西关的富家子弟，也是《良友》画报最早的摄影记者之一。他在北伐军兴之时，不避危险，随军出征，承担军中摄影工作，他用不计其数的照片记录战争和社会。刚出版不久的《良友》画报，得幸于黄英原的支持，刊载了无数珍贵的新闻照片，其后出版的《北伐画史》和报道孙中山先生安葬情形的《奉安大典》画册中的不少图片也由他大力协助。

除了黄英原之外，《良友》新闻图片的提供者遍及全中国：在南方，有黄剑豪、伍千里；在北方，有吴印咸、张印泉、魏守忠等。后来《良友》索性成立了自己的摄影室，专职记者们奔赴各种历史现场，及时送来有关时事政治、社会活动等读者所乐见的新闻图片。“盖照片能示当时实景，活现纸上，于不知不觉间，若置身其中，摄影之所以为贵者其耳。”《良友》第18、19期，曾刊载摄影家林泽苍对新闻摄影的介绍，他认为摄影具有无可比拟的社会价值，随着报业的发展，摄影与媒体已成手足，而新闻摄影在兵荒马乱的战争时代更是愈发重要。

一般看来摄影基于写实，直观反映社会万象和人生百态。作为摄影类画报的先驱《良友》，除了新闻摄影，还推动了美术摄影这一理念的传播和发展。《良友》画报在第5期中设置了《诗情画意》栏目，第74期开设《美术摄影》栏目，两者均为美术摄影营造了独立空间。“荒江残照”“帆影波光”“落日归舟”“渔舟唱晚”等饱含画意的图像，一卷在手，洵为茶余饭后之绝妙消遣品也。《良友》画报对美术摄影的实践在伍联德、梁得所、明耀五、陈炳洪合编的《中国大观：图画年鉴1930》中达至顶峰。于1930年4月出版的《中国大观：图画年鉴1930》，八开本，以铜版纸精印，图片约千张，内容涉及政治、名胜古迹、军事、教育交通、农工商、美术、家庭、电影戏剧等十六个方面。当年，《中国大观》的出版在海内外赢得一致好评，促使《良友》的三位主将伍联德、余汉生、梁得所组织起全国摄影团，进行全国范围的摄影采访。

伍联德坚信，用摄影机改变人们的观看方式已经成为大势所趋。他用“照相式的观看”，挖掘真实与美，让摄影图像不只记录现实，同时在美学的维度探索。学者李辉曾对《良友》做出这样的评价：“《良友》的风格在于它在官方与民间、政治与文化、文字与图片、高雅与流行之间找到契合点。”作为一份引领时代潮流的综合性画报，《良友》恰似一座盛纳“美的，艺术的，知识的花果”的园林，她散发的“美的思想”不仅令旧时代的中国民众耳目一新，亦在时光的洗礼中历久弥香，酝酿恒久的经典价值。

抗战爆发后，《良友》画报的销量开始下滑，超负荷的整体消耗还是拖垮了《良友》。由于经营上的困境加上杂志内部越发激烈的矛盾，1941年10月15日，《良友》画报正式停刊。1945年，伍联德在香港以海外版的名义，重新出版了《良友》画报，直到1968年，年届高龄的伍联德，健康情况欠佳，《良友》再度停刊。他曾嘱托赵家璧：“《良友》的事业只要你们能继续办下去，就是好事！我仅希望我写的‘良友’二字永远不倒，在我们中华国土上，任何地方，永放光芒，我就心满意足了。”

1972年，72岁的伍联德病逝于香港，而他心向往之的“良友”事业也随着时代进程戛然而止。“当浪漫的文化怀旧四处弥漫，当图文互动的书刊忽然间成为出版时尚时，关于《良友》的回忆，也就自然而然走到前台。”学者李辉曾留下这番情深意切的喟叹。《良友》终在湮远时光中沉淀为一个时代的永恒记忆。

本文主要参考了马国亮《良友忆旧——一家画报与一个时代》、吴果中《良友画报与上海都市文化》等文献。并得到良友文化基金会的鼎力支持，特此致谢。

《良友》画报开设的《诗情画意》栏目

《良友》对美术摄影尤其重视

第五章

深刻人间

涌现一批投身“新兴木刻运动”的艺术家是美术价值转向的一个重要标志。20世纪30年代，由五四新文化运动的主将鲁迅主导的“新兴木刻运动”，掀起了一场震撼全国的左翼美术思潮，他们的创作也成为新中国美术事业的重要发端。广东籍的成员成为这场运动的中坚力量，包括黄新波、李桦、古元、陈烟桥、罗清祯、赖少其……

黄新波（1916—1980），广东台山人，出生于华侨工人家庭。1933年在上海就学于中国左翼文化总同盟创办的新亚学艺传习所绘画木刻系，并在鲁迅的直接指导下开始木刻创作。1938年，黄新波加入中国共产党，并任中华全国木刻界抗敌协会理事。黄新波是中国现代版画史上杰出的代表性艺术家之一。他的木刻作品吸收了德国表现主义艺术家珂勒惠支的艺术特色，亦深受美国版画家肯特的影响，构思奇特，语言干净洗练，具有强烈的人道主义色彩，其代表作包括《他并没有死去》《卖血后》等。抗战胜利后，黄新波在香港发起组织人间画会。新中国成立后，黄新波返回内地，历任广东省美术工作室主任、中国美术家协会广东分会主席、广东省文联副主席、广东画院院长等职。

古元（1919—1996），广东珠海人，擅水粉、水彩、版画。1939年，古元赴延安陕北公学、鲁迅艺术学院美术系学习，1941年在鲁艺担任美术工场木刻组长，成为延安木刻最具代表性的艺术家之一，作品构图严谨，人物形象真实、生动，具有浓郁、质朴的乡土气息，独特的地域色彩和昂扬乐观的精神风貌，线刻、水印技巧更令人称道。徐悲鸿曾撰文称其为“中国艺术界一卓绝之天才”“中国新兴版画界一巨星”。

李桦（1907—1994），广东番禺人，著名版画家、美术史论家、美学教育家。李桦早年曾留学日本。1934年，李桦在广州组织现代版画会，出版会刊《现代版画》，成为响应鲁迅号召的“新兴木刻运动”的先驱者之一，作品亦深得鲁迅赞赏。1938年，李桦发起成立中华全国木刻界抗敌协会。1947年，应徐悲鸿之邀，李桦出任国立北平艺专教授，积极投身爱国民主运动，身体力行地创作了大量反映民众苦难，呐喊、反抗和斗争的版画。解放后，李桦任职于中央美术学院，亲手创建版画系，培养出一大批版画人才。他的代表作包括《怒吼吧，中国！》《怒潮》《饥饿线上》《向炮口要饭吃》等。

黄新波：

丹心寸意画中诗　铁笔韵板逐梦人

“涌动着良心与正义感的艺术家，太阳将永远照耀着他。他是我们人民诉出苦难与喜悦的代表，社会灵魂的改革技师。”这段话是著名版画家、广东省美协首任主席黄新波1941年为友人黄少强所写，这也是他自己一生艺术追求的写照。

2011年，“深刻人间——黄新波的艺术历程”展览在香港举办，每天迎来无数香港普通市民，有的老人会在他的画作前落泪。人们读到一位艺术家用热血和良知镌刻在木版深处的深情与深刻，他在黑白木刻里刻画了一个“深刻人间”。

百年中国美术史上，生于1916年的黄新波在狂风巨浪的世纪里成长，他的艺术道路紧贴时代、紧贴民众。他早年亲炙于鲁迅先生，是鲁迅倡导的“新兴木刻运动”的主将，也是我国抗战文化运动中的一位重要艺术家。

黄新波的艺术诠释和延续了鲁迅精神。他性格热烈如火，胸怀豁达大度，心中不计小我。他不做象牙塔里的画家，面对时代风浪，他挥舞木刻刀，冒险犯难，奔走呐喊，直到生命最后一刻。而无数次文艺思潮风波下，黄新波没有放弃个人的理性思考，一直坚守着自己作为知识分子的“独立人格”——一种鲁迅所极力推崇的“摩罗”战士的品格，“即使有所皈依也不放弃批判的权利”。

如同黄永玉所说，“黄新波在艺术上是个无比执着的勇者”。他的版画作品，一笔一画，饱含浓郁的生活诗意和哲理，堪称“无声的诗”。他富有理想主义，他关注苦难、热爱人间的情怀，让人体会到博大、深沉之境。

百年双喜 特约 世纪广东美术家 A20
黄新波
丹心寸意画中诗
铁笔韵板逐梦人
百年新火 世纪风范 广东中烟工业有限责任公司特别呈献

结识鲁迅

觅精神导师，艺术为大众而作

1916年是中国农历龙年，1月19日，一个男童在广东台山县的农村呱呱坠地。父亲给他取名为黄裕祥，这个吉祥的名字后来被改为了——新波。“新波”启示了一个新时代的崭新人生。

五四新文化运动的进步思想，让这个在南国侨乡长大的少年受到洗礼。他中学时因在《台山半月刊》发表《反对白军进攻苏维埃》等文章被学校秘密开除。1933年，年仅17岁的黄新波来到上海，进入新亚学艺传习所，选择了绘画木刻系。

黄新波家境清贫，没钱交学费，有时一天只能吃一颗糖充饥，却无半点荼苦，甘心如荠。他受到德国女版画家珂勒惠支等木刻家的深刻影响，用艺术为武器，“以深广的慈母之爱，为一切被侮辱和损坏者悲哀、抗议、愤怒、斗争……”

1933年冬，黄新波在上海内山书店有缘结识了仰慕已久的鲁迅先生。之后，他得到鲁迅教诲扶掖，加入中国左翼作家联盟和中国左翼美术家联盟。

次年，黄新波计划和同学刘岘合作出版《无名木刻集》。鲁迅不仅热心资助经费，还即刻搦管写了一篇序言予以鼓励：“新的木刻是刚健，分明，是新的青年的艺术，是好的大众的艺术。”这是鲁迅唯一一篇为木刻青年画集撰写的序言。同年8月，由鲁迅编选出版的第一本中国新兴木刻选集《木刻纪程》中收入了8位木刻青年的作品，黄新波名列其中。

1936年，鲁迅又掏出20元支持黄新波等木刻青年筹备的全国第二回木刻流动展览会，这在当时是一笔很大的金额。也正是在这次展览上，黄新波、白危、曹白、林夫等木刻青年最后一次和鲁迅先生促膝长谈。这一天，是鲁迅逝世前的第11天。摄影师沙飞用相机记录下这一瞬间，这张泛黄的老照片，黄新波一直将其珍藏到生命终点。

鲁迅先生病逝后，黄新波为老师守了三天三夜灵堂，之后他怀着沉痛的心情，创作了木刻《鲁迅先生遗容》。画面中，已然离世的鲁迅先生面容清癯，眉宇间透出坚毅，黄新波借此表达鲁迅先生精神不灭的信念。后来他思忖一宿，又创作《鲁迅先生葬仪》，每一笔都浸透他悲痛的情感。

1937年，在第一本个人木刻集《路碑》的序言中，刚满21岁的黄新波写道：“成为大众的艺术，本来就是很困难的，它要使人掀起了感情与智慧……不然，就等于明窗净几的点缀品，失掉了真正的人生的艺术的意义。”

黄新波由此形成了自己的艺术观：他要将艺术的笔触瞄准现实、社会底层。从一开始，黄新波的版画就让工人和农民担任主角。鲁迅是他的精神导师。鲁迅倡导的人道主义精神，让这位艺术青年受到洗礼。得益于鲁迅先生的言传身教，此后数十年，不管顺境逆境，黄新波都表现得刚直不阿、不卑不亢、平和谦逊。

黄新波（1916—1980）

抗战烽火

度艰苦岁月，刀笔中饱蘸诗意

“七七事变”爆发时，黄新波只有21岁。之后十余年的颠沛流离中，黄新波辗转于粤北、广西、香港等地，过着半流亡的生活，经常连两餐都难以为继。但他总有一颗火红的心，在艺术里穿破黑云，指向光明。

鲁迅去世后，黄新波矢志不渝推动新兴版画运动，他同力群、白危、江丰、陈烟桥等人成立上海木刻工作者协会。宣言中开宗明义地写道：“中国新兴的木刻，一开始，它就是在斗争的。”1938年，他与李桦、力群、赖少其、刘建庵、卢鸿基等又在武汉发起成立了中华全国木刻界抗敌协会。

除了艺术创作，黄新波有另外一个职业——记者。1938年底，他进入广东的救亡日报做通讯员、记者，不久后加入中国共产党。当时局势告急，他尘土未除，随即转入广西工作。在此期间，黄新波出版《抗战画报》，参与主编《救亡日报》的《漫木旬刊》、中华全国木刻界抗敌协会的会刊《木艺》等进步刊物。

1941年，“皖南事变”爆发后，黄新波创作了著名的版画《他并没有死去》。他以“皖南事变”为大背景，在作品中以极富象征和激情的笔调刻画了一个倒下的战士形象，战士紧握的枪杆直立不倒，画面仿佛奏响了一曲浩然长天的《安魂曲》。

当时的桂林是抗日文化中心，黄新波得以结识了许多文化人，他的木刻创作也进入高峰，显现出强烈的个人风格，在桂林、重庆、昆明等地举办了“香港的受难”“夜荧画展”“动静画展”等展览。尤其是他与特伟、郁风等六人举办的大型画展

"香港的受难"，以抗日战争时期流亡生活为题，在百姓中影响很大。

展览中的一件作品《孤独》，黄新波虽然没有直接描绘战争的残酷，但描绘了一个战乱中被遗弃的女孩，黑夜的寂寞、无助，像火一样灼痛着人的心灵。

战争的血雨腥风塑造了这位艺术青年。黄新波以极富激情的现实主义笔调表现战时民间疾苦，他善于把人的广阔的社会活动、感情提炼出来，用一种低语细诉或者激情呼号的意境表达出来。

"为天地立心，为生民立命。"他没有躲在个人狭窄的艺术天地，而是勇敢地走出来。黄新波的画，不是向人说明什么，而是使人意会着什么。他像一个诗人那样，将所有人世间的苦楚、反抗与期待，融于黑白的木刻中，写下一首首鼓舞人奋起抗争的诗。

人间画会

历记者生涯，热血绘深刻人间

抗日战争结束后，黄新波再次到了香港。1946年底，《华商报》在香港复刊，黄新波担任外勤记者。在香港，黄新波度过了热血奔腾的四年时光，留下了他为和平、为社会公平与自由呐喊的诗歌、木刻、小说与油画。

黄新波公开的工作是华商报外勤记者。当年在人手奇缺的华商报采访部，黄新波的工作非常忙碌。他总是挤出有限的时间进行艺术创作。他从来没有一幅作品顺利地一气呵成，总是断断续续地构思、绘制，经常是起早贪黑去创作。在毓秀街，他在临天井窗口的写字台上平放着一块磨得光滑的梨木，用铅笔在木面上起草图，一改再改，好几个月还是放在同样的地方。

在港四年，正值历史大变动时期，大批文化人南来香港，不少人生活遇到困难。1946年，黄新波发起并与黄茅（黄蒙田）、陆无涯、梁永泰、陈雨田、符罗飞、萨一佛等组织人间画会，帮助文艺家们渡过难关。画会的名字可能是受到高尔基的《在人间》启发，黄新波在画会的宣言中写下自己的艺术观："我们是人间的一员。我们热爱人间，我们表现的都属于这人间的一切……我们希望共同建立新绘画艺术。"

每当生活遇到困难时，会友们都习惯去找黄新波，他总会说："让我想想法子，怕什么，天无绝人之路。”他几乎成了会友们的灵魂，因为他总是很乐观，从不抱怨诉苦。好多朋友都听过他那个著名的笑话——“冈察洛夫”，这原本是俄罗斯作家名字的广东话谐音，但在粤语中包含着“没茶没水地吃”的意思，黄新波用这个词诙谐地打趣自己经常啃干面包的生活。

黄新波（右二）与郁风（左一）、黄苗子（左二）、陆浮（前）

人间画会很快成为香港美术家的活动中心，他们定期组织聚会，热烈地探讨艺术，举办展览，发表文章和画作。组织的首次画展是“风雨中华”漫画展，12位漫画家展出作品百余幅，被市民誉为“贪官污吏的现形记，苦难人民的血泪录”。此后，画会相继组织了张光宇“西游漫记”漫画展、廖冰兄“猫国春秋”漫画展等展览，影响了整个香港。画会对战后香港的文化发展起了重要的作用，被誉为“香港的艺术堡垒”。

在香港的四年时间，黄新波的作品一方面保留了桂林时代那些浓郁的抒情风格，同时也更加含蓄、深刻了。因为记者的职业，让他有机会更广泛、深入地接触各阶层人物，对极其尖锐的生活有更深刻的理解。每逢重大社会事件，他必连夜赶制版画，有时工作至凌晨，甚至是和衣而睡，第二天上班，身上还沾满了从木板上铲出来的木屑。

当年香港发生了一件震惊社会的事件：在香港新界，四个小学生结伴在广场上放风筝，为了捡拾风筝，不知不觉越过边界，被当时宝安县的国民党驻军一阵乱枪扫过去，全部死于非命。作为记者的黄新波悲愤不已，他一边追访新闻，一边构思创作，最终创作出木刻《控诉》，这是他的一件代表作。作品中他描绘了一个沉痛到了表情木然、陷入歇斯底理状态的妇人，伸出一双大手抱着四个孩子。他借助这一极富感染力的画面呐喊，像一首无声的控诉诗，震慑人心。

这时期黄新波的创作聚焦在社会底层的小市民阶层，他关注城市边缘人群（《卖血后》），关注富人区旁棚屋区的贫民窟生活（《跑马地之傍》），关注城市中的苦力劳工（《码头》）……1946年，他又开始油画创作，其作品有《铁丝网》

《都市的人》等，以悲悯情怀关注城市里的底层生活。

在香港，黄新波几乎每天必到尖沙咀弥敦道一带的西文书店，“陈列外国画集的书架他摸到烂熟，从古典主义到现代主义他都感兴趣，只要身上有钱就毫不考虑买下来，虽然这笔钱要带回去做家用”。他从毕加索立体主义之前的作品中找到借鉴，从德国新客观现实派艺术家乔治•格罗兹的作品中得到启发。他敏感地观察到，世界画坛已经发生了巨大变化，但是国内画家的眼光太狭窄。他潜心在颜色、光学、形象的创新上，从艰苦的创作中求乐趣，表现“变形”的社会现实。

黄新波的作品成熟了，刀法更洗练，风格更含蓄，不那么剑拔弩张，诗意更浓。他也逐渐形成了自己的艺术主张：艺术家要“把天才的根深入思想和现实的土壤里”，他的一帧帧画作描绘出一个触动人心的“深刻人间”。

新的时代

筹广东画院，艺术信念不磨灭

1949年新中国成立，黄新波意气风发迈向他理想中的新时代。1950年，他领导组织的香港人间画会绘制了大型油画《中国人民站起来了》。11月初，这张画挂在爱群大厦的楼顶，一直垂吊至一楼，成为许多人对广州解放的经典记忆。

百废待兴的年代里他重负在肩，他是解放后广东美术界第一个领军人物，担任过很多职务：华南文学艺术学院美术部主任、中国美术家协会副主席兼广东分会主席、广东省文联副主席、广东画院院长。黄新波关心他人、待人宽厚，内外关系非常融洽，广东美术事业开始进入一个黄金时代。

黄新波是个事无大小、整天都在忙碌的人。除了美术界的各种筹备工作，他将所有的业余时间拿来创作版画，经常拖着疲惫的身影，夙夜不懈。1961年，他创作的木刻《年青人》是这时期的代表作，他以浪漫的笔调捕捉了青年人思想萌动、放眼世界的新气息。

几年后，他遭遇了十年“文化大革命”冲击。他当时刚满50岁，全部艺术活动中断，被抄家、关进“牛棚”，下放到干校，身体和精神受到严重的摧残，几次血管破裂被抢救。

1970年初，由于身体原因，他得以从干校回家。但妻子仍在干校，女儿不在身边，他的心绞痛经常发作、血压居高不降，他却从不绝望，绝不屈心而抑志。他一度沉浸在辛弃疾和陆游的诗词意境之中，写下《闲庐诗三首》——《偶拾》《忆旧》《书怀》抒发壮志未酬的苦闷。他的词中饱蘸理想不灭的信念："华发苍颜何须急，但盼胸栽青芽悠绿，挥刀舞墨，敢能跃马长城。穿云破浪，壮岁重生。"

此时的黄新波，身体每况愈下，血压最高时达数百，平时走路已离不开拐杖。"四人帮"被打倒那一天，他不顾身体衰弱，拄着拐杖，与千百万群众一起走上街头欢呼。他还自信地说："病情好了一半！看来拐棍会很快掉了……"随后他创作木刻《春华长艳》，表达不灭意志。

"文革"结束后，他的身体已不堪重负，但他全然不顾，马不停蹄地投入到拨乱反正工作中。耸立在广州人民北路的广东画院大楼，高达十多层，当时属全国领先，是黄新波苦心筹划的结果。

1979年，他创作了《创世纪》。这幅作品中，他借一个孩子折的纸飞机冲破太阳的画面，寓意人们要有理想的勇气和决心。1980年2月，为《羊城晚报》复刊，他满怀激情地创作了人生中的最后一幅作品《走出温室的玫瑰》，这是他一生艺术理想的写照——风雷滚动，玫瑰绽放。就像他曾经说过的那样："归根结底，我的画赞美人的意志。"

直到去世前，他还不知停歇地工作在第一线。他说，画家们的步子还不够大，要敢于让新风吹进来。他还留下这样的豪言壮语："我还想继续我的幻想，我还没有放下刀子，我要试试……"1980年3月7日，在毫无征兆的情况下，他突发心血管破裂去世。

黄新波的一生，用艺术很好地诠释了理想、奋斗与意志，在他用刀和木板、在黑与白之间创造的艺术里，流淌着火一样的理想、分明的爱憎与不灭的激情。可以说，他毕生的艺术实践，诠释了鲁迅先生的那句名言：“希望是附丽于存在的，有存在，便有希望，有希望，便是光明。”

重温黄新波写于1947年的一首诗，我们仍能感受这位艺术家镌刻于木板深处那炽热的艺术生命：

我不会叹息，我知道，
你将在远方燃起一把火，
唱一首歌。
请你相信在墨色的黑夜里，
我会看到你的光，听到你的声音……

本文参考了章道非《春华长艳：忆新波》，黄蒙田、陈实著，黄元编《黄新波在香港——刀笔、画笔、文笔》，广东省美术家协会编《黄新波纪念文献集》等文献。特别对黄新波之女黄元女士给予的帮助表示感谢。

在黑白之间描摹“深刻人间”

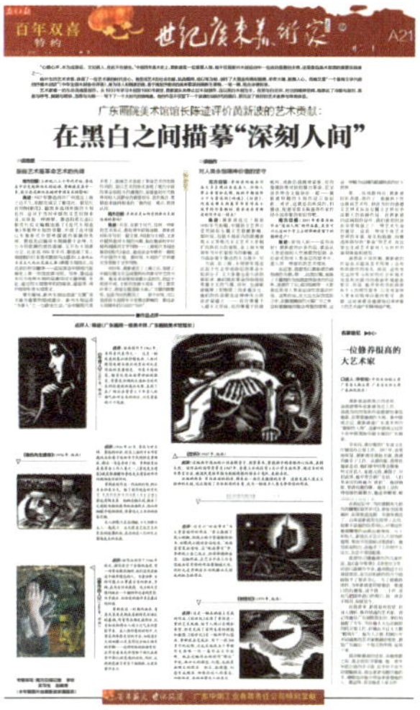
百年双喜 特约 世纪广东美术家 A21

广东画院美术馆馆长陈迹评价黄新波的艺术贡献：

在黑白之间描摹“深刻人间”

受访者：广东画院美术馆馆长、广东画院一级美术师陈迹

“心画心声，本为成事说。文如其人，在此不在彼也。”中国百年美术史上，黄新波是一位重要人物，他不仅是“新兴木刻运动”中一位战功显著的主将，还是鲁迅美术思想的重要实践者之一。

他毕生的艺术求索，体现了一位艺术家的时代良心。他坚信艺术的社会功能，抗战期间，他以笔为枪，创作了大量宣传画和版画，荦荦大端，鼓舞人心。而他又是“一个最有文学兴趣的抒情木刻家”（中华全国木刻协会评语）：身为诗人和画家的他，善于捕捉抒情诗的美来歌颂刻画新生事物，一笔一画，饱含诗情哲思。

艺术家唯一的生命灵魂是创作。从1933年学习木刻到1980年逝世，黄新波从未停止过木刻创作，且以黑白木刻为主。在黑与白交织、对立的精神空间，他表达了冷酷与激烈、孤傲与呼号、爽朗与明快、激昂与光明……写下了一个大时代的奏鸣曲。他的作品不仅留下一个波澜壮阔时代的描白，更沉淀了良好的艺术素养与审美体验。

谈思想

版画艺术是革命艺术的先锋

南方日报：20世纪二三十年代开始，鲁迅在中国发起“新兴木刻运动”，黄新波是其中一员。能否谈谈新兴木刻对中国美术的影响？

陈迹：1927年鲁迅离开广州抵达上海之后不久，和朋友成立了朝花社。朝花社有刊物《朝花》，插图多选用外国的木刻名作，这对于当时中国的文艺刊物来说，应该是一种创举。鲁迅和柔石还以

朝花社名义编辑出版了《近代木刻选集》等数种木刻的书籍，开在中国以专集形式介绍外国创作版画的先河。鲁迅先后编印木刻画册十余种，大力介绍欧洲的创作版画，又开办木刻讲习会，比如在1931年8月，鲁迅请了来上海度假的日本美术教师内山嘉吉（上海内山书店主人内山完造之弟）讲授木刻技法，而且亲自担任翻译——这应该是中国现代版画史上第一个技法讲习班。另外，鲁迅还先后为各种木刻作品集写过大量序跋、专论，通过和木刻青年们的座谈、通信等，呵护培育年轻的木刻英才。

毫无疑问，“新兴木刻运动”是“左翼”美术最为重要的组成部分。“新兴木刻运动”当事人之一力群先生说：“在中国现代美术史上，版画艺术是起了革命艺术的先锋作用的，是以艺术的形式表现了现代中国的革命和战斗的魂魄的，是最富有时代精神并和人民群众的喜怒哀乐、悲欢离合、理想追求血肉相连的。”他的这一观点，我很认同。

南方日报：黄新波是如何受到“新兴木刻运动”的影响？

陈迹：其实，在那个时代，任何一种新的艺术形式，都有青年群体追随。黄新波1936年写有一篇文章，叫《我与木刻》，文章中提到他对木刻的兴趣，始自他读初中时候所阅读的文学刊物——上海现代书局出版的《现代》杂志，他说杂志中附有一辑现代中国的木刻。那时候，木刻的广泛传播往往借助于文学刊物。

1933年，黄新波到了上海之后，报读了中国左翼文化总同盟所办的新亚学艺传习所。他本来是要报诗歌小说班的，但这个班没开成，才转到绘画木刻系。班上教员许幸之，即是左翼美术联盟主席；广东籍的陈烟桥，也是当时的教员之一。那个时候，可以说木刻青年没有不受鲁迅影响的。鲁迅是木刻青年们共同的“导师”。

谈创作

对人类永恒精神价值的坚守

南方日报：黄新波的版画作品大多表现社会底层人，但给人带去希望和光明，他的早期创作有不少与鲁迅的《呐喊》《彷徨》以及陀思妥耶夫斯基等作家作品中的形象相似。能否谈谈黄新波创作中这一特点？

陈迹：黄新波抵达上海是20世纪30年代初期，中国的文艺界正受到国际左翼文艺思潮影响。那时候，包括木刻在内的欧洲表现主义等现代主义艺术大多粗犷而具有力的表现，在上海木刻青年当中有着相当的影响。这一方面是缘于鲁迅的大力推介，另一方面，在上海，木刻青年既是区别于社会劳动阶层的革命小知识分子，又大多数是生活的困迫者，他们既有革命的热情和英雄主义的气概，同时，也面临着精神上和物质上的多重压力，他们的作品便是这种种压力的宣泄渠道之一——有的侧重于人道主义控诉，有的侧重于自我吼叫，或称自我精神紧张，有的强调阶级对抗和暴力革命，甚至是多种含义混杂在一起——黄新波早期的木刻作品正是如此。或者，这就是你所说的，和鲁迅、陀思妥耶夫斯基等作家作品形象的相似性吧。

南方日报：2011年香港为他举办“深刻人间”的作品展，是否可以从这四个字上去理解新波留下的精神遗产？

陈迹：深刻人间——说得真好！黄新波的许多作品，就是从人类悲悯和人性拯救的层面，在自省式的对人类命运的思考中，进入到一种深沉的艺术境地。

在这里，我想先以黄新波的两组创作为例：第一，抗战时期，他除了大量刻作为抗战宣传服务的作品外，还创作了《心曲》组画等一大批表达其对人类命运的诗性哲思的作品。这些作品，在无边无际的荒原之中，在极度幽深的天幕广宇之外，总有着幽暗却隐含希望的微明，这是一种极为远阔的超越现实的宏大世界。第二，抗战胜利后，黄新波回到香港，创作了一批极具个性也极具艺术性，但在当时的香港文艺界尤其是左翼文艺界却争议极大的油画作品。

在黄新波的这两组作品中，我们看到的是在非常情景之下一种艺术生命的富足。这是一种对个体艺术世界的丰富、深化和拓展，而鲁迅所倡导的“革命”的艺术，在这里也化成艺术家对人生世界的深刻体验和感知。

虽然在不同时期，黄新波的作品在主题及艺术风格上会有些阶段性的变化，而且，这些变化也经常与其时的社会环境尤其是其时国内的政治环境息息相关，但是，他并没有因此而放弃个人的理性思考以及对某种人类永恒精神价值的坚守。我想，这应该就是他留给后来者最大的艺术遗产和精神遗产吧。

作品欣赏

点评人：陈迹（广东画院美术馆馆长、广东画院一级美术师）

《年青人》

点评：该画创作于1961年，为作者代表作之一。这是一幅优美的象征性抒情版画，人物的特写处理与强烈的黑白对比是作品的显著特色。人物形象手持铅笔，颔首沉思而面带神秘的微笑，背景是壮阔的大海和当时代表科技建设的高压电架，表现了在广阔社会背景之下年轻人的朝气和对未来的向往，以及青春的不可战胜。

《鲁迅先生遗容》

点评：1936年10月，鲁迅与世长辞。鲁迅的旧识、时在上海的日本作家鹿地亘和妻子池田幸子找到好友黄新波，将这一消息告诉了他。黄新波是治丧委员会工作人员之一，《鲁迅先生遗容》就是根据瞻仰鲁迅先生遗容时所作的现场速写创作的。

黄新波创作这一作品的时候，刚从日本归来不久。除了创作观念的变化外，或许所使用的刻刀等工具与出国之前也有所差异。他的这幅木刻，摒弃了之前较为粗犷简率的画面特点，转而用细腻平缓的排线，将鲁迅先生安详的面容定格。

巨人好像只是在稍睡，不久仍将与众人一起战斗。远处跟着灵柩悲哀的长长的送葬队伍，表达的是人们对失去鲁迅先生的哀痛。

《都市的人》

点评：该油画作品创作于1946年秋天，描写夜空下香港的海湾，有一对男女默然相对，他们显然是被这个城市遗忘的人。为了活命，女的可能正从事最古老的职业，男的在为生计而焦愁。远方的天空隐约映出一个相同命运者的黑影，双手抱头，向冰冷的海洋寻求最后的归宿。

黄新波这一时期的油画，青蓝或蓝灰是构成其独特色彩语汇的基调，所有作品都呈现出阴冷、沉重和压抑得令人喘不过气来的紧张节奏。在人物形象的刻画中，大量采用夸张变形的手法，如深邃巨大的双眼以及显得过分粗大颀长的手脚——这种形体的扭曲变形，在作者看来或许有助于强化对在痛苦中挣扎的灵魂的刻画，同时，也使视觉语言更富于挑战性，也更具有冲击力。

《控诉》

点评：这幅画中淌血的小孩赤裸身子，握紧拳头，紧抱孩子的老妪内心沉痛，表情木然。该作品的创作背景是1947年，香港上水地区有4名小学生放风筝，不小心越过当时的华界宝安县，被国民党驻军指为刺探情报的游击小鬼队，乱枪杀死。

流畅的线条、黑白波动的韵律，弹奏出一曲悲哀激愤的乐章。这张充满人道主义精神的木刻，远远超越了具体新闻本身，成为一幅保卫人类生命价值的作品。

《他并没有死去》

点评：该作品创作于1941年，这是以“皖南事变”为大背景创作的。“黄土掩埋了战士的脚，但战士的手紧握枪杆和书，好像战士随时会站起来。”画面富有象征意味，在“皖南事变”中，革命战士虽已死去，但革命精神永存。这幅作品，在艺术手法上与美国版画家肯特的作品有相通之处，同时也是黄新波木刻风格正式形成的标志性作品。

《创世纪》

点评：这是一幅黄新波在病榻上完成的作品，创作于1979年。《创世纪》延续了黄新波一贯的艺术风格，给予人间以光明和希望，但更充满了前所未有的理想和激情。《创世纪》是一幅科学幻想画，黄新波在完成后，写下一段200多字的说明，这也是他近50年创作生涯中唯一的一篇作品文字说明。他在这幅作品的创作“附记”中说：“画今天的理想、幻想，也就是画明天的现实。但是，把理想、幻想变成现实，却要经过人的意志。归根结底，我的画赞美人的意志。”

古元 李桦：

幸有尖刀记岁华　艰辛日月乐观花

如果要为鲁迅先生的部分著作配图，李桦的版画作品也许是非常合适的。在抗战时期，受鲁迅思想的影响，李桦他们这一批处在国统区的爱国进步青年在先生1931年倡导的“新兴木刻运动”中成长起来，他们的作品投枪匕首一般表达着整个民族的挣扎、愤怒和呐喊，以控诉敌寇、唤醒国人，号召大家团结起来战斗。如果要问为什么是版画，也许这种艺术形式天生就适合表达单纯而深刻的情感，比如仇恨。中华民族的家国之恨，在当时版画家们的刻刀之下，变成一个个充满艺术感染力的苦难形象，非常直观地展示着一个时代的遍体鳞伤。

百年双喜 特约 世纪广东美术家
古元　李桦：
幸有尖刀记岁华　艰辛日月乐观花
古元
李桦
广东中烟工业有限责任公司特别呈献

和李桦作品的激烈灰暗不同，以古元为代表人物的解放区版画家的作品多是表现“红区”军民的战斗生活、生产建设和民主改革运动等，质朴明亮，把人带入一种对于安宁生活的无限怀念和向往之中。在那个动荡残酷的环境下，这是另一种让人刺痛的强烈震撼。版画的战斗性在新旧两个不同的区域中遥相辉映。

中国版画有上千年的历史，但20世纪30年代前，我国还是以复制版画为主，直到“新兴木刻运动”才拉开了版画创作的新篇章。这场规模宏大的普及运动是其他艺术领域所达不到的。曾经以黑白木刻为主体的现代中国版画，经过了80多年的发展，由当时的星星之火，到现在的燎原之势，成为当今绘画领域中的成熟画种。这些杰出的版画艺术家所创作的作品，给历史留下了简洁有力的情感记号。

李桦曾在《中国现代版画史》一书中说道：“它（现代版画）的诞生与成长都是和中国的现代革命血肉相连、紧密结合的。”“为这场伟大革命贡献力量的一切文艺，也都是光辉的。”那个时代的版画家，不仅仅是版画家，也是革命的战士。在战争时期，在爱国热情高涨的年代，在人民知识水平有限的年代，非常需要一种简便、富有战斗性、通俗易懂的艺术形式与艺术语言，新兴木刻刚好符合这些条件。于是古元、李桦他们在国家存亡之际，以手中的刻刀作为自己的抗战武器，在思想宣传战线上打了一场又一场非常漂亮的战役，堪称“新兴木刻运动的两面旗帜”。

古元：形象思维皆出色，画图人品两无瑕

以村里祠堂的壁画为“启蒙老师”

当十七八岁的业余画家古元离开珠海老家奔赴陕北延安时，他的母亲非常舍不得。头一天给他收拾行李箱，放进一些衣物，包括他父亲在巴拿马打工带回来的毛衣和大衣。因为她只知道儿子要去北方，也不知道有多冷。古元跟母亲说，我到那边学习两三年就回来看你们，结果十几年都没能回去。抗日战争结束以后，留在家里的父亲、母亲、姐姐、弟弟、妹妹全部死于战争当中的疾病、饥荒和轰炸。那一次就是永别。回忆起这段经历，古元的女儿古安村语带哽咽。

从童年起古元就酷爱画画，他没想到会因为这个爱好永别至亲，整个生命被印下这么惨烈的底色。1919年，古元出生于广东省香山县唐家湾镇那洲村（今属珠海市），他大部分的童年记忆都与这个村庄息息相关。他最早的“启蒙老师”是村里祠堂的壁画。从五六岁起，古元就经常在祠堂里一个人观赏这些壁画，小手还在画上不停描摹，常常乐而忘返。看的画多，古元慢慢地也开始画画。他从小学到中学一直坚持参加美术学习班，到图书馆看画册，还经常和习画的同学一起背着画具，拿着水彩颜料去郊外写生。

1937年卢沟桥事变后，广州也惨遭日本战机的轰炸，古元就读的广雅中学被迫停课，古元只能返回家乡，在一家学校里担任代课老师。教学之余，他利用闲暇时间，拿起手中的画笔，绘制一些抵制日寇暴行的宣传画，张贴在村里的大街小巷。古元从小学画，画的东西自然特别生动，特别有号召力，所以被当时来村里的抗日宣传队看中。后来在宣传队其他队员的影响下，古元希望自己也能真正为抗日救国奉献自己的一份力量。正好他也被当时的地下党看中，被介绍到当时八路军驻广州的办事处，办事处也同意了他去陕北延安的要求。

由于日寇的轰炸以及交通条件的落后，古元坐了7天火车才到达八路军驻西安办事处。随后，古元一行人徒步向陕北进发。在路上，有时会遇到正在行军的八路军游击队的战士，善于观察的古元默默地将这一幕幕记在脑海中。后来当他开始进行版画创作时，他一下子就想起了这一幕：四个游击队战士背着枪大步向前迈进。于是他拿起刻刀，雕刻出他的第一部木刻作品《游击队行

军》。古元在陕北公学学习了一段时间后，组织考虑到他在美术上的才能，决定将他送到延安鲁迅艺术学院学习。

《羊群》（1904年），古元作

老乡可从他作品中“认出”自家的羊

1939年1月古元进入延安鲁艺，成为鲁艺美术系第三期学员。当时的延安被国民党和日本封锁，物资供应极端困难。据古安村介绍：“所有画画所需要的纸张、颜料都没有。当地唯一可以提供的材料是木板，纸倒是可以自己生产，油墨也可以自己制作。其次，版画有很强的宣传效果，它可以印很多张去宣传，很方便。所以当时在延安学绘画的画种只有版画一种。”

一年多以后，古元在延安鲁艺的学习结束，被分配到延安县川口区碾庄参加农村基层工作。他在鲁艺初期的版画创作，仍然带着西方版画的痕迹，特别是一些作品，有着强烈的光影层次，追求灰色调的变化。而农民不喜欢西方那种“阴阳脸”，他们喜欢像剪纸这种单线的具有中国特色的作品。当时古元下乡是为了提高当地老百姓的知识水平，为党中央做好宣传工作，首要的任务就是让村里的农民学会识字。为此，古元把农民常用的农具、养的家禽等画成小卡片，把小卡片放在相应的地方，比如“鸡”就放在鸡窝，“猪”就放在猪圈。慢慢地，他知道了农民喜欢什么图案，欣赏什么画风。他很快地就根据他所观察到的，用农民所喜闻乐见的方式替代了自己原来的西方版画语言。他日后的创作轨迹也由此定下了基调。《羊群》是他在领会到要做老百姓想要的艺术后，创作的第一幅作品。这幅作品的初稿一出来，古元就拿着它到处征求农民的意见，几经修改才最终定稿。在《羊群》里的一堆羊中，老乡甚至可以认出哪只羊是自己家的。

1942年10月，中国木刻研究会在重庆举行“第一届双十全国木刻展览会”。有些画是周恩来从延安带来的，是解放区的木刻作品首次在重庆与观众见面。当时徐悲鸿参加了这个画展。此前他没有机会看到解放区的作品，对解放区的生活也不了解，当他看到解放区的作品，眼前一亮。“白区”的版画通常是揭露黑暗、呻吟呐喊，而解放区则表现生活平静和谐，徐悲鸿感到气息特别清新，雅俗共赏。他在古元的作品《铡草》面前反复欣赏，不愿离去，认为那是了不起的杰作——一个年轻人竟在如此荒凉的景色中发掘出美！徐悲鸿曾经说过想从背部描绘一个人的动作，想描绘得完美无缺难度特别大。铡草是农村很常见的一个场景，也最不被人注意，而古元往往在平凡中发现不平凡的美，无论是整体构图还是动作刻画都具有非常高的水准。

随后，徐悲鸿在重庆《新民报》上发表了题为《全国木刻展》的评论文章，其中称自己“发现中国艺术界中一卓越之天才，乃中国共产党之大艺术家古元”，“惟对于还没有二十年历史的中国新兴版画界已诞生一巨星，不禁深自庆贺”。古元和解放区的木刻作品以其高度的艺术性征服了人们。当时任鲁迅艺术学院院长的周扬找到了古元，问他对此事的想法，他只平静地答了一句：“徐悲鸿先生这个评价对我们党有好处，而我对自己的要求应该更高一些。”他没有表现出任何过分的兴奋和激动。

把经历的时代在木刻中留下痕迹

在延安的几年，古元渐渐地摸索出属于自己的版画风格。他的版画摆脱了西方木刻的影响，创造出以阳刻为主，构图多变，简洁、明朗、清新，具有鲜明民族特色和地方特点的独特风格。这种风格符合人民大众的审美，更具民间意味。

“我想把我经历的时代，尽可能在我的木刻上留下一些痕迹。”这是古元在艺术上的追求和信念。1947年，华北、东北解放区都在进行土地改革运动，没收地主的土地给劳动人民。古元也参加了这个活动，并满怀激情地创作了他这时期的代表作《烧毁地契》。这幅作品概括反映了土改这一历史性事件，具有鲜明的时代特征。古元始终以人民群众的喜闻乐见作为自己艺术创作的唯一准则，创造着和社会生活相呼应的艺术作品。新中国成立后，随着人民生活水平的提高，群众的审美需求也变得不同。这一时期古元创作了《玉带桥》《甘蔗园》《秋耕》《绍兴风景》等许多优秀的以景色为主的抒情性套色版画作品。

1979年古元被任命为中央美术学院副院长。1983年古元被任命为院长，为此，他推辞多次，最终勉强答应接受任命。但是繁杂的行政工作占用了古元非常多的创作时间，他更愿意当一个专心创作的艺术家。1987年他主动辞去了院长的职位。他始终坚持自己的艺术方向，当有人质疑他永远都是老一套没有创新时，他说道："艺术上应该各行其道，我不要求别人走我的道路，别人也无权要求我和他走一样的道路。"

故乡一直是古元魂牵梦萦的地方，他的思乡情怀历岁弥浓。1983年，他回到故居，见到放在神龛里父母亲的肖像因年久模糊了，就重新素描两幅画像，以表哀思。他看见祖屋前的一棵老榕树，想起小时候常在这里玩耍，触景生情，花了很多心血去构思，画出一张很大幅的榕树图，名为《榕树下》。他在临终前仍不忘家乡，嘱咐家人把他大部分作品捐献给家乡人民。1996年，古元因病去世。病重期间，他说话已经很困难，却还惦念着自己还有很多事没做。那些未完成的作品，成为古元心中永远的遗憾。

新中国美术奠基人之一、著名美术家蔡若虹在纪念古元逝世两周年题诗中写道："幸有尖刀记岁华，艰辛日月乐观花。文盲课

古元在写生

本初相识，武器锄头是一家。形象思维皆出色，画图人品两无瑕。相随半百难分手，怅望苍空忆落霞！”

李桦：创导版画最力者，人格艺术堪赞美

走出“象牙塔”，描绘“十字街头”

李桦的作品接近鲁迅的激烈风格。与古元不同，抗日战争时期李桦主要生活在国统区，不同的生活场景、学院教育和政治思想促使他们创作的审美倾向以及技术手法等也不尽相同。但是，他们身处共同的时代，他们拯救国家民族于危难之中的武器都是手中的一把刻刀。

李桦1907年生于广东番禺，20岁时毕业于广州市立美术学校西洋画专业，但并不满意自己的所学。1930年，李桦远赴日本留学。从小学习西洋画，李桦心中深受艺术至上主义的感染，但是日本的留学经历让他开始意识到西方现代主义绘画是建立在一种脱离现实生活的抽象层面之上的。他有些迷茫，这时他接触到了版画创作，甚是喜欢，并深入了解了木刻版画制作的程序和技艺。

“九一八”事变爆发，作为有良知的爱国青年，李桦愤而回国，在母校任西画讲师，空暇时间自学版画。1934年，李桦手印了自己的第一本木刻作品集《春郊小景》。同年，李桦妻子过世，为了忘记伤痛，他经常一个人躲在房子里不停创作。在不断地练习下，李桦的木刻创作逐渐成熟。

在“新兴木刻运动”的影响下，各种木刻社团纷纷建立起来。李桦与广州市立美术学校的一些志同道合的朋友也组织建立了现代创作版画研究会（后简称现代版画会），出版手印不定期会刊《现代版画》，并为广州《市民日报》编《木刻周刊》。参加者最初有27人，主要成员为赖少其、唐英伟、潘业、陈仲纲、刘仑、吕蒙等。1933年，上海“新兴木刻运动”受到暴虐摧残，正处于低潮，广州现代版画会异军突起，掀起新的木刻高潮，而他们出版的《现代版画》今天仍完整地收藏在上海鲁迅纪念馆，成为中国“新兴木刻运动”的珍贵史料。同年，李桦开始与鲁迅通信。

在鲁迅先生的鼓励和指导之下，李桦确定了以社会的需要作为个人艺术的方向，以坚实的现实主义手法创造为人民大众的艺术，走出“象牙塔”，描绘

正在创作中的李桦

“十字街头”。李桦的木刻艺术很快摆脱单纯对形式美的追求，趋向表现民族解放运动、表现光明与黑暗之间的抗争。1935年，李桦创作了《怒吼吧，中国！》——被捆绑的国人正发出受极度欺辱之后的怒吼，刚劲的刻线，极为强烈地再现了中华民族的危险处境。古元称自己在20世纪30年代上中学时就从书刊上见过李桦的木刻作品，尤其对这幅《怒吼吧，中国！》印象深刻：“以胜利的刀锋刻绘出遭受外国侵略、灾难深重的中国人民谋求解放的呼声，像吹响的号角，震撼着民众的心灵。这幅画给我的印象很深，从此李桦的名字就深深地印在我的脑海中。”

作风趋沉练，渐有古典形式

抗战爆发后，李桦毅然投笔从戎，奔赴抗日前线。为了宣传抗日救国，争取民族独立，他又重新拿起刻刀投入到“新兴木刻运动”中。1938年6月20日，一身戎装的李桦在武汉与木刻家同人力群、马达、赖少其、黄新波、陈九、安林、卢鸿基、罗工柳、黄铸夫、刘建庵等成立中华全国木刻界抗敌协会，并当选为理事。抗战八年，李桦一直辗转于桂林、重庆等国统区，指导年轻人从事抗战木刻版画的创作，培养了大批优秀的木刻家。这八年他成长为一名真正的爱国革命艺术家。

徐悲鸿在1942年《全国木刻展》的评论文章中，不仅盛赞了古元，对于李桦也是赞誉有加："此次全国木刻展中，古元以外，若李桦已是老前辈，作风日趋沉练，渐有古典形式，有几幅近于丢勒。"并称其"精于镌艺，创导版画之最力者也"。他称李桦"乃是他日国际比赛中之一位选手，而他必将为中国取得光荣"。鲁迅也评价他："李桦成绩最好，足够与日本现代有名的木刻家媲美。"

解放战争时期，李桦来到了新兴版画的发源地——上海，主编《抗战八年木刻选集》等著作。在上海，李桦看到了国民党反动派的黑暗统治，看到了"朱门酒肉臭，路有冻死骨"的真实画面，他积极投身于"反内战、反饥饿"的爱国民主运动，创作了大量揭露黑暗、丑恶社会的作品。其中，最富代表性的是木刻组画《怒潮》。组画由《挣扎》《抓丁》《抗粮》《起来》四幅构成，揭示了农民所遭遇的苦难，讴歌了农民投身革命的必然性和正义性，有着非常深刻的社会意义。

创建版画系，被称"版画之魂"

李桦不仅是中国"新兴木刻运动"奠基人之一，还是一位杰出的美术教育工作者。他创建了中央美术学院版画系并担任系主任长达33年。中央美院版画系是当时国内第一个版画系，在没有任何参照系的情况下，李桦慢慢将它建立起来，使之成为美院的一个大系，为版画在中国的发展培养了大批的人才。因此他的学生、著名版画家徐冰称赞李桦先生"是中国版画界的灵魂人物"。

为了教育事业的需要，李桦把绝大部分的时间和精力都投入到教学中，与此同时他并没有放弃自己的艺术创作，而是利用可能的机会深入生活，为自己的创作积累更多的素材。李桦在艺术实践中非常重视生活速写，他认为速写是一个画家认识生活、感受生活、记忆生活的最基本的技能。在教学期间，他规定每个学生每个星期都要到生活中进行速写，把画好的速写装在一个口袋里交给他。他每天看完了速写之后再一一批改，通过不断地锻炼每个学生对生活的观察与记忆，提高学生的创作能力。1959年，李桦带着几个学生到建立黄河大坝的三门峡工地体验生活，并根据自己的亲身经历进行艺术加工，创作了《征服黄河》。李桦通过他的刻刀，将这一场面宏伟壮观地表现出来，木刻技巧驾驭自如，即使是肋木的脚手架也刻画得一丝不苟。

1994年5月5日，李桦在北京逝世。在长达60年的艺术生涯中，李桦把自己的全部身心都奉献给中国“新兴木刻运动”的发展。李桦去世后，其家属将他的全部木刻作品与极为珍贵的原版及书画、著作、手稿等全部捐献给国家，并将具所得奖励金15万元用于设立“李桦版画艺术基金”，以鼓励版画艺术创作与教学。黄永玉先生认为：“一切人格和艺术的赞美，李桦当之无愧。”

《起来》（1947年），李桦作

访谈

新兴木刻运动的两面旗帜

受访者：中山大学传播与设计学院教授、著名美术评论家杨小彦，古元和李桦先生共同的学生、著名画家赵瑞椿

古元、李桦都是在战火纷飞的抗战年代，经受战争的磨炼，成长为新中国版画界泰斗的。他们同是广东人，同样反对“为艺术而艺术”，坚持艺术要为广大人民群众服务。他们在不断的实践中摸索出属于自己的创作风格，为探索富有民族性和现代性的中国版画艺术做出了突出的贡献。

然而，由于具体生活环境的不同，他们的作品内容和风格也存在显著的差异。李桦的作品侧重揭露黑暗，表现反抗与呐喊；古元的作品重在描述美好、记录解放区火热的生活。这种差异的存在，也是那个时代留下的痕迹。

谈风格

古元通俗晓畅，李桦立足反抗

南方日报：古元和李桦都是深受鲁迅思想影响的艺术家。在您看来，他们的作品分别具有什么样的艺术风格？

杨小彦：古元和李桦的木刻同属于那个年代现代主义艺术领域中的左翼艺术，强调艺术为人生、为社会、为抗争、为进步，反对“为艺术而艺术”。相较之下，古元的延安木刻作品更偏于政策图解，有毛泽东《在延安文艺座谈会上的讲话》的深刻影响，采用通俗易懂的大众风格以及明白晓畅的叙事方式。李桦的艺术则更立足于反抗，主观性更强，表现主义色彩较为浓厚。当然，这和他们两人生活在不同地域有密切关系。创作背景不同，创作的方式自然就有区别。

赵瑞椿：古元生活在延安，所以反映的都是当时火热的生活，比如老百姓

的婚姻自由、民主选举、大开荒、自力更生丰衣足食等题材。李桦在上海领导木刻运动，作品主要揭露的是当时国民党的腐败，同时他也以反帝国主义斗争作为创作素材。他们创作的不同是当时的客观环境造成的。

百年双喜 特约 世纪岭南美术家 A21

著名美术评论家杨小彦、著名画家赵瑞椿谈李桦与古元：

新兴木刻运动的两面旗帜

生活中既是导师又如慈父

木刻版画创作思想影响至今

谈教育

生活中既是导师又如慈父

南方日报：李桦视鲁迅先生为精神导师，其作品给人一种比较激进的感觉。不少人认为他的《怒吼吧，中国！》让人想起鲁迅的小说集《呐喊》。您怎么看？

杨小彦：当时很多与鲁迅联系密切的青年都很激进，这应该是一个时代的潮流，不独李桦如此。李桦的作品在创作手法上是表现主义和象征主义的结合，造型上的表现性和主题上的象征性，构成李桦木刻艺术的主要特色。不过，说到李桦和鲁迅，文学和绘画毕竟是不同的两个艺术门类，各自的表达方式、效果不同，作用自然也不一样。

赵瑞椿：李桦搞木刻运动，受到了鲁迅先生的直接影响。他在年轻的时候与鲁迅先生通过信，请教过鲁迅先生。他在创作题材上一直都是表现人民的苦难，表现反帝反封建的主题，反对日本侵略者对中国人民的蹂躏，反对国民党的腐败，这就是他艺术创作的主流。李桦先生是当时“白区”木刻运动的一面旗帜，他在上海积极组织各种艺术活动、著书立说，也经常在报纸上发表作品，很有影响力。李桦对青年木刻运动也非常关心，黄永玉就是在他的提携下开始版画创作的。

南方日报：您怎么看待李桦先生在美术教育方面的贡献？

杨小彦：作为解放后中央美院版画系的第一位系主任，在教书育人上自然成绩斐然。某种意义上说，新中国成立后所有从中央美院版画系毕业的学生都受到他的影响，能不影响巨大？

赵瑞椿：作为版画大家，李桦是成就卓著的世界级艺术家，在教育方面，他也是非常杰出的艺术教育家。中央美院版画系是中国创立的第一个版画系，教学上没有参照样板，李桦很擅长总结教育经验，亲自向学生展示、传授各种各样的木刻刀法、技法。版画系发展到今天，也有50多年了，已经成为中央美院的一个大系。此外，李桦先生既是导师，又像是学生的慈父一般，他言传身教，无论是在学业上还是生活中，都是我们的表率。所以，我们有些学生就称他为“老父亲”，什么事都愿意请教他，他都能给你回答。这样的恩师就像我们的“守护神”。

谈价值

木刻版画创作思维影响至今

南方日报：有人说，古元的艺术需要创新，但他本人却表示，艺术家应该坚定地走自己的道路。您觉得作为古元这样的大家，应该如何去面对创作中的创新与坚持？

杨小彦：如果一个艺术家不坚持自己，那他还会是艺术家吗？艺术家不一定非得要创新，创新也未必就一定是好的。有的艺术家终生反抗，终生颠覆；有的艺术家终生歌颂，终生写实。至于他们的作品，就让观众自己去选择好了。

南方日报：古元、李桦两人所处的时代，正值中国版画发展史上的兴盛时期，但现在版画尤其是木刻版画，已经不复当年的辉煌了。我们应该如何继承和发展木刻版画的精神？

杨小彦：我倒是以为到了今天，我们不应该仅仅盯着版画这一画种的具体发展形式，而应该用一种更宽广的文化视野来考察。其实，古元、李桦那个年代的木刻版画的创作思维方式，正深刻地影响着中国当代艺术的发展。这引申出一个很重要的话题。

作品欣赏

点评人：杨小彦（中山大学传播与设计学院教授、著名美术评论家）

《减租会》

点评：古元的延安木刻主要是一种政策的图解，此作品创作于1939年，具有清晰易懂的叙事性。这幅作品对当时土地政策的图解准确易懂，农民要求减租，地主则讨价还价，双方争论。自然，在画面中，农民占了上风，主次关系一目了然。造型简洁，刻工大方，恰到好处地表达了画面的主题，不影响观众对主题的理解。

点评人：谭权书（中央美术学院教授）

《祥林嫂》

点评：该作品创作于1956年，画面采用无背景的特写形式，古元把描绘中心集中到祥林嫂呆滞的脸部表情上，并通过刻画祥林嫂的一双手，衬托人物性格。刀法的表现更是出神入化、大刀阔斧，圆刀的浑厚、果敢运用得十分充分，刻画之简练，几乎到了不可多加一刀，也不可减少一刀的高度艺术化的境地。上半部对黑白部分的处理加强了逆光效果的运用，使人物形象更加鲜明强烈。

点评人：谭权书（中央美术学院教授）

《玉带桥》

点评：该作品创作于1962年，在色彩的处理上，古元充分利用了黑白对比，把桥的优美弧线表现得特别突出。再就是绿色的运用起到了统一画面的作用，远近的柳树和大面积的荷花，疏密相间，形成舒展轻缓的节奏，盛夏的特点就出来了。远处点景的人在专心垂钓，为作品的幽静、无声做了铺垫，桥上有一把小红伞，与近景的点点红色的荷花相互呼应，增添了欣赏的雅兴。画中的一切构思显得透彻周到。

点评人：谭权书（中央美术学院教授）

《征服黄河》

点评：这幅作品创作于1959年，不但在李桦版画创作中最为宏伟壮观，也是我国新兴版画史上的鸿著巨构。这是一个极为宏大的场面，更有着排山倒海的气势，也是人类征服自然的胜利凯歌。作品构图紧密，无论是工人劳动、机械结构、肋木的脚手架等，均刻画得一丝不苟，合情合理，达到了艺术性与思想性的统一。木刻技巧驾驭自如，刚健有力的刀法精彩动人，是李桦的优秀代表作。

点评人：曹文汉（东北师范大学美术系教授、中国美术家协会会员、中国版画家协会会员）

《粮丁去后》

点评：这是一幅凄凉的图画，是一个不公平社会的写照。李桦的这幅作品创作于1947年，是对当时社会黑暗的一种揭露和控诉。在艺术表现上，人们会为其版画语言的纯熟运用、木刻技艺的精湛而感到由衷的赞叹。特别是在开幅很小的版面中如此精雕细刻，表现的内容深刻、含蓄，布局设置极为复杂，黑白层次明快、微妙，刀法运行娴熟、精确，即使在几十年后的今天，这种高品位、高标准的艺术技巧也是很难达到的。

第六章

现代性与地方色彩

现代广东美术史上，曾经出现过一批特殊的画家。他们率先将西方现代主义美术引进中国，为激烈的艺术变革“鼓与呼”。然而，在岁月无情的洗刷之下，他们的名字曾一度湮没在历史的洪流中，但他们对艺术创新“择善固执”的精神，却成为广东美术推陈出新源源不绝的动力。

关良（1900—1986），广东番禺人。1917年，关良赴日本川端研究所、太平洋画会学画，在西洋画的写实基础中融汇印象主义因素。1921年从日本返国后，关良先后在上海神州女学、上海东方艺术研究会任教。1926年，关良应胡根天邀请返回广州，在广州市立美术学校任教，不久参加北伐战争，负责政治宣传工作。

胡根天（1892—1985），广东开平人。1914年，胡根天赴日本留学，在东京美术学校接受了系统的西洋美术教育。1921年，胡根天在广州创立赤社美术研究会，从事西洋画的介绍和创作活动，同年创办广州市立美术学校，开广东现代美术教育先河。胡根天着力吸收引进来自欧美和日本的现代美术教育思想和内容，提倡学术自由，培养出李桦、赖少其、刘仑、陈烟桥、赵兽等一批知名画家。新中国成立后，胡根天曾受命担任广州市博物馆馆长、广州市文史研究馆馆长等职。

丁衍庸（1902—1978），广东茂名人。丁衍庸早年获省政府送赴日本进修艺术，1925年归国后，与蔡元培等人创办中华艺术大学。1928年，丁衍庸应邀返广州筹备市立博物院，同时任广州市立美术学校西画教授。1946年，任广东省立艺术专科学校校长。1949年，丁衍庸移居香港，先后任新亚书院、香港中文大学艺术系教授，对艺术人才的培养有不少建树。

赵兽（1912—2003），疍家人，早年师从丁衍庸、陈之佛、倪贻德。在20世纪30年代留学日本期间，赵兽对法国超现实主义运动发生兴趣。1935年，赵兽与粤籍日本留学生李东平、梁锡鸿、曾鸣等人组成现代主义美术组织——中华独立美术协会。中华独立美术协会高扬野兽主义、新野兽主义、超现实主义的旗帜，在画坛掀起了一股现代艺术风潮。抗日战争爆发后，中华独立美术协会的活动随之停止，赵兽却一直坚持现代主义的艺术创作。直到20世纪90年代末，赵兽成为现代中国美术史的一个特殊案例。

闲白：

稚拙天真弥入味　简笔新韵皆妙趣

从文化和写意精神上回望百年中国画坛，有三座奇峰：一座是齐白石的花鸟，一座是黄宾虹的山水，一座是关良的人物。关良，字良公，1900年12月30日生于广东番禺，与20世纪同龄，是百年中国画坛一位不可或缺的大师。

百年双喜 特约
世纪广东美术家
A21
现代性与地方色彩
关良
稚拙天真弥入味
简笔新韵皆妙趣
广东中烟工业有限责任公司特别呈献

中西艺术百年碰撞，关良是中国水墨开风气之先的大师。他回归中国传统艺术，重新提炼东方写意美学。他以京剧的手法画画，故画有动感、乐感；以国画写意手法画戏，故画能传神，扣人心弦。“寥寥几笔，虎步鹰蹦，呼之欲出，如闻大钧”。他把“写意传神”发挥到极致，终成“水墨戏画”开山鼻祖。

气韵生动弥入味，风姿各异皆传神。关良亦是最早将西方绘画艺术介绍引入中国的先行者。他赴日学习西方现代艺术，在高更的庄严肃穆、凡•高的色彩夸张、马蒂斯的单纯美的影响下，最终寻得自己的绘画走向。关良的艺术，稚拙、单纯，使人感到洋溢着孩子般的纯真。他拥有一颗孩子般感受、表达艺术的心，让他的艺术充满灵性与个性。他热爱音乐、痴迷戏剧，全部身心融于绘画，开启了一条中国现代水墨之路，以至于画坛后辈皆叹：“良公，妙笔也！”

留学寻梦

从西画学徒到“关良墨趣”

关良一生致力于戏墨人物画和油画创作，以其画风质朴、简拙称誉画坛。但相比于20世纪诸多美术大师，关良一度不被理解甚至遭受冷遇。

在关良近60年的绘画生涯中，他的现代水墨之路，最早萌发于他对西方表现主义油画的玩味琢磨。

1917年，17岁的关良赴日留学，师从藤岛武二学画，系统全面地学习西画艺术的理论与技法，在不到6张席子大的居室里训练用的画稿可堆起2尺之高。其间，他对凡•高、塞尚、马蒂斯由衷热爱，在吸收了西方“印象派”和“野兽派”绘画风格后，开始取其精华为创作“中国式”油画探索，希冀以此消弭中西方文化隔阂。

1921年关良回国，之后加入了当时前卫艺术青年聚集的上海东方艺术研究会。1924年春，他与陈抱一、许敦谷举办画展，参展的30多件写实主义油画作品颇受关注，关良开始思考“对外来艺术的吸收、融化之后，如何将它作为本民族的表现手法”。

这个崭新的画展，“超越了当时一般人的审美能力，冲出了传统的审美观念”，“画人之不欲画，画人之不敢画”，作品一露面即与传统的文人画拉开了极大的距离，在当时洋画界中呈现了一种“新姿态”。关良逐渐寻觅到一条现代主义绘画之路：他开始挖掘西方表现主义的绘画趣味与东方写意美学之间的微妙关联。

归国后的关良出入上海、南京、广州的各个私立美术学校担任美术教师。关良“看似幼稚而实际上趣味无穷”的作品不但给当时的学生留下了好感，连时任上海美术专门学校校长的刘海粟也颇感兴趣，一度将其引入上海美专担任教师。

1926年，关良应胡根天邀请南下任教于广州市立美术学校。在国画和西洋画激荡碰撞下的广州，市美是西洋画的重要阵地，关良成为当时引西洋画入中国的前卫画家之一。在1921年的广东省第一次美术展览会中，关良的一幅风景油画引人关注，画面颇具后现代野兽主义的画风，近郊的马路、一支歪斜的电线杆、一辆汽车，全然沉浸在郊外的黄昏之中，传递着静寂与一股莫名的热情。关良找到了一种直接传递绘画精神的技法，给画面注入了跃动的生命力。

青年时代的关良有着这样的艺术信条：“一个画家不单要认识时代，了解时代，同时还要超过时代，那时才是一个伟大的艺术家而不是平平无奇。”早在日本留学期间，关良就意识到从日本学习西洋画有潜在的危险：“为什么中国油画在国际画坛上毫无地位？是我们的油画还没有创新？没有画出民族风格？”正因为如此，关良在其后的创作中都在探索中国画创新和油画民族化的道路，以求“我们的油画有民族独特的风格”。

戏墨结缘

苦学戏曲深悟写意精髓

关良（1900—1986）

20世纪20年代以后，在吴昌硕、黄宾虹、潘天寿等人的潜移默化影响下，关良开始回归传统。他频繁地参观国画展览、临摹明清大家作品、欣赏名家收藏。继在日本学习油画、音乐之后，他想再苦拼若干年，在国画笔墨表现力与鉴赏力方面有所拓展，攀登第三次求知高峰。

从西方表现主义到东方写意水墨，关良所跨越的是一道看不见的鸿沟。他在练笔前常常思考，中国人善于用线，从平面中找到“写意艺术”，而西方人重明暗、体积、空间，这是由不同的历史背景、审美传统所形成的。与其“生硬结合，互相贬低”，不如“彼此适应吸收又保存个性为好”。

关良不仅在画室琢磨，他还与沈雁冰、郭沫若、茅盾等诸多文坛大家交往，在国画与文学的双重推衍下，他最终发现了新的契机——戏曲，为他通往“我之为我，自有我在”的艺术境界打开了一扇天窗。

为体味戏剧之美，关良亲自学戏，从“锣鼓经”学起，不仅练京胡，唱、做、念、打一并学来，学完《捉放曹》再来《击鼓骂曹》……此后，无论在上海美专还是重庆国立艺专，凡到年末岁首的师生“同乐会”，关良总能应声上场，“黄钟大吕”地来上一出。

“京戏里看、瞟、盯、瞧、观、见、捎、拐……不同的人物，在不同的场合，看人看物，都有不同的分寸、不同的意思。”这对关良画戏曲人物时如何“点睛”传神帮助颇大。据说，关良每次画画，都是等画全部画完后才画眼睛的，是名副其实的“点睛之笔”。

关良在学戏的过程中领略了传统戏剧演绎的高超境界——没有火气，意到笔不到。这些老戏迷所推崇的“炉火纯青”的境界，让关良体会到传统艺术中不可言传之意境神韵，他开始尝试将这种写意之美表现在绘画中。

梅兰芳写过一篇《漫谈戏曲画》，其中有一段话专论关良："他（关良）的画在表现方法上继承了国画的优良传统而自成一派，重神似而不求形似。""南派武生泰斗"盖叫天对关良的水墨戏曲人物画更加赞不绝口。在他看来，画戏的还没有一个人像关良这么"懂行"的，他常说："关先生的画是活的，看上去很神。"两人之间"蹦、登、仓"的"典故"更是流传甚广。盖叫天演武松，不论"打店"还是"打虎"拍出来的照片往往是一个"亮相"——锣鼓点子敲定了，照相也照好了，架子是好看，就是"呆乎乎"。关良则不同，他选取戏中人物最传神的动作表情入画，画武松他不等"蹦、登、仓"落定，而是在"蹦、登"还没有"仓"的时候就画下来了，所以看上去，这个"武二郎"很活，"在纸上还动着呢！"

中国人常说，"戏者，戏也"，相对于外国戏剧，中国戏剧的虚拟、夸张达到了一种极致，"三五步行遍天下，六七人百万雄兵"，堪称世界之最。关良深谙中国画和传统戏曲"写意"精髓，把中国传统文化以及西方色彩观结合得严丝合缝，强调"用十笔画的为用五笔画""使形更简练、更醒目、更舒展"，对比林风眠的戏曲人物画，更加疏落简率，于率真自由中传递出东方写意独一无二的趣味。

冶游寻乐

保持朝气以艺术为第一生命

"生活有趣，艺术就有趣；生活多彩，艺术也多彩"是关良常常挂在嘴边的一句话。朋友去关良家，往往不谈艺术，反倒聊起生活，比如谈谈"怎么养热带鱼"，甚至"怎么做鱼缸"。

不取其貌，单看关良的画，便可认定他是一位平和从容，有些幽默，也很有教养的人。天性乐观的他总能在生活中发现新的兴趣，不喜狂，也不悲愤，世界的纷乱和庞杂在他那里都被"戏"化了，同时，一切又是审慎和克制的。这从关良的性情为人、人生抉择中可见一斑。

早前出国留学时，父亲让关良学习应用化学，可在报考之前他却改变主意，改考“好玩”的美术专业。即便生活拮据、学业繁重，又饱受思乡之苦，但关良对自己说，“要一生保持朝气以艺术为第一生命”，才不辜负艰辛岁月。在日本学画不久，他又迷上了小提琴，在友人介绍下每日步行3公里去学琴，坚持黎明到校前拉琴1小时，热情不亚于学画。在日本的5年，除了学画，关良一丝不苟地拉完了霍曼的全部练习曲，除了拉霍曼，他喜爱的便是萨拉沙蒂和他的《流浪者之歌》。“萨拉沙蒂活在我的作品里。”有心人会从关良的画作中发现萨拉沙蒂，会发现这位伟大作曲家不朽的灵魂。

1924年在上海宁波同乡会举办联合画展（前排左起许敦谷、陈抱一、关良，后排左起洪野、喻寄凡）

从20世纪20年代初期开始，关良先后任教于上海美专、上海艺术师范、上海艺术大学、广州市立美术学校等艺术院校，从事艺术教育事业和艺术创作长达60年。但在他的一生中，无论是教书还是画画大都是在不安定的生活中度过的，几乎总是挣扎在“解聘”和失业的边缘线上，但心系艺术的他总能淡然处之、自得其乐。

关良和夫人、子孙在家中排戏

1926年，关良一腔热血追随郭沫若戎装北伐。他随从大部队冒着烈日酷暑越过山岭，脚都磨出了水泡，但忍痛坚持从不掉队。每到一地，他即在墙上刷大标语，作粗笔头宣传画，还带领大家搭戏台，用演讲、相声、快板、花鼓戏等短小节目鼓舞士气，宣传革命。抗战期间，他取道香港、滇越公路，奔赴大后方任教，辗转于西南。好不容易于1942年秋在内地举办了一个画展，但他卖画之后又跑去壮游大西北，他不以为苦，反认为这是“整个艺术生涯中一段宝贵难忘的经历”。

在友人眼中，关良性格开朗，看起来不爱讲话，但谈到京戏就可以一个劲儿谈一天。他喜欢拉小提琴，而且拉得好，他爱唱京戏，可是声音不大。关良的艺术，是稚拙的、单纯的，使人感到洋溢着孩子般的纯真。他拥有一颗孩子般感受、表达艺术的心，钟爱的一把小提琴在上海被日本兵摔碎了，他就开始玩二胡。有时候，吃过晚饭就开始拉二胡，一直到睡觉。他是一个彻头彻尾的纯粹的艺术家，结缘艺术以后就再也没有丢下过画笔。

“他每天度着放浪冶游的生活。”著名画家倪贻德曾这样回忆关良。关良的艺术和生活早就浑然一体了，关良强调生命的画面必须“动之以情”，甚至情到深处也可“得意忘形”。关良还有一诙谐比喻，将“初尝亲吻时飘飘欲仙的一种感觉”直接表现在画面上，就能“收到超越了视觉真实性的效果”。在看似“不熟练”、生拙的造型笔墨中，往往透着他对生命的内省。艺术中的关良，饱含一颗赤子之心，没有矫饰、虚伪和华丽，一切都指向了“真”。

艺术良心

时代“流浪者”终成大师

作为百年中国画坛最具艺术个性的大师之一，读懂关良并不是一件容易的事。

1956年，国画大师李苦禅带学生观看关良画展时，学生们纷纷提问关良为何不能把人物画得“规矩”些？对此，李苦禅解释道：“良公的画法叫得意忘形”，即求传神不求形似之意。也许是造型的“稚拙”，许多人并未能理解其中蕴藏的极其深邃的艺术世界。关良在自己作品上使用的印章和署名多是“番禺关良”，足见他对故土感情极深，可惜这位大艺术家由于长期在外游学，人们反而对他不甚了解，以至淡忘。

20世纪六七十年代，一位德国工程师到武汉钢铁厂参加援助工作时，还不忘在工余寻找关良作品和其踪迹。关良在1957年曾经和李可染一起访德办画展，德国民众对关良作品的热爱出乎很多人的意料，莱比锡一家出版社还出版过关良的水墨人物画集，这是德国出版的除齐白石之外的第二位中国艺术家的画集，就连日本也有许多关于关良的研究著作，但国内却在相当一段时间内鲜有人研究他。

经历数十年的冷落，关良对艺术的赤诚从未消弭。在《关良回忆录》中，他曾口述道：“解放后，文化部门的一些同志对我的画褒贬不一，有的还持否定态度。”有人说他的画“如同儿戏”，“再加上国外的报刊颇多的介绍，更引起了一些同志的反感”。但一心“为艺术而艺术”的关良对于自己的艺术总无比自信。

关良擅长画水墨戏剧人物，笔下的武松尤为有名，寥寥数笔即达至“一笔不能多，一笔不能少”的境界，作品也最具戏味。如《醉打蒋门神》一作，将单纯的打斗动作提炼为倾吐角色内心活动的特殊肢体语言，身心俱到，举手投足，分寸掌握得恰到好处。齐白石对关良的戏剧人物画格外推崇，早在关良在西南国立艺专任教时就曾得见他一本人物册页，看后大呼“很想见见他”，并自告奋勇在画册扉页上题写了“关良墨趣”四字。

“文革”中，关良经受“耳闻锣鼓声，胆颤又心惊”之痛，他把数以百计的画浸在洗衣盆里以求家人不受牵连，一度发誓不再创作，几十年创作心血毁于一旦。在粉碎“四人帮”后，他一连画了十多幅《金猴奋起千钧棒》抒发心中快意，“火眼金睛辨是非，棒扫尘世万里埃”，让“孙悟空”成了他后期创作中最鲜明的艺术符号。

1976年至1986年，是关良一生中最后的10年，也是他一生艺术生涯中重现光辉的10年。1981年，耄耋之年的关良在香港举办“关良油画水墨画展”，在香江掀起一股“关良热”，香港街头到处张贴着印有他半身像的画展海报，连老朋友林风眠也翩然而至。

1986年，关良因患末期肺癌病逝于上海中山医院，离世前他还表示自己有很多艺术创作的新设想。他想再画一批油画，又想再画一批水墨戏曲人物画，还想另画一批融西方绘画情趣于中国画的水墨淡彩静物画……朋友每次去看他，都觉得他似乎有一种紧迫的心情，但由于疾病渐渐缠身，老是无法完成。

艺术贵乎独创。千百年来，戏子被视为“下九流”，以舞台戏剧作为绘画素材的作品不登大雅之堂。但关良敢于打破前人禁忌，开宗立派，成现代戏墨人物的一代宗师。他痴迷艺术，忘乎其他，犹如一个时代的“流浪汉”，将自己的一生寄情于艺术，融化于笔端。他笔下的戏墨人物、灵动油彩，好像他所钟爱的萨拉沙蒂的那曲《流浪者之歌》，明快流畅，透着淡淡的哀愁与永不枯竭的热情。

许敦谷、周勤豪、关良（从左至右）摄于上海东方艺术研究所

访谈

百年中国画坛别具特色的大师

受访者：南京艺术学院教授、南京艺术学院美术研究所所长李小山，广州美术学院硕士、学报编辑陈建宏，收藏家罗立火

“良公画法，得意忘形”，在关良绘画的美妙图式背后，是他个人绘画理论的实现与实践，也是他内在的一份挚爱与其天真心性的自然外现。翻阅他一生所绘的作品，除了精妙绝伦的戏曲水墨人物，还有风景、佛像、神仙，甚至有女人的裸体，油画水墨即兴更替。

关良的写意水墨，对百年中国画演进的意义和启示是什么？李小山认为，关良是20世纪中国画坛最具特色的画家，他的作品在任何场合都可以被一眼望出。“除了他自己，没有一个人可以这么画，连模仿他都不行。这是一种很厉害的魔力，换句话说，关良是独一无二的。”

风格
绘画追求个性化多元化

南方日报：从广东出去的林风眠和关良是同时代人，一个留学法国，一个留学日本，西方艺术对他们的影响有何不同？

李小山：留日归来的画家大多很出彩，关良便是其中的代表人物。林风眠以创新为旗帜，生前也是跌跌碰碰不受待见，命运之曲折与关良有得一拼。但和林风眠一样，关良是纯粹的画家，他们跟不上“趟”，也不愿踩上时代的步点。

陈建宏：林风眠的西画受印象派影响并不多，他主要得益于20世纪初期西方表现主义和立体派画法，而关良留学日本时，日本大正时期的美术正处于充满热情和追求个性的“青春期”，以后期印象派为代表的新画法在青年学生中造成了更大的影响，塞尚、高更、凡·高、雷诺阿、马蒂斯等人已成为新的模

仿对象。留日期间，关良实现了从古典写实主义向现代主义绘画的“跨越”，他可能是中国洋画界最早的野兽派画家之一，现代绘画所追求的个性化和多元化是关良绘画世界的主要支撑点。

南方日报： 当年国画大师李苦禅说“良公的画法叫得意忘形”，即求传神不求形似之意。如何评价关良写意水墨的美学？

李小山： 许多人在谈到关良时都说保持了“童心”，他的作品表面看去也像儿童涂鸦。其实不然，关良的创作有其理性的一面。所谓“理性”，就是有意识的控制、对画面的设计等等。关良与其他几位画家比较，显得更随性、更洒脱一些，但是并没有离开他的控制范围。

陈建宏： 萧公权在《近代中国与新世界：康有为变法与大同思想研究》中有如下一段评述康有为的话：“他认为每一文明中都有共同的价值，值得采取与保存，然而也有阻碍人类幸福的因素，必须舍去。所以他不在中西之间划一难以克服之线，而经常扎根于两者，终究必可相遇于共同的文化落脚点。”这也是对像关良那代中国知识分子的人生实践的如实写照，当面对本土老旧的传统时，他们积极地宣扬另一种让传统不被毁灭的途径（西化）；而面对西方的强势文化时，他们会因为找到与之抗衡的东方新样式而感到振奋（民族化）——毕竟沦为西方的附庸物对每一个有觉醒意识的东方知识分子来说都是一种悲剧，这就是关良、林风眠、丁衍庸等艺术家在艺术史上的独特意义。

价值
简约造型传达人物意态

南方日报： 如何看待关良后期戏剧人物画的艺术特色？在改革开放后，关良画了很多以孙悟空为题材的作品，如何评价这些作品？

李小山： 青年关良的笔墨技巧很高超，全世界也找不到一个神童画得出这样的画作。关良的画从20世纪40年代起就成熟了，一直保持着“高峰”，这在他的同辈画家中很少见。关于简单和复杂的关系，形与神的关系，历代画家都有许多不同的看法。关良是实践者，他不考虑那些理论问题，画自己喜欢的画，才是他的追求。凡是优秀的、伟大的画家都是这样的。

陈建宏：关良的戏剧水墨人物画的最大艺术特色是单纯化和情景化。按照关良本人的说法，他的戏剧人物画是经过反复推敲，删繁就简，以简约的造型传达人物的意态的。我个人比较偏好他在20世纪40年代末到60年代初期所创作的作品，特别是收在1957年德国出版的《关良京剧人物画册》里面的作品，张张流光溢彩，生动自如。关良晚年的作品可能过度追求“稚拙”感觉，反而丧失了一些灵动的神韵。他在20世纪七八十年代所画的以孙悟空为题材的作品，在追求一种时效性的同时也略微丧失了现代主义绘画的纯粹性。

贡献

为中国艺术走向世界“开药方”

南方日报：关良最早将西方现代派的绘画理念引入中国传统的水墨画之中，又毕生钻研油画、中国画。在对水墨现代性的探索方面，他对后世有哪些启迪？

陈建宏：民国时期的西画家群体中，有一部分人在进行中西绘画的跨界实验，像徐悲鸿、林风眠、刘海粟、方君璧、汪亚尘等人都在“出入中西”，而关良选择实验的载体是中国传统戏剧题材。事实上，中与西、现代与传统两者之间的距离并没有我们想象的那么大，实现它们的有效转换也不是件难于登天的事，关键取决于一个人的艺术视野和人生理想。

特别要强调的是，古典戏剧不是中国古典文化的化石，经过时间的淘洗，它早已变成中国民间民俗文化的有机元素，是中国民间生活的重要组成部分和获得明辨是非的能力的知识来源之一。至于关良在不同阶段对水墨戏剧人物画的态度可能如下：一开始介入纯粹就是一种好奇的试验，虽然选择在许多新文化人眼中属于落后的旧剧作为试验对象有不入时流的危险，但随着试验的深入，他领悟到中西艺术的可相通性，他能从谭鑫培的戏中发现与塞尚绘画异曲同工的妙处，从而更加投入。

另外，我们必须清楚地知道：事实上，到目前为止也没有任何材料和迹象可提供这样一个史实——在20世纪上半叶关良对戏曲水墨人物画的偏爱甚于他的西画，关良清楚地知道自己的立足之本，他的谋生和成名主要还是依靠他的西画艺术。

罗立火：提起早期留洋的绘画大师，必定说中西融合，其实比中西融合更高明且值得称颂的，一定是“剔其糟粕、取其精华”，吸收西方绘画的优点创作本民族的绘画。能做到这点的人，必须有丰富的学养和自信心，要有强大的“肠胃”来消化吸收。关良是“站在东方看西方”的重要代表，他的绘画作品独具中国气派、现代元素及创新。

可以说，关良自己对中国文化有着独到理解与追求——返老还童，童真之趣。关良的画是真性情流露，有中国人的幽默，也是在写实基础上升华的。在收藏了不少他的画之后我也有了新的发现：关良的绘画是一种综合艺术，因为他的修养是综合的，他懂戏、演戏，能体会戏的精髓，懂得中国绘画的笔墨，知道笔墨的精妙，能将两种国粹的精髓融为一体。奉行“拿来主义”，关良是一个实实在在的“践行者”。

作品欣赏

点评人：广州美术学院硕士、学报编辑陈建宏

《音乐家》

点评：关良在留学日本时就迷上了“梵哑铃”（小提琴），并下了苦功练习，1927年他还将学习音乐的心得写成长篇论文《音乐的要素》，发表在《画室》杂志上。关良刻画了一个神情专注的乐手，构图饱满，大色块使画面充满视觉张力，脸部和背景的刻画也非常简约到位，但画面所隐约流露的凝重感不知是否为画家本人当时的心声写照？无论如何，这是一张巧妙融合了塞尚、高更、雷诺阿等大师绘画手法的成功之作。这件油画作品发表在1933年4月5日出版的《青年界》上。

《西樵》

点评：1935年至1937年，关良在广州市立美术学校任教，并担任西画系主任，这与他第一次在广州市立美术学校任教时已相去近十年。回到故地，关良的心情舒畅、轻快，在南方的土地上他又闻到了久违的乡土和自然气息，这件描写1935年南海西樵山的油画作品，就是他当时留存下来的为数不多的作品之一。现代主义绘画与古典主义绘画的主要区别在于，现代主义绘画强调人的主体感觉在绘画过程中的表露和画面的点线面的合理构成，而平面化处理物象是现代主义画家惯常应用的绘画手法。从这张画面的大色块构成，以及摒弃精准的细节刻画等方面来看，关良的现代主义绘画意识是非常到位的。春天的西樵山空气湿润，满目皆绿，游人在山谷中悠游自在地寻幽探古，画家面对这样充溢着中国气味的场景，笔下的绘画情调无须刻意求索就自然而然地“东方化”了。

《水墨戏剧图》

点评：这件运笔流畅、墨色清透的作品，是关良20世纪50年代水墨戏剧人物画实践的代表作之一。武戏人物是关良比较喜好的绘画题材之一，在他存世的大量国画作品中占据一定的比例，而且每件作品均有很高的可观性。尽管这件作品所刻画的人物黑白对比强烈，打斗一触即发，但画面整体非常简约干净，毫无刀光剑影的残酷氛围，这可能与作者的绘画意图有莫大关联——他只是借物抒情而不是重现历史。在人物细节的刻画方面，该作体现了一个具有西画功底的中国画家的综合绘画能力，譬如在处理左边人物的眼睛时便大胆借鉴立体派画法，而脸部的夸张颜色也可见野兽派的色彩感觉。

《武剧人物图》

点评：这是一件能够代表关良晚年“厚、拙、重”典型艺术风格的国画作品，创作于1980年。老辣的用笔、厚重的墨块、浓郁的色彩，使整张作品充满力量感和生拙味。尽管和早年的作品一样，画面上仍只是两个对打人物，但对于那些进入中国传统画家渴望到达的“人书俱老”状态的艺术家笔下的作品，受众是必须别具慧眼才能有所收益的。值得一提的是，在众多“由西转中”的西画家群体中，关良在生宣上运行笔墨的功夫是超一流的，这可能也是他的水墨戏剧人物画得以持续成功的主要原因。

胡根天：

托根云天超尘俗　归来艺圃共开荒

19世纪末20世纪初，危机四伏、动荡不安的社会局面激荡着中国知识分子的心灵，也无形中造就了无数艺术大师的传奇。他们走出国门，与世界艺术潮流正面碰撞，又雄心勃勃回到这片西画教育近乎空白的土壤，筚路蓝缕，以启山林，普及西画知识，培育美术人才，让20世纪的中国画坛，开出了绚丽多姿的艺术之花。出身侨乡开平的华工儿子胡根天，就是其中一位杰出的启蒙者与先导者。

胡根天的一生，经历了将近一个世纪的沧桑。他在所从事的每一项事业中，几乎都担当着“开荒牛”的角色。在风云激荡的变革浪潮里，他成为最早一批走进新式学堂的学子，也较早地从海外接受了系统的西方美术教育。受惠于时代的潮流，胡根天也不辱历史交托的使命。他立志广育英才，创立了华南第一家公立美术学校——广州市立美术学校。胡根天克服了来自社会的重重压力，将现代美术教育体系从西方移植过来，并且落地生根，培养出一批批划时代的大师，改变了中国现代美术的格局。

毕生为岭南美育不遗余力、躬耕不辍，身为“艺术海归”的胡根天却不求闻达，默默守护美育崇高的精神价值。这或许冲淡了人们对他的名字的记忆，但胡根天为中国美育现代化做出的贡献，却无法被岁月磨灭。他心中的美育之光，仍在美术史的天空里熠熠生辉，烛照后人。

百年双喜 特约
世纪广东美术家
A21
现代性与地方色彩
胡根天
托根云天超尘俗
归来艺圃共开荒
坎坷西画求学路
核桃油里调出“洋画梦”
投身文博
传续岭南文脉
百年新火 世纪风范 广东中烟工业有限责任公司特别呈献

坎坷西画求学路

核桃油里调出“洋画梦”

广东开平的儒良乡汤边村，是一座典型的岭南侨乡，鳞次栉比的碉楼成为平原最显眼的一道风景。这些经历百年风雨、岿然不动的碉楼群，留下了上个新旧世纪之交农耕文明与工业文明激烈碰撞的印记。1892年，胡根天就出生在一个平凡的华侨人家。

与当时不少乡邻一样，父亲胡遵钧早年即漂洋过海，在大洋彼岸当劳工，与家中妻子自是聚少离多。胡根天是他第三次回乡时生下的儿子，原名“毓桂”，寓意金榜题名、光宗耀祖。他从小走进私塾读书，深受书法、诗词等传统国学的熏陶。但因家境贫困，胡根天幼时并未接受任何书画训练。在离家不远的一家炭相铺前，驻足观看画工写生，便成了他最初接受的视觉启蒙。

在当时“废科举、兴学堂”的潮流下，开平县成立了第一家公立小学，胡根天幸运地走进新学堂。与先前看到的炭画不同，引进教材上的“洋画”很快就吸引了他的眼球，各式画报也在他心里播下了新文化的火种。辛亥革命后，胡根天大剪一挥，剪掉了自己与乡人头上的辫子。士大夫气味浓厚的名字“毓桂”，也被他改成了“根天”，以表其“托根云天，超尘脱俗”之志。

从“根天”一名不难读出改名者心里涌动的那股纯朴的理想主义情怀。胡根天的西画创作，就是在“天马行空”的憧憬中拉开帷幕。西洋油画恢宏博大、雄浑厚重的气象令他心醉神迷。可是，由于当时广东的西画教育几近空白，图画老师连基本的写生课都教不了，胡根天只好自己做起油画实验来：他用核桃油调成颜料，将锌板开孔改作调色板，用毛笔和小刷子代替油笔，以硬纸皮取代油布，取材自各种风景、静物进行写生。但苦于不得要领，这些实验最终只能浅尝辄止。

他的求学之路，在1914年出现了转机。为资助儿子成家立室，旅美做工的父亲寄回了500大洋。为了一圆留学梦，胡根天向父亲禀明心愿，想将这笔经费改作赴日深造之资，终于如愿以偿。次年，胡根天进入东京美术学校专攻西洋画，开始接受正规的西洋画训练。

在胡根天留日的5年时间里，西洋画坛正在发生翻天覆地的变化：马蒂斯颠覆了人们对绘画色彩的认知，布拉克与毕加索正掀起立体主义的新潮，康定斯基催生了抽象艺术，反传统的“达达”艺术在欧洲多国蔓延……百花齐放的各种思潮，既开拓了胡根天的视野，也冲击着这位南国青年的内心：西方美术早已超脱写实主义的物象束缚，走向更加广阔而充满挑战的新天地。

为深入研究西画，胡根天参加了中华美术协会、丙辰学社等留学生组织，通过举行画展结识了一批同道中人。其时在东京帝国大学深造的许崇清，也成为他的挚交之一。曾经投身辛亥革命的许崇清，正致力于普及教育，开通民智。两人日后的通力合作，共同将中国美育事业带进新的纪元。

纵横艺事早南天

茅篷校舍共拓“艺术天国”

胡根天（1892—1985）

步入20世纪20年代，胡根天踏上了故土的归程。学成归来的他，怀着一颗“赤诚的心”与一腔“赤热的血”，立志于艺术的根本改造。

在新文化运动引领下，岭南教育界同样呈现出一派蒸蒸日上的新风。然而，广州的美育状况却了无起色：中小学美术课缺少合格的师资力量，擦炭相、摹影片、临印刷品的投机者却纷纷设帐授徒，人们甚至将“月份牌画”当作西画正源。许崇清一上任广州市教育局局长，就立即邀请胡根天返粤创办美术学校，改变岭南美育的落后局面。

正式办学之前，胡根天决定先创办西画社团，向社会普及西画常识。他与梁銮、陈丘山等人发表炽热的宣言，共同开拓“理想中的艺术天国”。深谙色彩学的胡根天，对“赤”字情有独钟：中国别名“赤县”，赤色也是南方的象征，含有光明、热烈的意蕴，从中或许还多少流露出对苏俄美术的向往之情。就这样，华南第一个西画社团——赤社美术研究会在广州应运而生。

“艺术不可不生命化，要一刻也不能任他停滞。”赤社成员筹办了广东第一场西洋画展。1921年10月1日，广州市立师范学校的礼堂和操场上人头涌涌，只为一睹西洋画的真容。160多幅油画、水彩画、粉彩画、铅笔速写、木炭素描悉数登场，蔚为大观的西画品类让观众目不暇接。展览开启了社会欣赏西画的风气，更为爱好西画的有志青年指明了道路，成为广东西画启蒙的先声。

在赤社画展的助推之下，胡根天、许崇清的办学计划一步步成为现实。1922年，广州市立美术学校正式开课。由于经费紧缺，找不到用地，市美只得在新建的中央公园（今人民公园）空地上，用葵叶、竹子搭起一座简陋的茅篷。不过，简陋的校舍也不乏诗情画意，三五成群的写生学生便是一景，引来市民驻足围观。当时入读市美是免费的，但到开学之日却仍未满员。知难而退者亦有不少：第一届80多名新生之中，将文凭拿到手的只有24人，还不到就读人数的三分之一。

更麻烦的事情还在后头。西画教育自然离不开人体写生。而在那个风气保守的年代，裸体模特随时都要顶着“伤风败俗”的恶名。直到1925年，市美高薪聘请了一名寡妇，才迎来了第一位裸体模特。由于收入可观，消息传开，男女老少纷至沓来，毛遂自荐。这下可引起了警察局的警惕，险酿成一宗“风化案”。胡根天费了一番周折辩白，才把风波平息下去。

在胡根天等人的坚守下，市美终于抵受住来自社会的强大阻力。1926年，市美在省政府批准下移入三元宫，教学风气亦渐入佳境。胡根天正式担任校长，先后聘请了一批“海归”画家前来任教西画。关良的稚拙、冯钢百的稳重、何三峰的绚烂、谭华牧的简练……多元的画风，让市美变成一块五彩斑斓的调色板。不久，市美还增设国画专业，赵浩公、黄君璧等广东国画研究会名宿加盟坐镇，为之增色不少。

广州市立美术学校教师合影，1927年摄于广州（左四是胡根天、左七是冯钢百、右二为关良）

尽管学术氛围宽松，胡根天却坚持对学生进行严格的学院训练。每位新生都必须先学习两年木炭素描，到第三年方可创作油画。为全面提高学生的艺术素养，市美还开设了美学、美术史、艺术哲学等多门专业课程，成绩优异者有望由政府公费选派赴法留学。

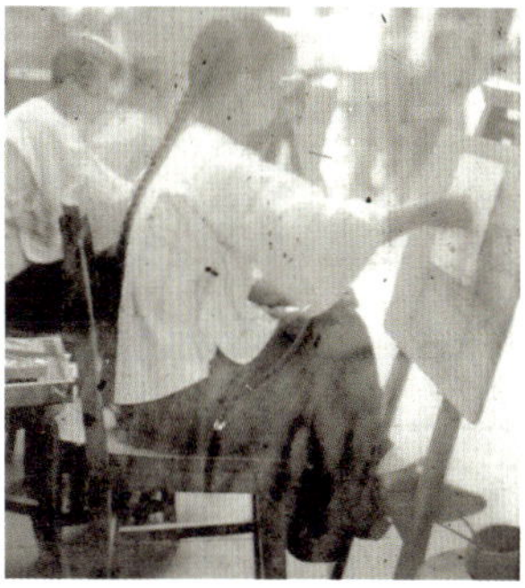
尺社（即赤社）画室

"我同人爱美之神至哉，艺术便是人生领导。"广东画坛的风气，在市美昂扬的校歌声里为之一新。严格的系统培训，洗去了临摹抄袭的不良作风。胡根天的辛勤拓荒也取得了丰硕的回报：著名版画家李桦、书画篆刻家吴子复，是他亲自栽培的高足；赖少其、刘仑、赵兽、陈烟桥、司徒奇等画坛新秀，也先后走出这个"华南现代美术的摇篮"，为中国艺术注入新生力量。

兴亡共负重天日

跌宕时局守护美育理想

胡根天虽是潜心艺事，但毕竟生逢乱世，就在市美的教育事业蒸蒸日上之际，一场始料未及的风暴正悄然向他袭来。

1927年，蒋介石在上海发动了"四一二"政变，大肆捕杀共产党人。"清党"风潮也迅速席卷广州。当局勒令所有公教人员一律加入国民党，市美也概莫能外。但胡根天一向超然世外，以坚持"教育独立"为由，无视禁令，不料竟惹来忌恨。不久，他便遭当局无理解职，还被列入"莫须有"的通缉名单中。赤社也因与"赤党""沾亲带故"，挑动了军警的神经。胡根天不情不愿地将"赤社"改为"尺社"，含沙射影地讽刺当局者的愚昧无知。

胡校长遭受的迫害，引起了全体师生的强烈抗议。他们组织罢课，愤然离校者达数十人之多。尽管抗争未能挽回当局的决定，市美师生身上展现的正气却为全社会称道。去职后，胡根天并未止步不前。他一边教学，一边著书立说，阐明美学主张。在他看来，艺术教育重在真、善、美的发扬，而不在乎制造一个美术专家。而胡根天的课堂也总是“无为而治”：他有时竟什么也不画，只写下“自由画”三个大字，便任学生自由发挥，课后还带学生游山玩水，引导他们对美进行自发的欣赏和批评。

教师生活虽然贫困，胡根天却乐在其中。在他任职广州市立师范学校期间，一位笔风极似“二高”的年轻人崭露头角，这就是日后的岭南画派大师关山月。而在胡根天的爱徒里，还出了个“无法无天”的漫画家。无论他怎么乱涂乱画，老师一概给予高分，甚至还专门腾出一个课室给他办展。这位学生的兴趣也越画越浓，胆子越画越大，作品屡屡见于报端，终于成就了漫画界的一代大师——廖冰兄。

岭南画坛新风日盛，政局却一天比一天动荡。由于财力不支，赤社走进了历史。昔日故友各散东西，胡根天也不禁心灰意冷，退意萌生。市美捎来的复出邀请，也被他婉然拒绝。不久，抗战全面爆发，曾领一时风气之先的市美也终于曲终人散。颠沛流离之际，胡根天目睹多年心血力作惨成劫灰，痛心疾首，欲哭无泪。

抗战期间，胡根天参与创办广东省立艺术专科学校，又兼任省博物馆馆长一职。由于物资匮乏，时有断炊之忧，但胡根天心里最放不下的，还是他的学生。他再次发挥自己的手工才华，因陋就简，自制竹笔写生，并向师生推广，保证了教学进度。为挽救散佚文物，他不惜跋山涉水，两下湘桂征集古物、善本。精心策划的展览，时常吸引数十里之外的瑶山民众慕名前来，大大提振了大后方的士气。

八年抗战的硝烟散去了，胡根天回到广州，冀望重整旗鼓。政府虽曾有意设立市立艺专，延续昔日市美辉煌，却终因内战爆发而石沉大海。飞涨的物价让民众生活日益困窘，又恰逢美国侄儿鸿书飞至，劝胡根天赴美发展。不过，历尽风风雨雨的他，岂能舍下为之魂牵梦萦的美育事业？经过一番思想斗争，胡根天淡然而坚定地援笔回信：“我的事业在中国……”

老骥伏枥献余热

投身文博　传续岭南文脉

随着革命形势的发展，他逐渐看清楚民心所向。经过与中共地下党的接触，胡根天欣然接受了组织交付的任务。他前往香港，游走于知识分子之间，为新中国建设留住人才。在他的劝导下，一代油画大师李铁夫回到了广州。

新中国成立后，胡根天的事业也迎来了曙光。受广州市长朱光委托，胡根天被任命为广州市博物馆馆长。全国解放之初，百废待兴。博物馆里稍有文物价值的物件，都被国民党搬去了台湾，只剩些植物标本之类价值不高的"文物"，俨然一个烂摊子。一切都要从零开始，馆址与藏品成了胡根天亟须解决的两大难题。

"愿从荒甸建春台"，胡根天暗暗许下夙愿。广州市博物馆暂定越秀山上的仲元图书馆（今广州美术馆）为馆址，而在越秀山上留下的古迹里，应数镇海楼观瞻最壮。"千万劫危楼尚存，问谁摘斗摩霄，目空今古。"胡根天登楼送目，不禁亦有如此感慨。经过多方努力，广州市博物馆终于在1952年初重新迁进镇海楼。

由于展品奇缺，博物馆迟迟未能向市民开放。胡根天兵分多路，一面接收各单位收藏的文物古董，一面通过政府拨款去收购民间的文物，又想方设法向社会名流借展藏品。广州市博物馆的组织机构也渐趋完备，讲解队伍初步建成。胡根天凡事都投入极大的热情，只要哪里发现了考古遗迹，哪里就留下他的身影。为工作方便，他索性将"家"搬进了博物馆，食宿都在山上。他戏谑地自封为"王山一叟"，甘做"越王山"（即越秀山）上的一个老头。

博物馆大局已定，胡根天功成身退，到刚刚建成的广州市文史研究馆履职，开始了长达30多年的文史生涯。虽然放下教鞭多年，但他心里的美育之梦并没有因此而熄灭。随着国家经济形势的好转，胡根天与胡希明、侯过、商衍鎏等知名人士共同发起创办广州文史夜学院，并担任国画专业主任，为那些没有机会接受正规美术教育的人员传授绘画知识。每当华灯初上，来自四面八方的待业青年、机关干部、工厂企业职工络绎不绝地来到夜学院，只为聆听这位古稀老人的倾心相授。讲台上的胡根天，还是那样认真、诚恳而诲人不倦，一如整整40年前、出现在市美课堂上的那位“根天师”。

改革开放后，年届耄耋的胡根天仍是“奋飞不计年”。他不顾眼疾，白天接待来访宾客，晚上以神代目，摸索着赋诗、绘画，为各界人士、各团体、各书画展题词。胡根天的同乡、昔日赤社同事、赴法侨居多年的关金鳌登门而至。在胡根天的劝说下，他将珍藏多年的7幅法国名家油画以及自己创作的170多幅作品捐献给了广州美术馆，填补了馆内外国油画收藏的空白。

“晚晴风景好，谈笑未忍归。”韶华虽逝，当年市美培养的学生早已长成画坛栋梁，胡根天亦老怀安慰。唯有羊城的一草一木，仍在牵动着他的心绪。他向来关注美术对城市的价值，并在晚年促成了广州市花的评选。直到生命最后一个月，这位已经完全失明的“九四瞎翁”，仍在口授亲属写下“羊城新八景”的评选意见，为岭南文脉的传续燃尽了最后一点光。

如今，曾为市美校舍的人民公园，已从荒原变得草木葱茏。胡根天亲手栽植的现代美术教育体系，也早已长成一棵参天大树。当年那些热血沸腾的海归青年，在这茅篷校舍许下共拓“艺术天国”的庄重誓言，如今这里仿佛仍在飘荡着久远的回音。

本文参考了戴胜德《胡根天传》、胡楫《胡根天先生战时绘画》《赤社新风引在前》《广州沦陷时期的胡根天》《广州市立美术学校十七年》、陈滢《胡根天：广东现代美术的启蒙先导》、汪铭珊《胡根天老师的业绩》、广州市文史研究馆编《胡根天文集》等文献。

他是华南美术教育的启蒙先导

受访者：研究员、广州艺术博物院原副院长陈滢，胡根天学生吴子复之子、广州画院二级美术师吴瑾，胡根天之子胡楫

他是华南美术教育的启蒙先导

20世纪20年代的中国，正值新文化运动的高涨时期。蔡元培明确将“美术教育”的普及，定为国民“文化进步”的一大指标。传播西洋绘画、兴办美术学校，也就成为这个时期美术运动的主要潮流。

赤社美术研究会与广州市立美术学校就诞生于这一时期。它们分别是20世纪前期广东成立最早、规模最大的西画社团和美术学校，前者作为广东油画的中心长达14年，后者则成为“华南现代美术的摇篮”。这两所对华南现代美术具有里程碑意义的艺术机构，都离不开它们的创立人——胡根天。胡根天是华南美术教育当之无愧的启蒙先导。

谈创新

他将广东人带进了西画的堂奥

南方日报： 胡根天在他的童年与少年时代受到了哪些艺术启蒙因素的影响？这些因素与他侨乡背景的身份有什么关联？

陈滢： 胡根天的家乡开平是广东有名的侨乡。侨乡的教育比较发达，接受外来的资讯也比较丰富。胡根天生活的年代，又恰恰处于新旧交替的节点：他接受了20世纪第一批新式学堂的教育。当时学校的“图画教材”来自日本，内有不少“洋画”。胡根天还接触到了很多西方的翻译小说和梁启超、孙中山等人主

办的报刊。这些新思想催迫他走出国门学习西画。值得一提的是，胡根天家族的华侨背景，也使之有了更为广阔的视野。他的父亲没有强迫他结婚、传宗接代，反而同意胡根天将结婚用的钱拿去留学。父亲开明的支持，让他走出了美育事业关键性的一步。

南方日报：不少同时代的画家都有东渡求学的经历，胡根天在日本的留学生涯有什么特点？这给他日后从事的美育事业带来哪些影响？

陈滢：当时很多在日本求学的中国画家都是“游学”，并未接受正规和严谨的学院式教育。胡根天却走进了日本最高的美术学府——东京美术学校。这里是日本西洋画中心。学校的教授很多是从欧美留学归来、在日本油画界鼎鼎有名的泰斗级人物，如黑田清辉、藤岛武二。胡根天不但在这里了解到西方艺术的源流和发展趋势，还在此接受了完整而规范的西方学院教育，而且大量接触到当时西方画坛最新潮的印象派油画。这种经历决定了胡根天的办学视野很高，他创立的市美完全采用了与国际接轨的学院体系。

南方日报：胡根天开创市美有哪些划时代的创举？这些创举对中国美术教育的近代化带来哪些作用？这一过程又遭遇到哪些困难？

胡楫：市美成立前，广州的西画教育可谓一片空白，画匠普遍都没有受到严格的美术训练，学校也不设美术课。胡根天将东京美术学校的教育体系移植回国，用现代的科学方法教授基础技艺，设置了系统、规范的课程。他还专门派人到东京订制了十多个石膏像，确保素描课程的规范化。这些举措对西画和国画教育的现代化，都带来非常深远的影响。胡根天还特别设立了艺术师范系，培养了大批中小学校的美术教师，为普及美术教育做出了贡献。

胡根天对美术教育的坚守，可谓困难重重。第一届市美的毕业生很多人连工作都找不到，能到小学做个体育老师已经算是非常体面的工作了。当时美术受到外界干扰也很严重，在广东举办第一次全省美展时，甚至还有落选者怂恿军人持枪闹事的闹剧。但即使在这样艰难的条件下，胡根天还是顶住各种压力，坚持了美展应有的艺术原则，为日后广东美术的发展奠定了良好的基础。

谈学风

兼容并蓄为革命美术提供土壤

南方日报：胡根天与当时岭南画坛的不少名流都有交集。在百家争鸣的局面中，胡根天持有怎样的立场？

吴瑾：胡根天的艺术理念，非常应合蔡元培“兼容并包”“以美育代宗教”的思想。当时的岭南画坛各派，都将胡根天视为一位德高望重的宽厚长者。他从中起到团结不同力量的作用。当然，在20世纪40年代后期，胡根天与岭南画派之间的关系一度有些微妙。他在《新国画的建立问题》《新国画与折衷》等几篇文章中都对“折衷派”提出一些批评。但与国画研究会的论争不同，胡根天更多是立足于学院派的角度来看待问题。他认为艺术应有独立的地位和明确的标准。当他使用西方现代美术的视角进行评判时，就看不惯商业气味浓厚的外销画，“折衷派”的作品也未能达到他的艺术标准。这也能说明为什么当时市美吸收了很多现代派和传统派的画家，“折衷派”却长期没有走进正规教育体系。

南方日报：作为“华南现代美术的摇篮”，市美何以成为一批新锐前卫的美术家的诞生地与美术思潮的策源地？这与胡根天本人的美学思想有何关联？

吴瑾：在胡根天的领导下，市美是一所兼容并包、学术自由的院校。各种不同甚至对立的画风，都能共处一堂。胡根天本人受到现代主义的直接影响，请了关良、何三峰、谭华牧等现代派画家到市美任教，但他也没有排斥冯钢百这样倾向古典主义的传统油画家。胡根天也没有因为自己本人是西画家，而贬低传统国画的价值。一有条件，他就在市美成立了中国画系，体现出他对中西美术的包容。

另一方面，市美与当时的社会变革也结合得相当紧密，学生们很容易接触到社会的各种新锐思想。他们甚至比前辈更有热情、冲劲和反叛性。当时报纸上就有不少反帝漫画是以市美的名义发表的。胡根天还介绍关良、伍千里投身北伐宣传活动。这种风气使市美不再是一所单纯的艺术院校，而成为前卫的革命美术策源地。

谈价值

为现代美术启蒙倾注一生心力

南方日报：作为最早从日本学习西方现代美术的一员，胡根天的艺术价值却甚少被人言及，这是出于什么原因？

陈滢：胡根天一生都将主要精力投放在现代美术的启蒙上，而油画创作需要相当多的时间，这使得他无法在油画领域里长期潜心研究探索，这也是他后期回归传统书法和国画的原因。但我们从现存的一些作品影印件可见，胡根天早年的油画颇近印象派画风。所以，胡根天的艺术思想一点也不守旧。然而，令人遗憾的是，他所有的早期油画几乎都在抗战期间毁于一旦，导致我们无法真正认识他的油画面貌，也无法对之进行深入评价。

南方日报：胡根天晚年离开了美术教育系统，转到文博系统工作。是什么原因导致他的转型？如何评价他在文博领域的贡献和地位？

陈滢：1949年之后，苏联模式的教学体系、徐悲鸿的西方写实主义与延安鲁迅艺术学院的思路，主导了中国整个的美术教育。在这种情景下，胡根天留日学到的那一套体系已经不能适应时代需求。而且，早在1949年之前，胡根天就已经离开高等美术教育体系了。他是被迫走的，因为市美牵涉到太多的官场倾轧。

至于胡根天在博物馆系统工作的成就，无疑是值得后人尊敬的，尽管当时为他提供的空间和条件是那么的有限。更令我们敬佩的是，胡根天毕生对美术教育的热情一直未减，他晚年创立广州文史夜学院便是一例。总之，胡根天将油画引入了广东，开启了现代广东欣赏油画的风气，奠定了广东现代美术教育的基础，培养了大批的美术英才，他作为广东现代美术的启蒙先导，永垂史册。

作品欣赏

点评人：研究员、广州艺术博物院原副院长陈滢，广州画院二级美术师吴瑾

《小妹》

点评：《小妹》大约作于20世纪四五十年代，尺幅较小，是不经意之作。画中小儿的目光对外界充满好奇却略有羞涩的样子，让人想起躲在大人后面怕羞的小孩，其时代感和生活气息在不经意中表露无遗。画面用光色的冷暖对比将人物表现得质感充盈，温雅柔和而偏于质朴，含蓄内敛却更加耐看。

《柳塘》

点评：胡根天是广东现代油画历史上较早活跃的一位有影响的写实派油画家。但遗憾的是，他早期的油画今天已很少见到，只能在仅剩的一两幅印刷品之中窥探其面貌之一斑。胡根天的油画以郊野风景为主，如树荫、池塘等等是他常画的景物。现在能看到的他的早期油画有发表于1933年的《柳塘》。从印刷品上看，胡根天对油画写实技巧的把握是有一定功力的。在油画的画肌结构中，胡根天特别注重笔触的作用，他用粗硬的笔触描绘树木，把阳光照射下斑驳的树梢、树枝、树干表现得很有趣味。他又用减弱的笔触、稀薄的颜色画水中的倒影，画远景时再逐渐减少笔触使其虚化，并推向远处。不同的笔触和颜色稠度表现出不同景物的形体与质感。据一些赤社学员回忆，胡根天当年还有一些风景画细点密集，颇近后期印象派的点彩法。

《兰圃幽香》

点评：胡根天晚年转攻中国画，以山水和花鸟画为主。胡根天的花鸟画多以梅、竹、兰、菊为题材。这几种花卉的人文属性，如“凌霜傲雪”“虚心劲节”“清雅脱俗”“贞志凌云”等，成为胡根天崇尚的人格道德的象征。胡根天80岁时创作的这幅《兰圃幽香》是其花鸟画中的巨幅佳作。该画以著名的广州兰圃为题材。画面上奇石嶙峋，曲径通幽。在熹微的晨光之中，大片的兰花葳蕤披拂，一只羽毛斑斓的小鸟在引吭高歌。其景物清新淡雅，笔墨精细繁密，意境超旷空灵。胡根天的花卉画是其人格特征最生动的写照。胡根天是广东文化界德高望重的长者，熟悉他的人都认为，他的人品性格宛如他笔下的梅、竹、兰、菊那样，高洁淡泊、挺拔坚劲。

丁衍庸：

从『东方马蒂斯』到『现代八大山人』

“东方马蒂斯”与“现代八大山人”，这两个看似矛盾的头衔，不仅将丁衍庸的一生大致以1949年为界划为两大阶段，更悄然呼应了20世纪中国美术史上的两股重要潮流。

20世纪初，东渡扶桑求学者日众。李叔同、胡根天、陈抱一、谭华牧、卫天霖、丁衍庸等个中翘楚，将崇尚个性及主观表现的后期印象派、野兽派、立体派等欧洲现代主义画派大量输回国内，在中国美术现代化历程中扮演了开拓者的角色。

另一方面，当时的画家譬如徐悲鸿、刘海粟，还有与丁衍庸并称“广东三杰”的林风眠、关良，出于改造、移植、调和中西等目的，更择丹青是普遍现象。丁衍庸早年曾是野兽派在中国传播最积极的推动者，而后却以明末清初八大山人为楷模，踏上回归传统的道路。

陈伟安、郎绍君、高美庆等研究者分析指出，丁衍庸终身保持中西艺术各擅胜场、双线发展的轨迹，在不同领域都形成了富有强烈个性的绘画风格，表现了“中国艺术家独有的性格”（比利时汉学家李克曼语）。

此外，其晚年诗、书、画、印合一的全方位成就，在近百年的中国艺坛并不多见。对于传统水墨博大精深的体系，丁衍庸在整体性继承以及“登堂入室”的回归基础上，实现了创造性的、有价值的超越和突破，为“横的移植”与“纵的继承”相结合、创建民族新文化的发展趋势做出了有力的阐释。

百年双喜 特约
世纪广东美术家
现代性与地方色彩
丁衍庸
从“东方马蒂斯”到“现代八大山人”
负笈东京 迷茫时“邂逅”马蒂斯
走上“东方色彩”的大道
名震沪穗 “艺术界新飞来的一只燕子”
香江失意 自叹“笔底明珠无处卖”
陶情西母 “笨拙于世”，唯对画痴
百年新火 世纪风范 广东中烟工业有限责任公司特别鼎献

负笈东京

迷茫时“邂逅”马蒂斯

这是一幅诞生在90年前的《自画像》：一名卷发丰隆、浓眉大眼的青年身着黑色礼服，在镜子前侧脸示人，神情严肃。粗豪遒劲的线条，热情洋溢的色彩韵律，尤其是画中人眉目间的睥睨之态，显示出一股初生牛犊的傲气。

这是1925年23岁的丁衍庸留给母校——东京美术学校的毕业

作品，也是他迄今为止存世作品中最早的一幅。

“1920年的秋天，我刚从中学毕业出来，我那时才18岁，为少年的幻想和野心所驱使，就不顾一切地逃到东京去习画，这个可算我艺术生活开始的时期。”

丁衍庸自幼就因绘画才能出众，甚得父辈器重。在曾赴东京帝国大学农学部求学、日后成为“中国稻作学之父”的族叔丁颖的鼓励下，刚刚成年的丁衍庸抱着将来“回国从事美术教育，服务于国家民族”的宏愿，踏上了东渡之途。

抵达东京后，丁衍庸先学习日文，又在川端画学校补习素描，翌年9月考入日本最具规模的高等艺术学府——东京美术学校西洋画科。在校期间，他受到了严格的、系统化的学院派训练，包括石膏像、人体、静物与风景写生等。由于西画根基尚浅，预备仓促，他的成绩一度在同期留学生中垫底，不免心生烦恼，“对自己、对艺术本身都起了怀疑”。

丁衍庸每日攻书不倦，参照安格尔、德加的作品苦练素描，又以印象派为范本钻研色彩运用，成绩逐年攀升，第四学年结束时跃居留学生首位。但是，他日渐发觉讲求严谨、精准的写实主义画风非其所欲。“像这样拘滞在物形方面来探求，不知缚束了几多作者的心情……把人类固有的坚强意志完全都抹杀了……是很可悲的事情。”

1922年，丁衍庸在东京举行的第一届“法兰西现代展览会”上，得以一睹塞尚、马蒂斯、高更等大师的真迹。两年后，他的一幅取法后期印象派的静物油画《食桌之上》，从2500件竞争作品之中脱颖而出，入选1924年日本第五届“中央美术展览会”，是唯一获选的中国留日学生作品，令师生们刮目相看。

但展览当中真正让他一见倾心的，却是野兽派元老马蒂斯。那些老辣而简约的布局、斑斓的油彩交响、叛逆狂热的视觉呈现，让这个在漫漫求索中急于拨云见日的年轻人仿若醍醐灌顶。从他的另一幅毕业作品《化妆》（仅存黑白小照）来看，裸女梳妆的主题，具有装饰趣味的、活泼柔媚的造型，平面化的处理手法，虽不成熟，但已依稀可见马蒂斯的面目。

名震沪穗

“艺术界新飞来的一只燕子”

由于第五年毕业创作后不必留校，丁衍庸得以于1925年秋天提前回国。此时，在沪上，引进西洋艺术及教育模式、改革中国绘画传统的“新艺术运动”方兴未艾；在广州，与他师出同门的学长胡根天、陈丘山等，早在1921年10月就联合留美、留欧同人，成立了广州第一个研究西洋美术的社团——赤社，揭开了广州“洋画运动”的序幕。

然而，辗转沪、穗教授西洋画的丁衍庸，在国内美术界貌似一片炽烈、雀跃的空气中，体会到的却是“贫弱”与“恶劣”。他坦言：“非常厌恶他们（学生）描写得和标本一样的手法，一点没有艺术的意味。”1926年春天，他带学生去杭州写生，见学生们画来画去，“不是湖心亭，就是三潭印月”，千篇一律都是“纪念式”的题材和手法，毫无“情趣”，因此“气得要命”。

1928年秋回到广州后，他又痛感与相片无异的布景画、月份牌之类，借“洋画”之名大行其道，斥之为趣味低下的“恶性毒质”。

出于对近代思想和学术“变本加厉”的怀疑，丁衍庸深信中国艺术的出路在于“复归于原始”。他极力称颂马蒂斯的艺术“极力主张还原”，形式如儿童般“单纯”而又“稚拙”，内容却“广大”而“复杂”，寥寥数笔却意味无穷。

怀着“决心想将中国陈腐的艺坛变换一下”的雄心壮志，丁衍庸在身兼多校教职之余，日夜伏案，“极力地在线条上做功夫”，频频与陈抱一、关良、陈树人、高剑父等志同道合的艺术家结社办展。1929年4月，“第一届全国美术展览会”在上海举行，丁衍庸与林风眠、刘海粟、徐悲鸿分别代表华南、华东、上海及华北参与筹备。对于他的参展作品——油画《读书之女》，胡根天赞其“流畅的笔致，表现的大胆……令拘谨的观众惊倒”，不过因画中表现的是有闲阶层的恬静少女，且只得一幅，故而又含蓄地表示“未见得令人深感”。

关于这一时期他革故鼎新、不惜被人当成“洪水猛兽”的抱负及画风，由于原作散佚，只剩下沪、穗美术同侪的争议聊作字面上的见证。上海决澜社的发起人之一倪贻德将他喻作“艺

丁衍庸毕业作品《自画像》，东京艺术大学美术馆藏

术界新飞来的一只燕子”：除了“竭力在线条上做功夫”，用色上更是得心应手——“绚烂而不刺激，鲜艳而不庸俗”，富于一种明快的“清凉味”。

同样投奔野兽派门下的广州画家吴琬却批评其作品无论油画、水彩，均笔触未纯，“火气太大”，欠缺内蕴。不过，“虽然不耐咀嚼，也能够给观众一点爽快”，比起像摄影翻版一般的平庸之作，已“高出万万”。

羊城蜕变

走上“东方色彩”的大道

根据倪贻德的记述，丁衍庸一度凭借其“笔势飞舞、色彩夺目”的油画作品，“相当地轰动了上海的文艺界”，却不知何故渐渐失去了“蓬勃的朝气”，迷上了水墨文人画。

契机发生在1928年底，丁衍庸回穗加盟广州市立博物院筹备委员会，负责美术部藏品征集工作。这让他有机会全面接触中国书画、篆刻艺术，为其艺术转型埋下了伏笔。

丁衍庸曾明确表示，自己“复古”的初衷，是“很想把中国画的线条和墨用到西法画上”。20世纪30年代至40年代前期，他仍以油画创作为主，即使在抗战救国的大环境中，写实主义渐成大势所趋，现代主义美术思潮屡遭抨击，他依旧不为所动，纯以抒发性情、自适其意为原则。

而他开始大量创作水墨画大约发轫于1946年担任广东省立艺专校长之后。除了受制于战后物质条件匮乏，民族意识因抗战而激发，与兼采中西的林风眠、关良的交往等因素之外，归根结底，是“学然后知不足”的自我突破欲望使然。

他在《八大山人与现代艺术》一文中写道：西方艺术正在一片混乱中“走到了一个死胡同”，从“过于写实”落入“过于肤浅”。而东方艺术“注重精神底表现，不斤斤于形式”“具有无限的发挥空间，反而显得更为优越”。

在他看来，300年前的八大山人就凭其衣披百代的“创造性”和“着重精神表现”，为中国奠定了“现代艺术精神的基础”。1961年，他在回忆战前所收的第一件八大山人作品《竹石翠鸟》时，依然清晰地记得那幅画给他带来的震撼：三两笔画一石，石开八面；竹梢新叶四五片，衬得石崖愈见深远；石上翠鸟昂首天外，极为生动，“使你不能不做‘男儿志在四方’，一思振作呀！”

于是，他决心“转向中国艺术的体系和中国固有文化精神方面去找寻新的知识和新的技法……走上‘东方色彩’的大道上，才有发展的希望”。

省立艺专的学生给丁衍庸起了一个绰号“洋八大”。以关良所藏《竹石图》等丁衍庸早期花鸟水墨作品为例，简笔写意，风骨秀健，石若铁，松成虬，造型、笔法明显感染了八大山人、吴昌硕、齐白石“金石用笔”之余绪。1946年为巴黎参展所作的《蕉蛙图》落笔纵恣奔放，设色鲜明畅快，蕉下两蛙对望，一派生机跃然纸上。

丁衍庸与第一任妻子莫素文合照

值得一提的是，丁衍庸在主持校政期间，还排除万难，多有建树，获得了“启钥民智”的表彰：一是将学制从两年改为三年，以收专学之效；二是以光孝寺为永久校址，添置图书教具，更不惜捐出私人藏书数百册；三是敦请庞薰琹、马思聪、杨秋人、谭华牧等艺界名流来校开讲。他与时任南中艺专校长的高剑父“交换校长”授课一事，传为美谈。

香江失意

自叹“笔底明珠无处卖”

1949年，因局势动荡，丁衍庸于广州解放前匆忙告别家人，只身赴港。此后因两地隔绝，30年余生都在形影相吊的凄清与漂泊之中度过。

寄居香港的丁衍庸举目无亲，经济窘迫，起初只得在道庵赁房居住，后在德明中学、诸圣中学等地任教，四处搬迁，常年蜗居于天台斗室。他把原名“丁衍镛”当中的“镛”，去掉“金”字旁改成“庸”，以示自己一贫如洗，无财无势。

在香江艺坛，这位昔日的艺专校长、画界先锋，在很长一段时间遭到冷落，画作乏人问津。他曾在多幅山水画上题“山也零丁，水也零丁，孤帆来去总零丁”，又借徐渭的诗句自叹：“笔底明珠无处卖，闲抛闲掷野藤中。”此时，对于八大山人、石涛等人的坎坷际遇他更加感同身受，进而通过创作深化了这种隔世的共鸣。

高美庆、郎绍君等学者指出，丁衍庸贵在融化前人，“学而能变”。譬如画花鸟鱼虫，能将八大山人的荷花、徐渭的葡萄藤、吴昌硕的瓜棚、齐白石的虾蟹挪移借用，窥诸家堂奥，却又能自出机杼。丁衍庸进一步发扬了八大山人简率、夸张的倾向，一抹成山，一笔画猫，近乎信手涂鸦，却能将“鸟如欲动，花低迎风，叶分向背，老树斜枝，一一表现于毫褚之间”。八大山人画中的鸟兽一律白眼向天，奇崛冷傲，而丁衍庸笔下的青蛙大头凸眼，少了一分“墨点无多泪点多”的孤愤，多了一丝童心和谑趣。

又如画戏曲人物，许多评论家一致认为关良的《捉放曹》《凤姐》形神兼备，而丁衍庸的《西游四圣》《霸王别姬》则逸笔草草，藏巧于拙，于马蒂斯式的稚拙、变形之中寓人生百味。有人打过这样一个比方：如果说关良是坐在台下“看戏”，那么丁衍庸则是一边喝茶一边“聊戏”。

此外，丁衍庸也常画摩登女郎、小丑、牛仔，还喜欢将三界神魔与西洋裸女并峙一幅，配以市井口语的“打油诗”，调侃物欲至上等世风乱象，颇具漫画的讽喻功能，又带有大众娱乐时代的荒诞喜感。

20世纪50年代，他的油画创作一度中辍数年，60年代初始重拾画笔，此时的油画吸收了毕加索旺盛的生命力和奇思妙想，喜用冷峭、斑驳的底色，透出一股含蓄、幽沉的东方韵味；多采用平涂单勾，明显受中国书法、篆刻的浸润，有时以刀代笔，造型更趋凝练、抽象。有时一题二作，以油画“戏仿”中国画之人物、花鸟、山水，流露出游戏古今、出入中西的逍遥心态。

囿于收入拮据，丁衍庸经常在画布上重复作画，一幅盖一幅。旁人为之惋惜，他却声称，自己只是把不满意或平平无奇的作品淘汰掉罢了。“你看，马蒂斯那幅《罗马式罩衣》，一直画到第13幅才满意。我一向认为，对老婆要专一，对艺术研究要锲而不舍，对自己的作品要贪新忘旧，才有进步。”

抱憾而终

“笨拙于世”，唯对画痴

20世纪20年代末起，丁衍庸就开始深研二王、张旭、怀素、米芾等人的书艺，每日洗砚临池，心慕手追。尤以草书见长，龙翔凤舞，参差错落，甚有徐滑“舞秃管如丈八蛇矛”的遗风，绰约之中不失缜密的节奏。

与书法不同的是，丁衍庸年近六旬才开始治印。他纯以殷周及先秦古玺为依归，被誉为“400多年以来第一个全面摆脱汉印规范的篆刻家”。其作品线条苍劲古拙，结构佳妙灵活，饶宗颐赞之为“浑朴绝伦”。他既能“以画入篆”，把“苏三起解”等人物形象镌刻成印，又可“以篆入画”，将远古文字、印章图案引入油画，神秘、蛮荒的初民气息令人浮想联翩。

与丁衍庸共事多年的陈士文，曾用“画如生龙，人似猛虎”来形容其人其作。他“什么功课都能教，什么画都能画”，看似得天独厚的才气，其实来自勤勤恳恳的锤炼。六七十岁照样天天作画，一画数十幅，从不打草稿。

在弟子莫一点印象中，老师为人豪爽、随和，课堂上不拘小节，一面烟不离手，一面挥毫演示，画完便当场赠给学生。他常告诫学生作画要正心诚意，脚踏实地，尤戒贪念，不为势趋，谨记“良禽择木而栖”。

他不肯靠绘画“捞油水”，也不屑于结交权贵，一生“笨拙丁世”，唯对画痴。年轻时曾经为了求得一幅八大山人的墨宝，天寒地冻之时不惜以大衣抵不足之数。治印时兴起则刻，刻完即钤，如有不善，马上修改，还会反复敲打或抛掷印章，以增添破损的古味，哪怕通宵达旦也要到满意为止。

“痴”的另一面是“狂”。丁衍庸曾多次在画上题诗云“八大无此狂，石涛无此胆”，又自诩“笔墨淋漓甚，潇洒似坡公”。他生性自负，喜欢当众表演作画，尺幅越大、观众越多越有灵感，“在一片叫好声中，画兴更浓”。

20世纪70年代在香港中文大学艺术系就读的作家黄易，曾经目睹过丁衍庸绘制巨幅国画《同舟共济》时的情景：一条长阔各十多尺的空白画纸，铺在由十多张长画桌组成的大桌上，然后“丁公施施然的来了，口角生春里谈笑用兵，以他半调侃、半吹嘘的方式，惹得阵阵哄堂大笑下，不费吹灰之力便挥笔成像，写下一幅《扒龙舟图》。人人叹为观止，我则看呆了眼”。

丁衍庸与香港中文大学艺术系学生在郊外写生，摄于20世纪60年代初

1976年夏天，在家中接受记者访问的丁衍庸仍没有半丝老态，笑声洪亮，有问必答，谈及“五十年的修为”“怡然自得”。他说：“如果我自己觉得已有成就，那不如现在就死了，省得多糟蹋米饭……一天不死一天仍然要努力。”

莫一点记得，丁衍庸一向身体健康，有一天，他在路上遇到有人派发镇痛贴，想来想去，觉得自己唯有钱包有问题，索性就把镇痛贴一直贴在了钱包上。1978年12月13日，莫一点突然接到老师电话，当时他声音沙哑，气喘如牛。他一边苦笑着安慰弟子：“画画的人很长寿，你不用担心。”一边约定次年元旦返回广州，见一见久别的家人。

十天之后，丁衍庸长辞人世，30年回乡之愿终成泡影。

本文参考了陈伟安《追寻丁衍庸在广州的艺术踪迹》、岭南美术出版社出版的《丁衍庸艺术回顾文集》（2009年）。

跨越东西　融合古今

跨越东西　融合古今

忆述者：丁衍庸大女儿丁露茜，广州艺术博物院院长、著名美术评论家陈伟安

据弟子莫一点回忆，1949年丁衍庸原本打算安顿妥当及找到工作后，便接家人来港共聚天伦，不料来港不足一月香港封关。他做梦也没想过，与妻女在广州码头的匆匆一别竟成永诀。

“青门旧业在，零落种瓜人。”去港之后，丁衍庸改名“丁鸿”，取“鸿雁南来”之意。在30年漫长的独居生活中，丁衍庸只能靠相片、书信和创作慰藉思乡怀亲之情和羁旅伤感。他有过两段婚姻，育有5个女儿。每遇到困境或思念家人时，他都爱画罗汉，希望借此排困解难，祈盼与家人早日团聚。为了几个女儿，他在事业和个人生活上选择了牺牲自我。通过其弟子和女儿的回忆，我们看到了一个独在异乡却依然默默守护亲情的慈父形象。

南下之际，丁衍庸将前半生的心血创作及收藏的书画文物，随同家眷运返家乡。20世纪50年代初，丁家受到冲击，画作被毁。后半生颠沛流离的磨难不仅深刻地影响了他的创作，也在客观上造成了内地与香港两地对其艺术成就认知上的长期隔膜。

生活中的丁衍庸

以身作则，耳濡目染

据丁衍庸大女儿丁露茜回忆：抗战时期，父亲去了重庆工作，1946年，他回到广州，把我们从茂名老家接过来相聚。那时我读小学六年级，我与父亲的相处主要就是在广州生活的那几年。

在我的印象中，父亲比较严肃，有一种天生的威严感。但是他很少教训我们，而是在待人接物方面以身作则，让我们耳濡目染。

生活中的父亲非常勤奋，从来不打麻将，也不喝酒，大多数时候都是在家里看书、画画或者把玩印章，有时他会叫我在一旁帮他磨墨。他也是一个十分节俭的人，广州人很爱喝早茶，但是父亲怕破费，一年去茶馆的次数屈指可数。

听母亲说，父亲是一个朴实诚恳、不耍手段、总是为他人着想的人。他总是把自己画得最好的画送给别人，从不吝啬，反倒是家里人，没有留下他太多的画作。他最喜欢吃的水果是芒果，也总是把好的都留给家人，坏的就留给自己吃。只要别人有求于他，他通常都乐意应允。但是有一次，有人找他伪造几幅八大山人的画，被他果断拒绝。

虽然他不善言辞，实际上他很关心我们的生活和学习。记得有一次，我晚上在家里练字，一回头，发现父亲正站在我的身后看得津津有味。当下，他便大声吩咐家人到街上去买了一碗馄饨面来给我吃，鼓励我继续努力练字。

他把我送到当时广州的重点女子中学就读，希望我中学毕业之后能够进艺专学习。他教学生绘画的时候，就让我站在旁边一起学习，看他怎么用墨和作画。但是他很少直接教我怎么画，只是让我自己去感受和领会。虽然我没有从事艺术事业，但父亲培养了我对艺术的感知和欣赏能力，让我能从中得到快乐和幸福，这也是我很感谢父亲的地方。

为女儿放弃再婚和发展机会

1949年，父亲南下去了香港，直到1978年逝世，都没有再和我们团聚。母亲在世的时候，与父亲偶尔有书信往来，父亲在信中多次表达过回家的意愿。在生命中的最后阶段，他还在想办法希望能回家和我们团聚，这件事也成为了父亲和我们一生最大的遗憾。

即使相隔两地，他对我们的牵挂和爱护从未改变。为了不给我们惹麻烦，他总是以学生或者香港亲戚的名义，寄钱和物资接济我们的生活。当年父亲在香港发展得并不如意，曾经有人邀请他到台湾去发展，但是父亲拒绝了，原因就是如果他去了台湾，就会彻底断了和大陆的联系，考虑到几个女儿还需要他的照顾，父亲做了他最本能的抉择。

另外一件事是父亲在香港中文大学的同事告诉我们的：母亲在20世纪50年

代因病去世以后，父亲终身未娶。并不是因为没有人愿意嫁给他，只是他担心再婚之后，经济上会受到控制，那他就不能保证自己女儿的生活了。

我个人认为，香港是父亲艺术生涯的一个重要节点。父亲一直是一个坚强而努力的人，环境的艰难和生活的打击，不会消磨他的意志，反而因为他不用去迎合和应酬，给了他更多钻研艺术的时间和空间。去了香港之后，他的艺术视野更为开阔，创作题材更加丰富，之前从未涉及的人物画也十分出色。因此，我认为，香港时期的父亲是一直在进步的，这也得益于他对艺术事业的执着追求。

丁衍庸在创作

丁衍庸留下的文化遗产

在美术史上的地位

丁衍庸在美术史上的地位可以从几个方面来谈。首先，他是近现代中国美术史上的著名美术教育家。在20多年教育生涯之中，他曾任教于多所大学的艺术系，培养了大批优秀的美术人才。同时积极推动中国艺术现代化改革，致力于开展西画新运动，为当时暮气沉沉的中国画坛注入了一股新的活力。1946年，丁衍庸迎来其艺术教育生涯的最高峰，担任广东省立艺术专科学校校长。他在3年任期内，把培训性质的省立艺专转变为真正意义上的艺术专科学校。

美术成就方面，在近百年中国美术中西融合的时代潮流中，他开创了一代新风，为中国美术走向世界、走向未来做出了巨大贡献。他在继承中国古代绘画大师笔墨的基础上，把西画大胆的色彩、西方现代艺术的造型观念，与中国古朴稚拙的篆刻艺术和书法艺术等都融入到绘画艺术之中，将中西艺术的精粹都融会贯通，共冶一炉，形成了自己独特的艺术风格。

最后，丁衍庸是岭南地区博物馆事业的先驱。1928年筹建广州博物院（即现在的广州博物馆），丁衍庸作为文化部的负责人，非常有远见地提出了美术作品收藏的三个方向：一个是收藏当代艺术名家的作品，二是收集中国古代和东方国家的艺术家作品，三是收集欧美国家的艺术作品。当时，他发挥自己在全国艺术界的影响力，收集到了包括高剑父、徐悲鸿、刘海粟等一大批活跃于当时画坛的艺术大家的艺术作品，为广东的博物馆事业做出了重大贡献。

艺术与人生的关系

丁衍庸的人生非常坎坷，评论家姜子霖曾经用三句话概括性地形容了他的一生："少年得志，中年失意，大器晚成。"他一辈子经历过事业的辉煌、人生的苦难和离乡的寂寞，正是由于如此曲折的人生阅历，才成就了丁衍庸的艺术。也正是因为他对艺术的执着追求，才能够在辉煌和荣耀的时候不会漂浮，在人生低谷的时候不会沉沦和颓废，在凄凉寂寞的时候，他也不会感到孤独。因此，我们很少在他的作品中感受到寂寞孤独这类情绪，更多的是表现他对生活的热爱、对艺术的追求。

总的说来，丁衍庸是一个非常实在的广东人，又是一个非常纯粹的文化人和艺术家。面对人生的苦难和困境，他没有怨天尤人，也没有愤世呐喊，而是以艺术表达情感，默默地钻研绘画，因而成就了丁氏艺术。

由西入中的启示

20世纪二三十年代，岭南画派代表人物高剑父、林风眠等，在中国经历社会变革的时期，纷纷提出"折衷中西、融汇古今"的口号，希望通过中西结合寻找一条中国绘画的改革之路。

但是对于丁衍庸来说，他由西画转向中国画完全是从自身角度出发。他认为，较之注重形式的西画，注重精神的中国画更加优越，自己更适合画中国画。他的目的性不强，也没有刻意追求中西融合，直到后期，他的油画仍然走野兽派风格，而中国画方面则能感受到他对传统中国绘画理念的坚持。他的国画既奇简夸张，又单纯朴拙，笔墨清狂、稚拙而高雅，既有浓郁的中国文人画的笔墨意韵，又体现出强烈的西方现代艺术意识，可谓"跨越东西，游戏古今"。

客观来说，虽然他在绘画题材和绘画技法方面做了自己的创新和改变，事实上他并没有超越马蒂斯和八大山人的艺术成就。值得称道的是，其书法恣肆纵逸，与绘画浑然一体，篆刻方面则独辟蹊径专攻秦印，追求象形，又汲取绘画的元素，意趣天成。他的肖形篆刻更是把中国篆刻艺术推向了一个高峰。

作品欣赏

点评人：陈伟安（广州艺术博物院院长）

1949年，丁氏移居香港是其西洋画创作的分水岭。其时，他已对中国传统艺术有更深的研究和体会，再由中入西，自是另一种境界。丁衍庸到了晚年，已形成了属于自己独特的画风。他那些游刃于东西之间的作品，传达出中国画家要超越国界和文化，与世界同步的艺术理想。

《人像》

点评：此画大胆运用对比色块和强有力的线条勾勒，是野兽派风格的延伸。在这幅人像画中，丁衍庸着重利用主观色彩和线条，以表现画中人物那份肯定的眼神和自信的精神状态。画中的女士造型占满整个画幅，并以黄紫、橙绿等对比色将画面空间分割，无论在用色、构图还是造型上，都能找出丁氏与马蒂斯一脉相承的风格。

《画中画》

点评：蓝色的地砖与大片平涂的橙色墙壁色彩形成强烈对比，充满超现实的味道。独置室内的画架，与架上的一笔猫的油画，墙上挂有标着“17”的日历，加上以甲骨文书写的“羊”字及“三月”，均似有所指，更添画作耐人寻味的神秘色彩。

在继承中国古代绘画大师笔墨的基础上，又融入西方现代艺术的造型观念，尤以人物画最为突出。花鸟画方面，虽似八大山人的形简意赅，但却不像八大山人的孤傲寂灭。丁氏的花鸟世界活泼跳跃，童心满溢，纵情挥洒，随兴所至。

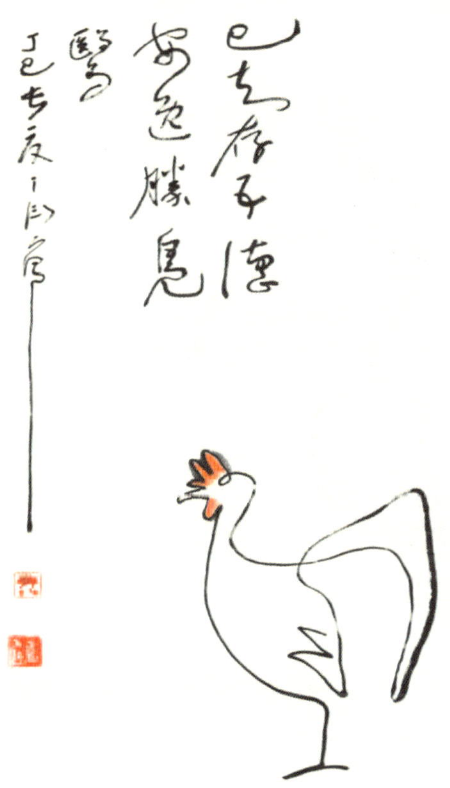

《一笔鸡》

点评：丁衍庸常追求天真童稚的艺术趣味，晚年创作的“一笔画”，便带有浓厚的儿童游戏色彩。这幅“一笔鸡”虽然好像是随便在纸上画几个圈便完成，但细看其笔触的疾徐、提按的轻重、墨色的浓淡变化，以至整只鸡的造型，尽在画家的掌握之中。

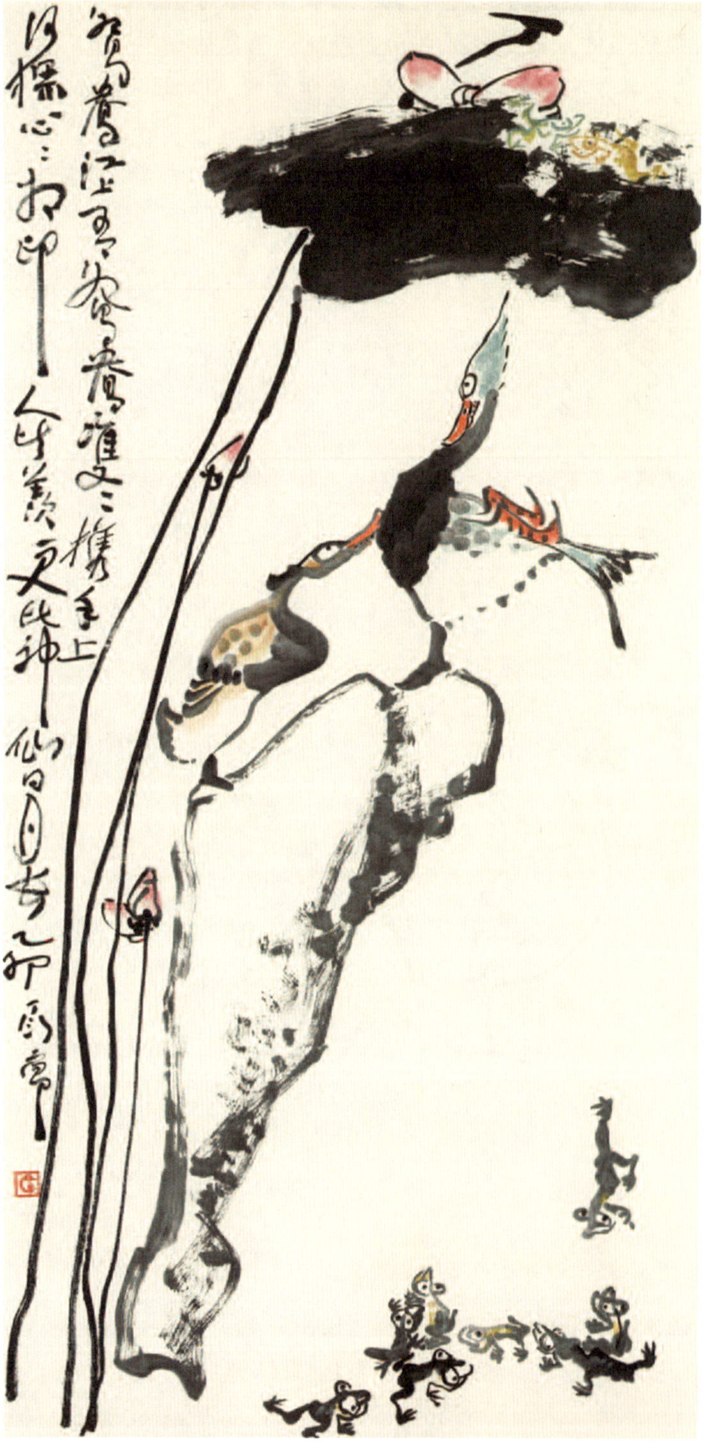

《荷花鸳鸯》

点评：这幅画的布局与造型虽然是脱胎自八大山人的作品，但鸳鸯和青蛙的趣怪模样，却是结合了齐白石那种童真稚拙的画风。鲜艳生动的画面，更具有吴昌硕的绘画神髓。寥寥数笔勾出的青蛙，造型独特、生动活泼，则是丁衍庸所创。从此可见，丁衍庸的水墨花鸟画虽然深受八大山人的影响，但他绝不只满足于形式上的追摹。

丁衍庸治印起步虽较晚，但出手不凡，古今中外，随手拈来。丁氏认为先秦以前的古玺造型变化莫测，蕴藏生气蓬勃的神韵，于是，他一开始就抛开以汉印为宗的传统，而直接师法殷周先秦古玺。章法方面，以自然为宗，极少见对称均衡的安排，反受汉人急就的将军印影响，于粗头乱服之中，别有飞扬神采。刀法方面，一笔一刀，亦有别于一般的篆刻家。丁衍庸的刻印，大胆以画入篆，即以绘画的题材、构图、造型融入篆刻之中，直接雕刻成印，妙趣横生，充分反映其艺术已超越了媒体与题材的局限。

《丁虎》

《丁衍庸》

梁锡鸿 赵兽：

恰似飞鸿踏雪泥 痴狂一梦野兽派

近代美术史“失踪”的前卫者

近代美术史“失踪”的前卫者

赵兽 痴狂一梦野兽派

梁锡鸿 恰似飞鸿踏雪泥

广东中烟工业有限责任公司特别呈献

1985年即农历乙丑年，是中国美术史上一道重要分水岭。“85美术新潮”风起云涌，这一年的《中国美术报》报道了一个被人们遗忘了半个世纪之久的名字——赵兽，美术史上一个“失踪”的前卫者艺术群体得以重见天日。

一甲子恍若隔世，60多年前，早有一帮现代艺术的“弄潮儿”开始登上历史舞台。1935年，来自广东的梁锡鸿、赵兽、李东平、曾鸣等留日学生，在东京成立中华独立美术协会。次年1月，他们在日本东京一家知名的粤菜馆——日比谷山水楼发表宣言，以“超现实主义团体”标榜，誓把以法国巴黎的美术运动为中心的近代画派介绍到中国，掀起一个有革命性的美术运动热潮。

在他们之前，高剑父留学日本提出改良中国画。置身五四新文化运动的洪流，梁锡鸿、赵兽、李东平等留学日本的艺术青年，敏感地察觉到世界美术日新月异的新气象。他们以前卫姿态发振聋发聩之语，以求打破当时中国画坛“冷落的、沉闷的、保守的”局面。当时，法国、日本的前卫画家相继成立了本国的独立美术协会，梁锡鸿、赵兽等引“独立”二字创立中华独立美术协会，在中国推进新艺术。他们打起“前卫艺术的中国代言人”之旗，并在日本举办了中华独立美术协会第一回美展。三人都有自己独特的风格，且都独当一面。梁锡鸿是野兽主义，赵兽是超现实主义，李东平是新野兽主义。

“我们需要的是新时代的绘画！”20世纪30年代，他们在广州出版《独立美术》，呼吁要“把美的主张赤裸裸地在这公众之前呼叫”。此后，在广州、上海、香港、南京举办巡回展。但这种新画风引入国内后反响寥寥，一般人不解其意。1935年底，梁锡鸿、赵兽等同人的纵情演出告一段落，协会解散。

青年们的艺术热情并未被磨灭。“艺术家决不能做孝子贤孙，他们的任务就是捣动社会。”当年在广州颇具影响力的艺术传媒《艺风》主编孙福熙的艺术主张，与这群前卫青年不谋而合。协会成员们在广州创办《艺风》月刊、《良友》杂志，发表译述介绍世界前沿的前卫艺术，从后印象主义的毕加索，到野兽派马蒂斯再到俄罗斯乡土艺术夏加尔都是他们极力推崇的艺术家。

1937年3月，梁锡鸿与何铁华在广州创办《美术杂志》，中华独立美术协会的成员在杂志上发起了一场与官方画家徐悲鸿的论战。《美术杂志》刊出梁锡鸿、何铁华、赵兽等十余人联合署名的文章《质问徐悲鸿》，针对当年徐悲鸿在香港和广州举办的个展，与徐悲鸿展开争鸣，质疑其现实主义创作的深度。

“红叶晚萧萧，长亭酒一瓢。”1937年7月，抗日战争爆发，梁锡鸿、赵兽等坚持的超现实主义、野兽派已不合时宜。这场提前到来的前卫艺术运动，在此后近半个世纪里，慢慢消失于人们的视野。

直到20世纪80年代后，在中国艺术研究院研究员陶咏白等人的美术史“考古”发掘之下，赵兽、梁锡鸿等被人们遗忘了近半世纪的前卫画家，才像出土文物般重见天日。陶咏白对赵兽留下了这样的评价：“赵兽虽然被世人遗忘了近半个世纪，但他却从未忘却社会，他作为艺术家的心始终与时代的脉搏共振动，并始终保持着艺术家对生活的敏感性，以自己的行为方式，维护着这价值取向，不弃不舍，终其一生，保持着一个知识分子的良知。”

2006年、2008年，广东美术馆先后举办“梁锡鸿——遗失的路程”“赵兽——神秘的狂气”两次大展，这两位被遗忘的画家重新走入人们的视野。

梁锡鸿：前卫归平淡只求艺术真味

热衷野兽派，摩登青年露锋芒

1931年9月，一批血气方刚、锋芒毕露的现代派画家，在当时中西文化激烈碰撞的上海成立了中国近代史第一个现代主义油画群体——决澜社。当时就读于上海艺专、来自广东中山的进步青年梁锡鸿在老师倪贻德、庞薰琹的引领下，步入了这个五光十色的梦。他时常流连于上海法租界吕班路的薰琹画室，参加前卫画家们的时尚聚会。

尽管受“新兴木刻运动”影响，也曾寄送版画作品给鲁迅先生，受到鲁迅的赞赏鼓励，但青年梁锡鸿还是选定了一条更为前卫激进的艺术道路：立志用“野兽群的叫喊、立体派的变形、Dadaism（达达主义）的猛烈、超现实主义的憧憬”打破艺术界的衰颓和病弱。遵照老师倪贻德的艺术主张，他决心用“狂飙一般的激情，铁一般的理智，来创造我们色、线、形交错的世界”，“用全生命来赤裸裸地表现我们泼刺的精神”。

1935年，留学日本的梁锡鸿和友人在东京成立了与决澜社主张相近的前卫艺术团体——中华独立美术协会。青年梁锡鸿创作上风格前卫、画风多变，被视为野兽派画家在中国的代表人。受到日本的前卫画家里见胜藏、法国野兽派费拉芒克和鲁奥等人的影响，梁锡鸿创作了一批感性十足的画作。他的作品《少女》中，恣意的笔触和厚重涂抹令人印象深刻。他的创作时而沉溺在恋爱和肉欲中，创作激情变化如鬼神；他笔下的风景，以生猛的节奏让颜色冲撞，画面中浮现音符升腾之感。

1946年7月8日，高剑父、梁锡鸿（右）合影于展览会场

1937年7月，抗日战争爆发。梁锡鸿流亡香港，积极投身抗战工作。他在艺术上不断自我调适，从“为艺术而艺术”，摸索着用超现实主义的艺术服务于战时宣传。1939年，在香港流亡期间，梁锡鸿与何铁华在香港岭英中学创作《建国》，用一种颇为罕见的前卫画风表现抗战。画面中，一位身着中山装的男青年，只身矗立在满目疮痍的城市中，背景以立体图形拼接了城市中的景物：飞艇、战舰、学校、工厂、灯塔、铁桥、大厦……梁锡鸿大胆采用立体主义、机械主义和象征主义等手法表达超现实主义的幻象。

抗日战争结束后，梁锡鸿已过而立之年，他不遗余力介绍西方现代派的艺术。1946年至1947年之间，他在广州《建国日报》的《艺术周刊》《艺坛》等栏目陆续发表译述，系统向大众推介莫第里安尼、毕加索、马蒂斯、米勒等现代主义大师，是活跃在西画创作与理论研究前沿的一位艺术家。

情归水彩画，布衣质朴识真味

1948年，梁锡鸿发表《超现实主义的商榷》，反映了其创作观念的转变，他提出“要站在大众的立场上，重建新的本质作品……发掘人民大众的语言，感受人民的感情，了解人民的心理……完全融化在人民这大洋里面”。

新中国成立后，梁锡鸿在华南文艺学院、中南美术专科学校任教务科长兼副教授，全身心投入到美术教学之中。从20世纪50年代初开始，他陆续编写了《美术用语辞典》《西洋古典雕塑解说》等教材，长期被用作学院的教学参考资料。

此后，梁锡鸿因地主家庭出身，不断遭遇冲击，被打成右派。他被迫离开讲台，他在美院生产科养过猪，在教具组跑腿做过后勤，还从事过人防工作，甚至获得过海珠区捕鼠能手称号。在大家印象里，梁锡鸿总是那么低调、憨厚，无论任何岗位他都任劳任怨，全力投入工作。美院的师生在相当一段时间里，不知道这个勤务工模样的人竟是一位画家。

十里洋场上发型时髦的摩登少年不见了，蜕变为戴着工装帽、穿着朴素的劳动者。梁锡鸿不再热衷于现代派艺术，笔下大多是水彩和风景画，偶尔也创作一些国画山水作品。这些创作既与教学无关，也几乎无人欣赏，只是在家中图一尽兴。有时他利用中午的休息时间，在家中吃饭的木桌旁支起画板，一边吃饭，一边不时地画上几笔。

此时梁锡鸿的创作还包含了劳动过程中的所见所闻，比如沙田农村、农业学大寨以及赶牛车的场景，都以明亮抒情的笔触完成。他在画中往往会勾勒一对母女的背影。在那个动荡年代里，他想借这两个小小背影寄托对妻子和女儿的祝福。

1979年，梁锡鸿正式平反，恢复副教授职称，还被选为广州水彩研究会首任会长。同年8月，广东省美协为他举办了水彩画个展，当时美院的一些师生一度非常惊讶，原来这个“会养猪、擅捕鼠”的老人，竟是一位笔下韵味无穷的水彩画家，更不会想到，他在半个多世纪前曾是一位前卫艺术家。

“闲敲棋子落灯花。”1981年，早年一同留学日本、发起现代绘画运动的老同学何铁华从美国归来与梁锡鸿重聚，同窗老友不禁谈起艺术。目睹同学抽象水墨画的创作，梁锡鸿那痴狂了半生的现代派艺术梦，要死灰复燃了。同年，他的作品《渔歌》被中国美术馆收藏。

“人生到处知何似，应似飞鸿踏雪泥。”短短一年后，梁锡鸿在广州因病去世。女儿梁雅回忆说，梁锡鸿的追悼会上，棺椁要被运走的时候，来了一个戴帽子的老人，对着他的遗体脱帽三鞠躬，此人是中山图书馆的馆长，因为在美术文献里经常读到梁锡鸿这个名字，特此前来与这个一生清贫、籍籍无名的画家告别。当天，在梁锡鸿追悼会上，涌来了近500位他生前的学生和老友与他道别，人们在他的艺术中找到了平淡、纯粹和善良——这些一度遗失的品格。

赵兽：“东方毕加索”痴狂野兽派

1948年梁锡鸿（后排左）与赵兽（后排右）的合照

生无逢世才，一拙心所安

20世纪30年代，因留日学艺，赵兽，这个来自广东珠江流域贫寒的疍民家庭的青年人，投身到一场现代美术运动中，将前卫艺术率先引入中国，并毕生投入到中西艺术的融合之中。

1933年，就读日本大学艺术科期间，22岁的赵伟雄为自己取艺名赵兽。他觉得《聊斋》中的鬼狐精灵有情有义，胜于满口仁义道德的伪君子，因此以“兽”字为名。

几乎与蒲松龄一样，赵兽毕生的创作也是在穷愁潦倒下进行的。“生无逢世才，一拙心所安。”如果说，蒲松龄的写作旨在破除贬志怪为“子不语”小道的俗儒之见，那么赵兽所坚持的超现实主义则是一条与时代主流美术相异的曲径。

赵兽早年留日期间的作品常常以“兽”的面目出现，1934年，他创作《颜》，揶揄赴日留学镀金的国民党政客，手法上借用超现实主义，似人似兽的脸谱颜色恣意，糅入了东方戏剧脸谱。另一幅作品《跳跃吧》借助怪异的图示、色块的组合，呼吁人们觉醒、自主、自强，打破沉闷，做时代的先锋。

虽抱定超现实主义的志向，但赵兽没有放弃用画笔救济国难。抗战爆发后，赵兽在粤北一带从事战时宣传和教育工作。在兴宁，他创作抗日宣传画，编写抗日宣传快报，创作了宣传画《你参加抗战了吗》。画面中，一个士兵举起一支枪，上面附有标语：“你参加抗日救亡了吗？”据说，这幅画促使了粤北的许多年轻人参军，赵兽自己看完这幅画后都流下眼泪。

20世纪40年代，他逃难于江西、三南、东江一带，其间创作了一批带有毕加索青色时代画风的作品，反映逃难的悲惨生活。

目睹战时的凋敝民生，他在创作中逐渐形成了两个原则：一是真实，不要虚假；二是批判，以超现实之眼关注现实、批判社会。

赵兽满怀热忱地迎接新中国的诞生。1949年，他创作了油画《迈向新生活的一步》《土地上的争吵》，抒发内心对新中国成立的渴望。对于这个踌躇满志的年轻人来说，早年的超现实主义画风不再适合时势，等待他的是一个崭新时代的洗礼。

落拓仍自在，白首尤痴狂

新中国成立后，赵兽在广州市劳动局任干部。他对于超现实主义的艺术理想似抑实扬，升腾为一种近乎宗教性的执着。他选择不再做一个运动分子，而是将现代艺术作为个人求索的方向。在不被外人知晓的画窗内，独自畅行于独立与自由的艺术世界。

“半饥半饱清闲客，无锁无枷自在囚。”1955年，赵兽创作了《分截人生》，用光影投射在一位老者身躯上，隐喻了人生在不同际遇下的内心挣扎。结果一画成谶，1958年，赵兽因被人诬陷，下放到广州市郊磨刀坑国营综合农场务农，由此开始了一段20余年炼狱般的生涯。从降级、降职到停发工资，没有户口、粮食，被下放到农场，他不断地沦落到人生边缘。没有户口，他开玩笑说自己是“被开除球籍的人”。

1970年，年近花甲的赵兽以及三个儿子被疏散到无亲无故的肇庆。他被迫与妻子分离，无粮无户饱受煎熬，却死灰复燃般激荡出一股澎湃的艺术能量。从《渴望》《绝望》到《老树乌鸦》，他以枯寂的寒冬老树比喻自己，画面苍凉，灼烧人心。

布袍萧索的落拓情境、如履薄冰的人生境遇，没有熄灭赵兽的创作之火，艺术是他的唯一寄托。他甚至养成酝酿腹稿的习惯，创作环境伺机而动，有些甚至直接画在破旧的木夹板上。创作于1969年的《饮早茶》堪称其代表作，赵兽以立体主义风格描绘了一组在茶楼中的市井人物群像，每个人面孔都有阴阳两面，讽刺那些阳奉阴违的人。之后又创作了《在罅隙中生活的人》，两面逼仄的墙体挤压着一个瘦弱的躯体，描摹了每一个受困的灵魂……

此时的赵兽隐居在艰苦的乡野，重获艺术自由，所有画作只为慰藉一个寂寞冷清的灵魂——那就是他自己。近30年的时间里，他的画作在全世界只有屈指可数的观众，那就是他自己、妻子和六个子女。家人对他的作品极其珍视，将这些画作一摞摞藏在床下，卷于破席之内，只因懂得。

晚年的赵兽与他的画作

“文革”结束后，赵兽得以平反。面对此前不公正的待遇，他并无半点哀怨。赵兽不遗余力地积蓄他的超现实绘画实践，他在绘画中似乎总是先知先觉的。20世纪80年代，他创作的《大楼与耕地的沉思》敏锐地看到城市里耕地减少的现状，触发人们反思；他创作了《谁能走在漩涡上》等作品，很早就讽刺了腐败现象。

直至这个时期，赵兽开始被外界知晓，广州美术馆、广东美术馆相继为他举办展览，这个“被开除球籍”的人回来了。早年一同为前卫艺术鼓与呼的老友何铁华回到广州后，见到了昔日老友藏在陋室席底横跨半世纪之久的超现实主义绘画，大为惊叹，称赞他是“东方毕加索”。

90年代中期，他又以犀利的眼光观察世界变化，以超现实主义手法创作了一批内涵深刻的作品，《美国国会大厦》《谣言》等作品中，他描绘了乌云密布的白宫，讽刺这里是战争的策源地。他以绚烂的色彩表达对世界局势的看法，迷人色彩象征谣言，令人晕眩的圆圈，让人想到“谣言”总有一天会被识破……他达到了从心所欲不逾矩的自然状态，真诚地表达对社会的思考。

晚年，这个笔带奇气、胆素如铁的画家被人遗忘在广州海珠区的民巷内。赵兽在长达70多年的时间里，将西方超现实主义的手法融入自己的情思、创作和人生经历中。他的漫长而艰辛、前卫而果敢的艺术实践横跨了半个多世纪。他的绘画彰显着“神秘的狂气”，特立独行于中国百年画坛。

“此生所恨无知己，纵不成名未足衰。”2003年，赵兽脑溢血卧床不起，不久后去世。大儿子赵士滨回忆说，父亲临终前曾送他一幅画，题字曰“阳光雨露，永葆青春”。画面中，赵兽描绘了水井里的一株万年青，寄托了他对子女的期望，这也是他历尽苦楚、随遇而安的写照。在时代的风起云涌中，他甘愿做水井里一株无人问津的万年青，无论溽热还是寒荒，看似弱小却极富生命力。

访谈

他们是被遗忘的艺术弄潮儿

受访者：广州美术学院艺术与人文学院副研究员蔡涛

“艺术运动应有如脱光了蔽着身的衣裳的裸体一样的心，把一切都撇开来，诚意地向着艺术的路途上前进……”这是1935年中华独立美术协会小品展座谈会上，前卫艺术家赵兽的一段表白。

置身于20世纪中国沧桑时运之中，梁锡鸿、赵兽等来自广东的前卫艺术青年在20世纪30年代提前引领了一场现代艺术的风潮。与19世纪末以来不断谋求中国现代化方案的中国知识分子一样，他们希望向中国引进西方的前卫艺术、先进文化，其目的是探讨新文化与传统文化的调和生成，让中国在世界文化新潮流的翻腾滚动中跟上时代脚步。

因有了他们，在20世纪广东美术的版图中，我们得以窥见色彩斑斓的一页，除了学院派艺术之外，我们得以见到野兽主义、超现实主义、木刻运动、新国画运动等流派，这批前卫艺术的“弄潮儿”力图在广州建立一个现代艺术的多元景观，构建起现代都市的文化气场。然而，他们的纵情演绎似朝霜尘露，在20世纪风云动荡的中国历史中转瞬即逝，一度被无情遮蔽。而今，时过境迁，他们早年的前卫果敢、先知先觉，越来越散发出耐人寻味的魅力。

谈历史

“他们参照的是巴黎的艺术理念”

南方日报：您如何评价这批来自广东的前卫艺术青年20世纪30年代在日本成立中华独立美术协会的举措？

蔡涛：当年，梁锡鸿、赵兽这批年轻人想在国内介绍超现实主义运动，他们标榜的是一种另类的、“在野”的方式，看起来和学院的方式不太一样。在视觉风格、艺术理念、组织形态、宣传模式等方面，他们却又是向东京和巴黎看齐的，这是一股席卷全球的求新求异、求个性发展的艺术潮流。

1884年，巴黎成立了独立沙龙，引发了近代欧洲的现代艺术运动，继而向全世界传播扩散。20世纪30年代，独立沙龙旅行到了东亚地区。1930年，日本的独立美术协会成立。1935年，留学东京的一批中国前卫艺术青年也效仿了这一组织模式，成立了“中华独立美术协会”，这构成了“独立美术协会”全球旅行的现象。

无论是发起决澜社的倪贻德，还是成立中华独立美术协会的梁锡鸿，他们当时虽在东京留学，对艺术的理解，包括对都市文化的体验却是以巴黎为中心的。他们在内心都普遍有这种诉求：在东京上野公园挤满了看展览的人群，中国是不是也应该有这样一个繁荣的现代文明景观？中国如何才能赶上西方先进国家？他们深感作为现代中国艺术家，必须对这样的时代潮流有所回应。

百年双喜 特约
世纪广东美术家
A21
现代性与地方色彩
他们是被遗忘的艺术弄潮儿

谈价值

“他们对艺术有独创性的追求”

南方日报：您怎么看待他们在那个时代不合时宜的艺术追求？

蔡涛：五四新文化运动的风潮下，他们所倡导的超现实主义的艺术运动，在当时是一种激进的青年文化的产物。20世纪30年代，他们是前卫艺术运动的弄潮儿。

在他们的内心，东京尤其是巴黎，是个无法回避的参照系，但回到中国的现场，他们发现建立现代艺术是非常困难的。1935年他们从日本回国后，在广州举办的展览几乎无人问津，后来不得不移师上海，在中华学艺社办了一场也就匆匆结束了。他们面临的是这样一个窘境：他们由衷希望在中国建立起类似巴黎派那样的精英型的现代艺术，希望提倡一种绝对自由的创作精神，但抗日战争的爆发使他们的梦想很难延续下去。

但即便是在战争时期，他们还是做出过一些努力。例如1939年，梁锡鸿与何铁华、倪贻德在香港岭英中学进行过合作，也就是在今天最豪华的铜锣湾购物中心这一带，创作过两幅超现实主义的大壁画，反映抗战主题。赵兽抗战时期也画了一些宣传画，但新中国成立后，他们早年追求的超现实主义已经不合时宜。

赵兽在“文革”时期还在秘密状态下创作了一批前卫风格的油画作品，在几乎没人知道的情况下完成，堪称奇迹。他的创作很长一段时间是无人知晓的，他在被下放的偏僻农村仍然以超现实主义的风格秉笔直画。

经历了抗战、“文革”阶段的这两位艺术家，虽然在相当一段时间里被遮蔽了，但是他们的实验性创作、在孤寂的创作环境中与内心的对话，都彰显出可贵的品质。这些在那个特定年代里完全没有展示机会的作品，却具备了他们早年所向往的现代艺术价值——高度的独创性和针对当下社会的批判意识。在欧洲，超现实主义正是在“一战”废墟上建立起来的，带有社会批判的维度，而中华独立美术协会的成员们，在20世纪30年代的现场，是缺少这种意识的，但他们反而在之后半个多世纪的变迁里升华了对艺术的认知和表达，当然，这是个无比艰涩压抑的跋涉过程。大家在20世纪70年代末期都知道有星星画会、无名画会，但很少有人知道在广州，还有这两位被淡忘的民国时期的前卫艺术家。

谈评价

“要考量艺术家的历史超越性”

南方日报：对比20世纪80年代国内兴起的现代主义美术运动，梁锡鸿、赵兽早年的探索有何意义？

蔡涛：有意思的是，赵兽在梁锡鸿去世之后为梁锡鸿画了一个肖像，也为自己画了一幅，两个人在画中都身披大衣，画面中有“中华独立美术协会”几个大字，如同为这场现代派艺术运动中的两个领袖人物树碑立传。

在外人眼里，赵兽可能有点疯癫，但赵兽在那么长的残酷岁月之中，早已经形成了一个封闭的循环系统，他早已经不在乎名利和外人眼光，画画并不是

中华独立美术协会第二回展览合影：（左起）曾鸣、赵兽、李东平、梁锡鸿

为了更开放的环境，而是为了自己的内心创作——因为他是一个人，是一个了不起的人。

现在涉及的一个问题是，我们应该如何评价1949年至1979年间中国现代艺术的形态？比如无名画会，有人做研究时就说这是中国历史上第一个前卫美术团体，其实是无知的说法。民国时期就出现过前卫美术团体，如中华独立美术协会。在20世纪30年代，留学东京的那一批广东艺术青年已经拥有了美术的新思维，拥有了和世界对话的格局和行为方式，他们身处东京，眺望着巴黎。

当然我们也不禁要发问，我们的美术史写作应该如何评价文革时期赵兽的前卫美术制作？我们应该如何评价在那段思想禁锢时期出现的这种非常规的艺术家行为？我们需要提出新的评价标准，把一个艺术家在某一社会阶段所具备的超越性纳入这个评价体系。因为这样的超越性，对于美术史的研究者来说，构成了相当大的诱惑，值得我们深入思考。

作品欣赏

点评人：蔡涛（广州美术学院艺术与人文学院副研究员）

《黄衣少女》

点评：该油画作品创作于1933年。这幅人物坐像以泼辣厚重的笔触表现夸张的面部特征，虽然原作早已遗失，我们无法想象色彩表现的热烈程度，但从画风而言，这件作品很可以代表梁锡鸿当时所表现的典型的野兽派作风。我们从中不仅可以看到梁锡鸿对费拉芒克、里见胜藏等野兽派画家的语言模仿，同时，这种画法也是他们作为前卫艺术家的一种自觉意识的反映。

《建国》

点评：该作品创作于1939年。由梁锡鸿、何铁华在香港岭英中学创作的这幅呼吁民众起来抗日、争取民族独立的大型壁画，很可能被毁于日军侵占香港之后。这幅画的风格奇特，是抗战期间最引人注目的前卫创作之一。事实上，这幅画的确是个绝唱，因为从此之后，我们绝少看到类似的题材会以这种形式表现出来。

《田野》

点评：新中国成立之后，梁锡鸿的画风大变。画家同时期还绘制了一批水彩画，很值得品读。尤其是《山村》和《田野》（1962年）等小品，虽然题材也不外是描绘劳动人民的劳作场景，但画家处于非常放松的状态，悠游于自己笔下营造的画境：雨季广东的郊野景色，在要言不烦的水色调和中，被表现得活泼生动而富于情致。该作品现藏于广东美术馆。

《颜》

点评：该作品用超现实主义的手法针砭时弊。当时的民国政治舞台，各种昏庸政客鱼肉人民、粉墨登场，赵兽借立体主义、超现实主义的手法表达一种观点：且看他们下场如何。从《颜》中可以看到赵兽并没有仅仅停留在借鉴毕加索，虽然他被称为是“东方毕加索”，但他在这一时期就把中国的戏剧脸谱与现代主义的构成关系、神秘主义的东西进行了融合，形成了他自己独特的超现实主义的风格。原作创作于20世纪30年代，已佚。现存于广州艺术博物院的这幅作品由作者重绘于80年代。

《饮早茶》

点评：这幅作品创作于1969年，融入了南国市民生活中饮早茶这一情景，以立体主义风格描绘了一幅市井人物群像，非常独特。赵兽笔下，每个人物都有双色面孔，似乎隐喻了当时一些人“阳奉阴违”的嘴脸。不过赵兽后来说，这幅作品主要讽刺国际争端，一些国家阴奉阳违，无诚意谈判的人坐在一起“和谈”喝茶，怎么可能解决问题？

《渴望》《绝望》《老树乌鸦》

点评：三幅画、三棵树，隐喻1975年前后赵兽内心的起伏。当时家中各个人的户口都被迁回城中，唯独留下孤独的老者。当时他给妻子写信，但不能收信，夫妻之间只能依靠想念。可以说，作品真切地反映了他内心的情感变化。三棵树从有颜色到黯淡再到充满颜色，也象征了赵兽内心的变化，他逐渐随遇而安，并没有抒发悲愤。

第七章
沥血丹青

身处战火纷飞的年代，广东美术家对“谱家国哀愁，写民间疾苦”的历史使命有着共同担当，符罗飞、黄少强、司徒乔、廖冰兄……这些深具“底层意识”和“底层关怀”的画家，用他们的画笔和生命反映民间疾苦，控诉社会不公。即使多年之后，他们强有力的笔触仍在每一个个体的良知和灵魂里产生久远的回响。

符罗飞（1897—1971），广东文昌人。符罗飞出身于贫苦渔民家庭，少年曾流浪南洋，做过海员、铁匠。1925年，毕业于上海美术专科学校西画系，不久加入中国共产党。1930年，符罗飞考入意大利奈波利皇家美术大学研究院绘画系，深得卡罗·西维埃罗、格鲁赛·卡兹罗等名画家的赏识和指授。1935年，符罗飞应邀参加威尼斯国际艺术赛会并获奖，被意大利评论家誉为“罕见的心灵画家”。

黄少强（1901—1942），广东南海人。黄少强师事高奇峰，名列“天风七子”。黄少强少年曾从刘博文学西洋画，于人物素描极有基础，善以西画技术从事国画绘制。他的作品多取材自社会底层的劳苦大众，朴实而具有深刻的感染力，带有悲怆情调。1935年，黄少强在广州创立民间画馆，以培养青年画家。抗日战争爆发后，黄少强创作了大量抗日救亡的作品。1938年，广州沦陷，黄少强避居香港，1939年与何漆园、叶少秉成立“岁寒社”。1942年，因香港沦陷，黄少强举家返回家乡，不久在贫病中离开人世，年仅42岁。

司徒乔（1902—1958），广东开平人。司徒乔自幼爱好绘画，虽无师承，油画、粉彩画、水彩画、中国画却无一不精。司徒乔早年就读于燕京大学，后曾两次赴美，足迹遍及缅甸、槟榔屿、新加坡等地。司徒乔在解放前创作的作品，除风景画外，大多以群众生活为题材，刻画入微地表现出民众的痛苦，具有真切的感染力。1936年鲁迅逝世时，其遗容即由司徒乔所速写。新中国成立后，司徒乔毅然返国，被聘为中央美术学院教授，并前往海南、广西旅行写生。1958年，司徒乔在北京溘然长逝。

廖冰兄（1915—2006），生于广州，因其妹名廖冰，故以“冰兄”为笔名。1929年，廖冰兄考入广州市立师范学校，开始学习画漫画并发表作品。抗战爆发后，廖冰兄创作大量抗日宣传漫画，加入漫画宣传队，开展抗日宣传工作。抗战胜利后，其漫画主题转为谴责国民政府的贪腐和黑暗，创作《猫国春秋》等代表作品，不久在香港加入人间画会，其创作的漫画作品堪称海量。

符羅飛：

沥血丹青挥虹彩　为民写生赤子魂

百年双喜 特约
世纪广东美术家
A23
符罗飞
沥血丹青挥虹彩
为民写生赤子魂
早年已是漂泊身
热血投奔革命潮
烽烟里抒写疾苦
灰黯中绘就虹彩
心灵画家传美誉
异国情缘成悲恋
旧笔墨赋新画意
留憾长忆赤子心
百年辉煌 世纪风范 广东中烟工业有限责任公司特别呈献

对于大多数中国人而言，20世纪前期，无疑是一段充满战乱与贫穷的艰难岁月。不少知识分子毅然舍弃优厚的生活，肩负整个民族的忧患，为最底层、最穷苦的民众呐喊。在广东美术史上，也曾有这样一位极具传奇色彩的艺术大师。他一生坎坷的命运、坚韧的性格，与整个民族的苦难历程紧密相连。他是“中国高尔基”式的人物，他的名字叫符罗飞。

符罗飞的一生，跌宕曲折，又极具传奇色彩，写满了叹号：他出生于天涯海角的穷苦渔家，却在意大利当上了洋教授，成为中国最早参加威尼斯双年展的中国艺术家；他两次入党、三次离乡、四下南洋，扛枪挎剑，出家还俗，却与手中的画笔相伴终身；他是欧洲画坛“罕见的心灵画家”，却又被世人淡忘，成为艺术史上的“失踪者”。他的一生离乡别井，尝遍人间冷暖，借着亲身经历的创痛，抒写人间的苦难；他甘愿与悲惨世界的无告者活在一起，自己却默默承受着命运加给他的落寞与沧桑。

这一切，都成就了符罗飞独特的个人气质：苦难不颓废，荣耀不飘浮，寂寞不孤独。“毫无疑问，符罗飞是广东现代画坛上一名具有天才气质的艺术家。”广州美术学院教授李伟铭说。直到多年以后，人们开始从尘封的画稿与案卷里，重新理解符罗飞用生命凝注的艺术语言，走进他不平凡的人生旅程，感受那份荡气回肠的激情与忧伤。

少年漂泊

早年已是漂泊身　热血投奔革命潮

1897年，符罗飞出生在海南文昌县的一个穷苦家庭。一个渔民的儿子——这是命运赋予符罗飞人生履历的第一个身份，为他留下了终生难以磨灭的性格烙印。身处远离大陆的天涯海角，面向浩瀚无边的汪洋大海，符罗飞很早就学会了遗世独立的抗争精神。

然而，面对命运的不公，他的祖祖辈辈并没有选择的余地。唯一的出路，就是离乡别井，出海谋生。符罗飞同样以此揭开他人生的篇章。从11岁起，他便跟随四叔浪迹南洋诸岛，开始奔波辗转的生活。小小年纪的他，竟做过不计其数的繁杂苦工：木工、鞋匠、茶馆伙计、水手、割胶工人……符罗飞常因营养不良而体力不支，东家和工头的打骂更成了家常便饭。

艺术，为符罗飞的人间苦旅带来不少慰藉。他的四叔是民间艺人，常在乡间帮人雕梁画栋。父亲对戏曲艺术也兴致很浓。在印尼打工的时候，符罗飞迷上了当地的歌舞、雕刻和牛皮戏。对艺术创作的朦胧憧憬，也在少年符罗飞的心里渐渐萌芽。

苦其心志，劳其筋骨。命运带给符罗飞超出常人的磨炼，也时常意外地加以眷顾与垂青。在马来西亚半工读期间，符罗飞得到同乡校董的资助，回国就读于南京暨南学校师范科，正式告别了南洋诸岛的流浪苦工生活。

此时，“五四”风雷正在席卷全国。深受救亡思想的影响，符罗飞一心希望挎上刀剑，解决人间不平。据说他曾负笈东瀛，在日本学习军事。然而，高强度的军事训练让他不胜重荷，不满一年便因肺结核退学回到上海，还落下了终身不愈的哮喘病根。贫病交加的符罗飞万念俱灰，他索性遁入空门，在杭州削发为僧。但这里毕竟不是桃花源，没过几个月，他就还了俗。

对于这位琼州小伙来说，十里洋场的上海，始终是个充满机遇的大世界。1922年，符罗飞来到了当时颇具盛名的上海美术专科学校，开始接受正规的美术教育。这是中国近代美术史上最重要的新式美术学校。符罗飞对艺术的热望，也终于在这里彻底点燃，成为生命中不可分离的一部分。

符罗飞在上海美专的学习情况，史家语焉不详，但他显然不是一位安分守己的“好学生”。面对日益高涨的革命洪流，他无法安安静静地待在画室里，却要“抱着一堆火，在荒原上奔放”，“把荆棘焚烧，开拓一片辽阔的平原”。符罗飞积极投身学潮与工运，不久，他加入了中国共产党，成为法租界的一名交通工运宣传员。

可是，上海爆发“四一二”反革命政变，符罗飞的身份暴露了。为了逃避国民党反动派的追捕，他只身逃到了新加坡，但停留的时间并不长。他希望在艺术上得到深造，将目的地锁定在欧洲的艺术之都：法国巴黎。然而，途中发生的一段小插曲，使他的命运再度发生巨大的转折。

蜚声欧陆

心灵画家传美誉　异国情缘成悲恋

符罗飞（1897—1971）

怀着无限憧憬，这位年轻画家乘着轮船，来到了意大利的那不勒斯港。但他放弃了其后的行程——去巴黎。滞留期间，符罗飞因不服水土，哮喘病发，不得不在当地休养。据说，是一阵悦耳的琴声，留住了旅人的脚步：在一次海滨散步时，符罗飞无意间发现了一位流浪老艺人，正在阶梯上悠然地拉着小提琴。高超的音乐技巧使他怦然心动，也让他决意留了下来。

然而，与中国画家心目中的艺术圣地巴黎相比，到那不勒斯去却是一个冷僻的选择。符罗飞来到当地一家餐馆打工，并将自己的作品挂到了墙上，却不料与人生中的“伯乐”不期而遇：前来就餐的意大利东方学院中文系主任燕奴子，留意到这位年轻人的才气。在他的引荐下，符罗飞走进了那不勒斯皇家美术学院的绘画系，翻开他异国生涯最激动人心的篇章。

在读期间，符罗飞技艺精进，曾两次跳级，两年后便领到了毕业证书。他的作品也得到了意大利王室的青睐。1933年，符罗飞在那不勒斯举办个展，王太子还亲自为他主持了开幕礼，并带头购买作品。在王室的推介下，符罗飞声名鹊起，蜚声欧陆画坛。3年后，他成为第一位参加威尼斯国际艺术双年展的中国画家，送展的3幅作品全部入选，被舆论评为“罕见的心灵画家”。

不过，让人遗憾的是，出于种种原因，符罗飞的旅意画作大多不知所终。除几幅留下了黑白照片的残影外，只剩下一列真迹的文字名单，人们难以重温当年欧洲观众感受到的心灵震撼。从这些残存的图像可见，画家扎实的造型、灵活的笔触、写实的题材依然感染人心。符罗飞日后的作品对贫民的关切，就很大程度继承了那不勒斯画派关怀现实的传统。

优厚的待遇给符罗飞带来了安定的生活，也成全了一段异国姻缘。他与当地著名的绘画模特爱莲娜共堕爱河，不久结婚，还育有两名儿女。他们时常周游列国，开办画展，度过了一段惬意的时光。但好景不长，1937年，侵华日寇投下的炸弹雨点般落在神州大地上，也如暴风骤雨袭向千里之外的符罗飞心头。形势正在急转直下，符罗飞心焦如焚。可万万想不到的是，他的异国生涯被迫戛然而止的真正原因，却是另一场“无形的战争”。

基于共同的野心，德、意、日三个法西斯主义政权日趋合流，结为轴心国联盟。虽与意国高层有过往来，但在大是大非面前，符罗飞还是保持着清醒的头脑。他无法抑止自己对法西斯主义的憎恨，也因而招致当局的迫害。他很快就陷入众叛亲离的境地。1938年，符罗飞一幅影射墨索里尼的讽刺画，令他被赶出了学院。他和意大利之间的脆弱纽带断裂了。

5月的一个清晨，符罗飞瞒着妻子和两个儿女，抛弃了意大利所有的财产与荣誉，带上一支左轮手枪，乘“绿爵”号邮轮只身回国。传奇的一幕，为符罗飞赢得了国内英雄式的礼遇。而在他意籍儿子东尼的回忆录里，父亲仓促的出走却是在警方胁迫下的“礼送出境”。由于意大利当局的拦阻，符罗飞八年来的辛勤心血悉数留在了这片伤心地。“父亲走了，从此再没有回来过。”

“一味只顾埋头锻炼技术、不问政治、不关心时事”“很少同国内的朋友通信”“脱离了群众、脱离实际、脱离政治”，符罗飞不无痛苦地反省着自己八年的侨居生活。他也曾试图联系意大利的亲人，可密布的战云已将遥远的东西方隔断得彻彻底底。不辞而别的永诀，为符罗飞的异国传奇留下了辛酸的结尾。这段难忘的悲恋，也成为他永远埋藏心底的秘密。

为民写生

烽烟里抒写疾苦　灰黯中绘就虹彩

命运再次扭转了“心灵画家”的人生路向。原计划前往苏联的符罗飞，中途改变了主意。1938年10月7日，香港《大公报》头版刊登了一则醒目的长篇广告：符罗飞画展即将在港举行。更让人震撼的是，广告结尾的一长串介绍人都是当时赫赫有名的政商名流、文化领袖，排在第一位的就是蔡元培。

这时的内地早已硝烟四起：上海已经沦陷，广州也在日寇步步进逼下岌岌可危，唯独香港这“孤岛天堂”暂能偏安一隅。这次画展以“救国赈灾”为题。抵港后，符罗飞立即奋笔疾写，创作了大量“实景写生”。“每一画中都蕴藏一段历史或一部小说”：《奔命》中母子惊慌、悲愤的神情，《流亡》里累倒在禾草堆上的难民一家，《血债》里含愤惨死的母亲与孩子惊恐万状的双眼，均以强烈对比的手法渲染爱憎分明的情绪，将一切苦难的矛头，都指向了制造战争的元凶。

这些“香港制造”的作品，是符罗飞艺术生涯的转折点，标志着他告别了欧洲的古典学院，走向中国的“十字街头”。在香港短暂停留后，他随即进入内地，在桂林举办了一次抗战画展。然而，由于作品题材、形式还带着明显的“洋教授”痕迹，这次画展没有取得应有的效果。

“艺术已经是属于大众所有”，符罗飞也渐渐觉悟到时代的呼声，艺术家的使命也应转变为“表现大众痛苦、颂扬大众的工作”。变幻的时局酝酿着思想的剧变。颠沛流离的经历，让符罗飞对民众的苦难感同身受。抗战的洗礼使他彻底从“象牙之塔”走出来，汇入此起彼伏的时代大合唱中。“这完全是新画成的，过去的全不要了。”他坚定地说道。

1946年，当符罗飞带着一批全新的作品回到广州时，观众立即迸发出井喷式的好评。这一年，湘桂地区发生了严重的大灾荒，符罗飞闻讯立即深入灾区。他在荒芜凄惨的乡村小路上奔走，以近百幅素描、速写记录下饿殍遍野的真实惨状。

这批被称为“饥饿的人民”的组画，并没有任何“美”的法则作为修饰：一双双深陷的、圆睁的、绝望的眼睛，一张张痛苦的、愤怒的、无助的面孔，观者无不触目惊心。在其中一幅名为《只剩下一张嘴巴和一个饭碗》的作品里，手持破碗的受难者正蜷缩在墙角，被墙身投下来的巨大黑影所笼罩；手中空空如也的白碗，反光镜般直刺观众的心灵。一幅扭曲变形的符罗飞自画像，陈列在展品之间，仿佛画家正与“人间地狱里的无告者活在一起”。

“符罗飞”成了一个时代的象征，为漆黑的悲惨世界投下了一道“灰黯中的虹彩”。他仍唯恐手中的画笔力有不逮，不足以穿透苦难。他还要继续呐喊，“为人间留下有力的证据”。同年秋天，符罗飞与黄新波、黄蒙田等人在香港组织了人间画会，并

20世纪60年代初符罗飞全家合照

出任第一任会长，一同用画笔、用刻刀揭露政府的专制，直面人生的痛苦。

天总是会亮的。到了1948年，整个时局的发展态势已渐见分晓。“在生命旅途的50年中，整个斗争过程是艰苦的、危险的，好像在漫漫长夜攀登悬崖峭壁。”符罗飞重新确认了自己的政治信仰。他在香港冯乃超、周而复的寓所里，再次宣誓加入中国共产党。

“黎明的光辉一旦出现，我是多么地欢欣，我可以加快我的脚步，赶上走在前面的战友。”当时兴奋雀跃的心情，直到多年之后，仍在符罗飞的回忆录里可见一斑。

传奇落幕

旧笔欲赋新画意　留憾长忆赤子心

新中国成立前夕，符罗飞曾有一次可以赴美任教的机遇。美国芝加哥美术学院对他下达了聘书。不过，随着革命形势的转变，符罗飞很快就打消了出国的念头。他将全盘心思放在迎接新中国的到来：他收到了组织的任务，为迎接全国解放的到来秘密绘制革命领袖像。不久，符罗飞随团北上，参加第一次文代会，翻开艺术生涯新的一页。

1949年10月19日，他穿着一身绿军装出现在广州街头，与进城部队一并前行，走进这座将与他下半生命运紧密相连的城市。不久，符罗飞当上了华南工学院建筑系教授、美术教研室主任，并先后担任中国美协广州分会、广东分会的副主席。这基本是符罗飞晚年活动的主要身份。

符罗飞立志成为新中国美术界的一颗“螺丝钉”。与当时许多知识分子一样，他也投入到那个时代的变革洪流中。他参加了土改工作，也走进发电厂的民主改革中，绘制了不少速写。他认为，将这些素材画下来，即使不能成为革命进程的文献，也是一份很真实的报道。这些作品的风格朴素而不失情感，仍保持着昔日学院派严格训练的痕迹。

洗去了国恨家仇的血泪斑斑，符罗飞笔下的色调忽然明朗起来了。他继续挥笔“为民写生”，画题却换成了民众的愉快、幸福的新生活：像《北站机务段》《建设中的广州钢铁厂》描绘的工矿新貌，《收甘蔗》《车运肥泥》反映的生产丰收，越来越多地在他的笔下出现。早年的苦工生涯为符罗飞带来了丰沛的生活经验，让这些反映日常生产生活的作品洋溢着画家充沛的情感。看似草草不工的用色，却渗透着一种触动心弦的艺术力量。从1959年到1963年，符罗飞还先后在广州、上海举办了三次大型个展，这些歌颂美好生活的作品受到了广泛好评。

1962年符罗飞在华工的工作照

1971年7月，病重在床的符罗飞，深感时日无多。他想回家，嘱托儿子替他再看上家乡一眼。这年年底，这个经历了半世颠簸的灵魂在寂寞中安息了。“你爸爸是符罗飞吗？”在符罗飞离去后，病房里一位病友悄悄向符和强打听逝者的身份。在得到肯定的答复后，病友默然良久，深深长叹了一口气。

“文革”期间，符罗飞大量的作品和资料不翼而飞，直到20世纪70年代末、80年代初才陆陆续续找回一小部分。幸得广州美术馆馆员的抢救，才留下了在广州美术馆的172件藏品。1979年，符罗飞终于得到平反。

多年后，这位一度被遗忘的“失踪者”档案渐渐重见天日，那个“善良、正直、充满伤时忧国精神和道德激情”的中国知识分子的身影，再次回到公众的视野。“说到底，对人类和个人命运的悲悯是任何时代、任何地域都不会泯灭的。”广州美术学院教授李公明评价道。这道“灰黯中的虹彩”，仍从画稿里越过时空，穿过历史的烟尘，放出永不消散的光芒。

本文参考了王嘉《视野中的品格：20世纪中国美术家研究》、陈莺《符罗飞（1897—1971）——20世纪的中国艺术与革命》《符罗飞留学意大利考》、华南理工大学编《符罗飞》、李公明《符罗飞画笔下的道德激情——中国现代美术伤时忧国精神研究之一》、陈伟安《以手中笔写心中意——论符罗飞的艺术》等文献。

访谈

他的艺术流露出强烈社会责任感

受访者：香港中文大学艺术系博士陈莺，广东美术馆研究员、博士王嘉

不少美术史家都将符罗飞视为20世纪中国美术家命运的典型案例。他的人生经历，与那个时代的美术动向几乎都有交集：20世纪20年代就读于上海美专，30年代留学意大利，40年代投身左翼艺术运动，50年代成为新中国的艺术工作者，体现出那个时代艺术家极具代表性的人生轨迹。

符罗飞的绘画作品，也显示出非常丰富的视觉元素，包括了欧洲古典艺术的训练、现代艺术的影响以及中国左翼美术团体的审美取向。他的作品具有记录性，与所处的时代密切相关，又注重与观众沟通，同时融入了画家浓烈的个人情感和体验。这种种特征，都增强了符罗飞在当代美术史视野下的关注度。

有学者将符罗飞比作一颗“有棱角的沙粒”，从中牵出20世纪中国美术史千丝万缕的回忆。在那风云变幻的时局里，美术家们正面临着复杂的抉择：如何应对外来艺术思潮与风格的影响？如何处理艺术与社会之间的关系？如何持守艺术家应有的良知？我们将从符罗飞的艺术人生里找寻答案。

谈经历
他成功诠释了左翼艺术的美学标准

南方日报：意大利的留学经历与艺术思潮，给符罗飞的画风赋予了哪些特点？归国后，他又是如何将这种风格融入当时国内左翼艺术的话语体系？

陈莺：符罗飞留意期间，恰逢“二战”前夕意大利社会文化剧烈转变的时期，美术学院中现代艺术思潮逐渐占据主流。然而，符罗飞师从的西维埃罗教授被誉为南意学院派写实绘画最后的大师。他在美术学院中追随的是17世纪以来以那不勒斯美术学院为中心发展起来的、追求古典写实的那不勒斯画派的画

风及思想。那不勒斯画派发展了卡拉瓦乔对光线的戏剧性表现，内容上则充满社会批判意识，热衷描绘底层民众的生活，追求毫不掩饰的真实。这两点都对符罗飞的艺术影响深远，成为沟通他早期学院派绘画创作和20世纪40年代表现主义画风的重要元素。

世纪广东美术研究

他的艺术流露出强烈社会责任感

1938年回国后，符罗飞在华南左翼美术界声誉鹊起，中间经历了多次画风的调整和转变。在20世纪40年代中期，符罗飞终于建立起了个人的代表性画风。与此前作品相比，他保留了描绘社会真实的眼光，舍弃了其中温情感伤的成分，也大量吸收了德国表现主义，特别是柯勒惠支和格罗兹等的表现手法，在风格与思想上都蜕变得更加强烈而有战斗力。符罗飞成功地诠释了左翼的美学标准，也奠定了他在左翼美术界的地位。

南方日报：如何评述符罗飞新中国成立后所处的艺术地位？

陈莺：1949年以后，符罗飞一直都在进行艺术创作和探索，留下了相当数量的作品，他的作品也不时展出和出版。其中，20世纪50年代早期的作品尤其值得注意。符罗飞创作时仍然沿用了40年代建立起来的风格，创造了一种与古元等人的木刻作品经典相区别的图像系统。他的作品并没有精心铺排的戏剧性气氛，而是通过客观、纪实的方式予以呈现。直至60年代初，符罗飞才发展出另一种有别于从前的新风格。他的这种独特的艺术风格，在左翼美术家群体中具有一定的代表性。

谈风格

他以自画像抒写内心冲突

南方日报：符罗飞留下了大量反映时代精神的油画和素描、速写作品，这些作品对中国美术语言的变革与更新带来了哪些影响？

王嘉：油画是符罗飞的特长，但由于他的健康与工作条件所限，符罗飞后期创作油画的热情让位于水彩、水粉和其他画种，但油画概括、单纯、凝练、精于造型的特点，却为他的素描作品所吸取。符罗飞的素描节奏明快，这与他的艺术修养有着密不可分的关系，也有着十分浓郁的历史因素。符罗飞热衷表现社会题材。他常常蹲在街头巷尾为来往行人速写。这不可能产生细描慢抹的艺术。他的作品充满着大胆落笔的痕迹，挥洒着一种不可遏制的感情。这也体现在他的自画像里，这些作品就是他在不同时期的自我写照和灵魂缩影，充满着伤时忧国的道德情怀。

值得一提的是，符罗飞还创作了一批中西合璧的“彩墨画”。这些作品将西画的画面结构和色彩观念，融入到中国画的创作中，在当时影响并不小。在1938年《符罗飞抗战画集》上，蔡元培就曾称赞符罗飞“以中国制的笔，作西洋式的画，意到笔随，心精力果”。高剑父也曾撰文，将符罗飞视为“艺术革命”的典范。符罗飞的艺术探索精神，至今仍然难能可贵。

谈价值

他是一代知识分子的缩影

南方日报：符罗飞创造了杰出的艺术成就，但为何他的艺术贡献长期被历史所“遮蔽”？

陈莺：造成符罗飞的艺术成就被“遮蔽”的原因有两方面：首先，是基础研究资料的不足，很少有确切可信的材料去了解他的经历和心路历程，这也导致今天的许多研究只停留在十分感性和表面的程度，大家一直“感觉”到符罗飞的人生和作品都充满故事，但这些故事都似乎被云雾遮蔽，充满不确定性。其次，这与符罗飞独特的艺术经历和艺术风格不无相关，他的许多人生选择既“热门”又“偏门”：他曾就读于上海美专，却恰逢美专学潮这一混乱期；留学欧洲，却舍法国而选择南意；他参与左翼美术活动，却没有参加到20世纪二三十年代的“新兴木刻运动”中去；等等。

南方日报：重新发现这位“失踪者”，对美术史研究有怎样的意义？

王嘉：在中国20世纪上半叶，“艺术革命”一直都为美术界所热议。尤其在1938年以后，“十字街头”的艺术开始成为“艺术革命”更重要的话题时，符罗飞的作品无疑成为其中的典型。正是他被称为“心灵艺术家”的那种特质，使他的画作显示出彻骨的爱与怒。无论是对贫苦大众的同情，还是对社会不公的愤怒，都流露出画家强烈的社会责任感和使命感。符罗飞将自己的所见所感真诚地表现出来，直指人心，唤醒人们对社会的思考。符罗飞是一代知识分子的缩影。

作品欣赏

点评人：陈伟安（广州艺术博物院院长）

《小乞与巨贾》

点评：20世纪上半叶归国后的符罗飞，面对黑暗的社会现实，揭示人民的灾难和社会的黑暗，痛述统治者的种种恶行，成为他创作的动力和源泉。创作于40年代的纸本粉画《小乞与巨贾》是一幅典型的寓意画。画面色调灰暗，构图大胆。符罗飞利用夸张的手法，强调一切可以形成反差的对比：乞丐的瘦小与巨贾的肥胖，无奈的表情与傲慢的姿态，衣不蔽体与衣冠楚楚，赤脚与皮鞋。小乞一手托着要饭的碗，一手提着松弛的裤腰带，再加上一旁怀抱婴儿表情呆滞的妻子，一家三口都在等待着富贾的施舍，但似乎这种等待还要继续——这种对比强烈的刻画，使观众对作者的用意一目了然。

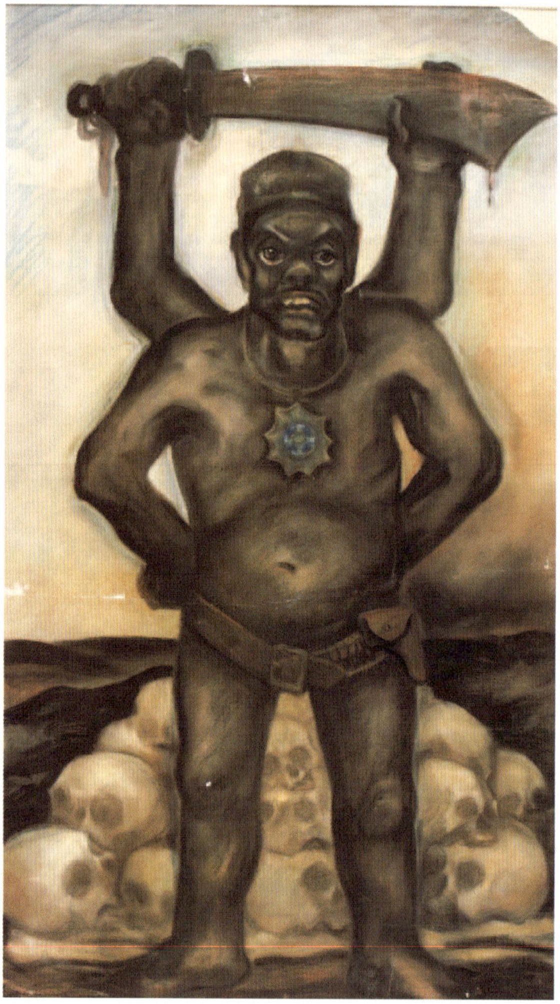

《报告》

点评：符罗飞曾表示，他作画的“题材非常现实，而表现方法却常常是浪漫的”。纸本粉画作品《报告》创作于1946年，就是这样一幅现实主义与浪漫主义结合的作品：残忍的杀戮来源于现实，长着四只手的刽子手却来源于浪漫。色调诡异的画面，营造着一种恐怖氛围，刽子手的黑色身体与一堆白色的骷髅头形成强烈对比，荒芜的土地一片死寂，战争与死亡永远联系在一起，深刻揭示了社会的黑暗和人民的痛苦。

《自画像》

点评：在符罗飞的素描作品中，有数量不少的自画像。从1936年到1967年，他创作的自画像有11幅之多。从自画像的眼神、神态中，观众可以看到他当时的心理状态与技法的变化。左边是1938年回国后的第一张自画像，运用了精准的结构和明暗关系，体现出他扎实的基本功和学院派风格。留学归来的画家，表现出一派绅士风度。然而，远离意大利的妻儿，目睹祖国在战火中满目疮痍，画家心中的沉痛可想而知。而在右边1946年的自画像里，线条变得凝重而简练，没有过多的细节刻画但突出了人物的神情。画家双眼炯炯有神，眼神中充满战斗的神采。

《秋收冬种》

点评：符罗飞在新中国成立后创作的粉画，呈现出另一种新面貌。与共和国成立前的作品相比，它在色调上更加明快，笔触上更加随意和轻松。农民的春种秋收，工人的建设场面，都是符罗飞描绘的对象。纸本水粉作品《秋收冬种》作于1958年，是一幅描绘农民劳作场景的画，色彩单纯却变化丰富，用笔简练但准确概括，金黄色的稻田与远山、蓝天在“黄金分割线”上形成色块的上下对比，近处的绿树和几根电线杆打破横向的构图走势，其间点缀的人物不仅丰富着画面的节奏，也使得原本稳定的构图增添了不少生气。一幅看似普通的画面，时代气息跃然纸上。

《晨雾》

点评：符罗飞是一个西画家，但也画了不少的水墨画。但他创作的水墨画，又不完全属于中国画的范畴，而是结合了中国画的元素和西画色彩的“彩墨画”。从现存的水墨画作品来看，符罗飞的探索是认真的。纸本水墨作品《晨雾》可以看作是这种探索的代表。符罗飞充分利用了宣纸的渗化效果，营造出朦胧的清晨景象，整个画面有笔墨的成分，但在用色上仍然可见明显的西画影子。这些作品体现出符罗飞敢于创新的精神和大胆实践的态度，其价值已经远远超出了艺术本身。

黄少强：

一枝秃管衡身世　描写人间疾苦声

百年双喜 特约

世纪广东美术家

A13

黄少强

描写人间疾苦声 一枝秃管衡身世

"一枝秃管衡身世" 人物画创作破古向新

百年薪火 世纪风范 广东中烟工业有限责任公司特别呈献

在黄少强短暂的一生中，数次遭遇和至亲的生离与死别，承受了无以名状的精神打击。尽管如此，家族悲剧并没有让他沉湎于忧郁，他创作的以亲情为主题的“苦画”与“苦咏”，感人至深。以骨肉亲情为底色的情感源头，让黄少强最终在平民精神中找到艺术的根基。

现代杰出画家刘海粟曾为黄少强题词道：“为了神与王公而制作的艺术，现在恐怕到了为平民而制作的时代了。代表这新时代的作家有一人，便是门人黄少强。”历史上对黄少强也是不乏赞誉，徐悲鸿称其作品“不尚工巧，不法古人，绘形绘色，民之呼声”，齐白石在收到他赠送的画册之后喜不自胜，写诗道：“老矣今朝心力尽，手持君画绕廊看。”

生于忧患、逝于乱世的黄少强，其身后未得到足够重视。随着散佚资料的搜集整理，他的艺术成就得以还原。黄少强不仅是杰出的画家，他的诗文功力也不可小觑，尤其是题画诗，用深挚的情感抒写了其曲折多艰的生活和心路历程。他还活跃于美术教育等相关的社会活动中，设立民间画会和民间画馆，培养弟子无数。

高门弟子

“一枝秃管衡身世” 人物画创作破古向新

虬曲的枯藤老树下，一名流浪歌女于寒风中倚树回眸，赤脚通红，腰前系着围裙，神色凋零——这是黄少强的画作《金缕歌残图》。彩墨勾勒的人物轮廓，朴实而具有深刻的感染力，带有悲怆情调。

黄少强曾师从岭南画派的领袖人物高奇峰和高剑父，以运用写实主义的线条勾勒笔法创作人物画而著称于世。在人物画技巧方面，他将传统中国画中最根本、最具代表性的线条的作用发挥到极致。

高氏兄弟对这位弟子都不吝赞美。高奇峰称其“以天赋之才，得中西画学之奥”，“不囿于成法而合乎法”；高剑父则称黄少强为“吾侪革命艺术之先锋”。

黄少强于1901年生于广东省南海县官窑镇小江乡的一户书香世家。祖父黄捷寄望其日后走上仕途，为其取名“宜仕”。年少的黄少强无意为官从政，笃爱绘事，并博习国学及英文。“从容祝南学诗书、赵仲廉先生学属文，从莫礼智先生学国文，从高奇峰、刘博文、刘海粟先生习中西绘事。”黄少强在其自传中回忆。

1919年，黄少强自师事高奇峰先生，不慕荣利，并展露其独行特立之气。他不习山水花鸟鱼虫和走兽，专攻人物素描。1920年，他正式进入博文美术学校，师从留美画家刘博文，学习西洋画技法。1922年，黄少强受高剑父知遇之恩，成为“二高”的共同弟子，于彼时开始逐步树立其绘画风格之根基。1924年毕业离校。在他的早期作品中，如《断塔秋零》（1926年）、《踏流不肯随流去》（1926年）、《残烛号风》（1927年）都保留了其师高剑父、高奇峰的笔法风格。

1925年，黄少强开始自立门户，任职于佛山精武会的绘画班。1926年，黄少强首次以艺术家的身份在社会上亮相，由佛山精武会主办举行了首次个人画展。作为20世纪前期岭南画派中鲜有的人物画家，他不屑于同侪间的抄袭之风，在题材和构图方面摈弃中国画因袭临摹的旧习，在当时，他的创作思想涌动着破古向新的力量。黄少强折中南陈姚最“质沿古意，而文变今情”和唐代李嗣真“法古而变今”的遗教，用绘画“表白新时代精神，阐扬固有国民性”。20世纪30年代开始，黄少强开始打破“二高”赋色艳丽的画面风格，回归中国画的根本，以流畅的线条能力勾勒人物的形和魂。

何漆园、赵少昂、张坤仪、周一峰、叶少秉、容漱石与黄少强被称为“天风七子”。黄少强和赵少昂、叶少秉亦被称为“高门三少”。在岭南高氏众弟子中，黄少强性情忧郁，与人甚少往来，高剑父称他为“特立独行之士”。他虽生于富庶之家，不愁衣食，但却长年囚首垢面，眉目深锁，似有苦愁。他胸怀孤傲之气，与世寡合，秉持非以绘画娱人，亦非以此自娱的艺术态度。尽管如此，他的内心深处藏有悲天悯人之愿，倡导从街头市井挖掘现实题材，将人物的情感、形象和遭遇引入国画之境。

对于绘画，黄少强爱入骨髓，发乎于技法，更甚于情怀。他在自传中将绘画形容为“情感的源流、生命的火花和心弦之音”，对于艺术他倾注了激

高奇峰与“天风六子”（左起周一峰、何漆园、赵少昂、张坤仪、高奇峰、叶少秉、黄少强），1931年摄于广州

烈之情和悱恻之思。其所作如《村女赏音》《血的源泉》《萧萧墓门》《素帷红泪》《明晦的灵光》等，都深藏不平之气、愤懑之痛。

绘尽沧桑

“描写人间疾苦声” 奋臂谱绘家国之苦难

黄少强一生中创作了大量的人物画，与许多画家不同，他对宫廷侍女、帝王将相和达官贵族等人群毫无兴趣，更不会为此浪费笔墨。“只从我日常速写所得的稿本运用古人用墨的方法加以整理。”黄少强自述。

9岁那年，黄少强创作了第一幅完整、成熟的作品《无告人》，画面展现了一个悲苦哀愁的普通百姓形象。童蒙时代就胸怀“民间精神”的黄少强，凭着“一枝秃管”，为众生写照。黄少强一生中曾多次深入民间，尝尽世间况味，在人世中写哀鸿。29岁那年，黄少强遵其师高奇峰之命，与何漆园、张坤仪等人赴上海参观美展，并游览沪杭两地。这是他首次离开家乡，出外游历。1932年冬，他游览了桂林和阳朔。1934年则与赵少昂、陈荆鸿一同游走平津、塞上和吴淞。同时广泛拜访了包括齐白石、林风眠、黄宾虹和徐悲鸿在内的众多中国画坛名家。

在长达5年的游走中，黄少强观风问俗，饱览名山巨川。其间他最在意民间之疾苦，用其西洋画的速写技能，将所见著之丹青。街头小贩、手工艺者、卖艺盲人和乞丐等社会底层人群都是画中主角，流离失所的平民百姓同样尽入其画。作品《民间歌者》《渔翁》《挑夫》《秦淮歌女》等，都与黄少强的京、沪、平、津及塞上之行有关。“凡有所作，见者无不凄然动容。”游踪所及，黄少强还留下总计80多首诗篇。他在描绘山川秀色的同时，也抒发自己的情怀志向。他的纪游诗，既有纯描写景物，但更多是触景生情，先天下之忧而忧。

值得注意的是，黄少强颇为少见的“诗意画”中，同样蕴藏着浓厚的“平民”意识。他的《零落依草木》（年代不详），典出杜甫的《佳人》：“绝代有佳人，幽居在空谷。自云良家子，零落依草木。”其勾勒了一个在战乱之中，独向深山而与草木为邻的苦女形象。绘于1935年的《骨肉流离道路中》，表现了因战乱流离失所、四处漂泊的平民生活。黄少强曾为其1929年创作的《赏音》（六联屏）自题：“叠开画会，每以得平民欣赏为荣。”

由始至终，黄少强都没有失去对社会底层的牵挂，他反复观察、反复作画，从未停止。《孝乞》（1934年）、《木匠》（1935年）、《鞋匠》（1935年）、《磨刀匠》（1935年）、《卖果叟》（1935年）、《小贩》（1935年）、《民间艺人》（1935年）、《落魄江关名画手》（1935年）、《乞丐》（1936年）、《尘途》（1936年）、《扫叶娃》（1936年）、《仔肩》（1937年）等作品都是黄少强为民所画的存证。

黄少强的外孙吴泰回忆，外公对写生的热衷程度近乎痴迷，态度严苛。“外公书法及用笔学高奇峰，而以人物画见长；曾见其绘5幅高奇峰肖像，面部均加以擦炭相技法；至于一般人物画，素描成分不多，其深知素描与国画不能调和，而以速写为主，画作均以街头速写稿本居多；比如，看到街头卖唱的、行乞的，则良久驻足，细心描画。此外，外公能诗善画，其绘画必然增添诗词的审美元素，在诗词创作上不雕琢不一味用典，直抒胸臆，以眼见所及的事情而说出自己的感受；运用于绘画也一样，轻技法而重实情，以真情实景为依据，跟着感觉走，有感而发，从不无病呻吟。”

黄少强曾经明确表达自己的绘画初衷，乃借纸笔“点染生涯，谱家国之悲愁”。民生之苦、家国之殇都是他所谓之“绘事须有个性也，有国民性也，有时代精神也，三者缺一不可”。

“全国第一次美术展览会”成为黄少强艺术创作的转折时期，他潜心创作了大批以“国恨家愁”为主题的画作，其数量开始远超“民间”意识的作品。其中国画作品《燕子矶头》（1930年）、《援黑之役》（1931年）、《热血之女》（1931年）、《危崖勒马》（1932年）均是此类代表。这些作品，有的乃“二十年冬国难中作”，有的则发出“危崖欲策千里马，鸭绿江头起国魂”的呐喊，满怀生猛、阳刚的豪迈之气。

1931年，黄少强的画展在广州国民花苑举行，日本鉴藏家须磨弥吉郎领事在参观画展的过程中大喜，并选藏其部分画作。当时黄少强的亲友视之为画家成名的契机，值得鼓舞。但对于黄少强来说，家国正值东北事变，国仇未报，外宾知遇只是“徒增余痛恨于无穷矣而已”。

黄少强（1901—1942）

生离死别

“血染缣缃恨正长” 以绘画超脱生命苦难

“少强”一名饱含祖父黄捷的希冀，望其一生能有所作为。但事与愿违，他的一生短暂，至亲相继离世，后半生郁结于生离死别的悲恸之中，泪枯肠断。“生不成名亲已死”成为黄少强生命中难以愈合的伤口。

1918年，黄少强与陈焕卿结为夫妻，7年之间，生育了4个儿子。然天降厄运，在这孕育新生命的年华，他的父亲、祖父、四弟、三婶、母亲、祖母、二妹、三妹相继离世。父亲享年仅42岁，母亲45岁。

“辞我未移时，生离成死别。泪眼正迷离，一似啼鹃血。”陷于死神魔掌的黄少强写下许多这样的诗句，抒发对逝去亲人的怀念。画作也以生离死别的家庭悲剧为主题。1927年所作的《飘零的落叶》，即为悼念亡女之作：只见阴风愁惨、落叶飘零，画中女孩衣袂散落，宛若随风飘荡的枯枝残叶。黄少强的二妹颂兴姑娘原已订婚，不幸未嫁得病，死前唯愿嫁至夫家，对方恪守旧约，以遂其愿。黄少强在《客到萧条生死情》中刻画了这种生离死别的夫妻深情。他在《萧萧墓门》等中国画作品中大量题诗，表达对亲人的追忆。悼念母亲的“秋坟月落听啼乌，和泪挥来悼母图”、怀念祖母的“我乃缟衣重湿透，漫拈秃管写哀思”、怀念二妹的“何处可招魂，不见杜鹃血”等，感人至深。

1927年，黄少强将心中的悲与痛化作旷世骇绝的艺术形象，完成以“子生母死”为主题的作品。画面的死亡气息笼罩着锥心泣血的丧母之痛。10年之后，黄少强又把笔补题：“花落花开空伤感，新陈代谢足悲凉。母心碎矣难瞑目，儿泪枯兮枉断肠。忍死须臾望弱息，才生一瞬吊残阳。图成知莫能谐俗，血染缣缃恨正长。”黄少强以这幅作品“奉天下母子之不得见者同哀”，催人泪下。

死神的残酷让绝望的黄少强一度乞灵救苦救难的观世音菩萨，彼岸的慰藉成为他的心之所寄。正是孝亲对象的缺失和相继的死亡威胁，构成黄少强精神上沉重的压力。为了纾解“忧郁”和“痛感”，他不断地“苦画”和“苦吟”。绘画终成黄少强生命的救赎，他从中寻求战胜死神的力量。后期，黄少强在作品中展现的“爱”和“惋惜之感”，有着超出“骨肉之情”的受苦精神和博爱思想。他将自己视为苦难和厄运的承担者，反复感知和咀嚼人世间痛苦的况味，把自身的情感劫难转变为理解人类苦难的共鸣机制。

黯然离世

“频年我欲传薪火” 将二高精神传扬延续

“作为一个人物画家，与其说黄少强在‘二高’那里习得的是有关绘画的知识和技巧，倒不如说是关于艺术的价值观念。”美术史学者李伟铭曾这样论及黄少强与“二高”之间的师承关系。纵观黄少强的艺术道路，他与高奇峰和高剑父高度重合的地方在其对艺术传道的执着追求，黄少强在艺术教育中积极扮演“传灯续焰”的角色直到生命的最后一刻。

前排左起：孙雪泥、赵少昂、陈荆鸿、黄少强、陆丹林、黄宾虹。后排左三起：钱瘦铁、张韦光、贺天建。左九郑午昌。1934年摄于上海

黄少强的教育生涯可以追溯到1925年，这一年，他在佛山精武会创设绘学馆，义务传授炭相技术。1926年，他先是在绘学馆倡设国画观摩会，组织以交流绘画为目的的艺术团体，随后又发起成立佛山闺秀画会，妻子陈焕卿也是画会中的指导老师。

同年11月，他被聘为高剑父主持创办的佛山市立美术学院教师。在此期间，高剑父陷于画坛四面楚歌的人事纷争，黄少强并没有直接加入以高剑父为轴心的广东画坛新旧之争，但他从不讳言自己是其艺术理想及追求的皈依者。

真正成为黄少强艺文教育事业核心的，是其设立的民间画馆和民间画会。民间画馆成立于黄少强北游归来的1935年，地址为广州市通宁道（今广州市越秀区纸行路通宁道10号）。最初创立画馆，黄少强是希望能够有一个固定的授徒场所。1937年，黄少强在此重开“民间暑期集训班”，李章、陈士炯、高家禄、华开进、刘润生、石斌伦、陈瘦金、谭勇、荣景铎、陈兆骥后来被称为“民间画会十子”，他们也都曾是黄少强门下的学生。

黄少强曾带领民间画馆的学生先后在社会上举行了6次公开画展，参加了6次美学苑画展。除了成功在广州市立美术学校内举行

"黄少强画像展"之外，还在社会上举行了"黄少强二十九年来作品提要展"和"黄少强十大连屏展"，记录了他的艺术活动经历。代表他在艺术上进入成熟状态的"传薪楼百画"，也与民间画馆有着千丝万缕的关系。

1936年，黄少强离开南海县立师范学校，进入广州市立美术学校执教。当时，广州市立美术学校是南中国美术教育的最高学府，也是广东美术家心目中的艺术重镇。时任校长李金发对于高氏兄弟在艺术变革上的主张颇为认同，甫一上任，就将中国画系的教员全部换成高氏兄弟的学生。黄少强也得到李金发的赏识，顺利获得在中国画系担任教员的工作机会。不久之后，卢沟桥事变爆发，举国上下风声鹤唳。其间，广州市政府宣布学校迁移，校址征用为训练女看护总部。广州沦陷前夕，广州市立美术学校已经进入解散状态。黄少强在广州市立美术学校的任教因为国难而被迫中断，携眷流亡香港。

身在香港的黄少强并没有终止他的民间绘画事业，1939年7月，他与何漆园、叶少秉组岁寒社，同时创设香港美学院，由黄少强担任院长，公开向社会招生。一方面，他积极地与何漆园、叶少秉、容漱石、余作舟、陈达人及其法籍夫人一行七人筹备香港美学院一事，专程携学校章程到香港教育司申请办理立案手续，让广州市立美专的血脉得以延续，培养画坛后进。另一方面，他献身民间绘画的激情融入了对日本帝国主义侵略战争的强烈反应，铿锵有力。从1940年到1941年，黄少强带领民间画会成员先后在香港举行了6次画展。《饮马潇湘》《不堪回首》《罄竹难书国难惨》《难抛家国兴亡念》《匿迹天边万向秋》等作品描绘日寇侵略战争给人民带来的苦难，这成为黄少强1938年以后的绘画主题。

黄少强在流亡香港半年之后，曾经折返内地，小住广州。在这段时间里，他一直栖身佛山岳母家里，因为不愿加入日伪组织"华南美术协会"，困窘的黄少强在佛山设止庐画塾教授学生，以此糊口。后来，与一位陈姓学生家长养猪，以失败告终，最后囊空如洗，贫困交加。其间，在一次返乡的路上，黄少强一行人不幸被当地伪联防队打劫、勒索和殴打，此番波折对当时罹患严重肺痨的黄少强更是重创。就在其病危之际，居处以婿死妻宅不吉，将之移入某旅馆，其又被旅馆老板逐出，转至老家故宅。生命最后光景的颠沛与流离，让黄少强的生活更添愁惨，42岁的他最终在南海官窑小江乡祖屋溘然长逝。

他以生离死别的浩叹、家难国仇的激愤，留下众多绘画和诗词，诠释了

“谱家国哀愁，写民间疾苦”之志，是苦魂、诗魂，更是画魂。在苦吟之余，他的诗画表现了新的绘画精神，为民族作呼号，为民间鸣疾苦。在其《少强题画诗抄》第一首诗《述怀》中，他表露了一生志向，并将其坚守到底：

慢笑封侯无骨相，懒随名利逐浮生。
一枝秃管衡身世，描写人间疾苦声。
懒向画坛争席位，好从人世写哀鸿。
漫天风雪啼声哑，凄绝休还艺术宫。

本文参考了广东美术馆编《黄少强诗文资料选编》、李伟铭《图像与历史——20世纪中国美术论稿》。

访谈

“他的艺术呼吸到真实的人间气息”

受访者：澳门学者、中央美术学院美术史博士陈继春

黄少强是岭南画派中，继“二高一陈”后极有才情的一位。他的诗才是一流的，至今存诗超过500首。其诗品、画品合一，始终贯穿着凄婉的情怀。他从自身悲苦的身世出发，人道主义和爱国主义在笔下如泉水般流溢，一枝秃笔写尽底层人民的哀鸣和诉求，被誉为是现代画坛杜甫。其《画家》《止庐民间疾苦图册》《止庐纪游画集》及《止庐题画诗抄》等，堪称20世纪广东画坛的不朽杰作。他在创作过程中将西洋画法融入中国画，在“二高”提倡的“折衷派”之中形成自己独特的人物画风格。黄少强创立民间画馆、民间画会，“到民间去”成了他艺术创作锲而不舍的方式。“艺术源于生活”在他的身上获得了充分体现。其以42岁的年华逝去，身后寂寥。近年来，随着研究深入，黄少强对中国现代美术史和岭南画派的意义逐步凸显。

艺术源流
形成独特的“折衷派”风韵

南方日报：黄少强早年跟随“二高”学习，还跟随留美回来的女画家刘博文学习西洋画。他如何兼习东西方艺术？

陈继春：1919年，18岁的黄少强进入高奇峰“美学馆”学习，初期遍习山水、花鸟、虫鱼及走兽，此后专攻人物。在随高氏习画翌年，又随留学美国10年的刘博文学习风景画和人体，长于素描。其才情早显于1920年，民国政要林森于广州向黄花岗先烈致祭时请其绘制黄花首义事迹的作品，黄少强的表现手法就是用西洋画法。

黄少强这种选择颇富深意。高奇峰的画以“折衷中西”为发展方向。黄少

强同时师事刘博文及学习炭相，西方艺术这种强调体积、结构和质感的表现方式对于喜爱人物画的黄少强极富吸引力。高奇峰自由挥洒的领域是山水、花鸟，而不是人物画，而刘博文明显能引领他向剖析人体结构、把握光影方面迈进。他在20世纪20年代里曾致力把高氏、刘氏的艺术表达方式糅在一起。可以说，他的画在撷取“二高”的“折衷派”风韵的同时，又有自己的创造，尤其是那种“笔不到而意到”，充满情感且“入纸”的中国式线条。

南方日报：在岭南画派的第二代传人中，黄少强的独特性是什么？

陈继春：黄少强是屈指可数、曾同时师事于“二高”的一位传承者。他约于1922年师事用笔大刀阔斧的高剑父。高剑父对这位艺坛新进很爱护，1927年高氏就有多封致黄少强的信，让他提交作品参加在香港举行的画展，参观鲍少游的画展以及于佛山市立美术学院代授西画。这和后来高剑父把黎雄才送往司徒奇主持的烈风美术学校一样，表示高剑父对黄少强的西画知识与技巧十分信赖。

黄少强对高奇峰怀有深厚的敬意，并参与新国画的推广，去世前仍恭摹高奇峰的肖像。在极其困难的经济条件下，仍举行纪念高奇峰诞辰的画展。实际上，高奇峰对黄少强的影响至深，誉之为“以天赋之才，得中西画学之奥”。他的著作《画冢》中刊载师友题词，也把高奇峰列在高剑父之前，而在黄少强的生活和艺术生涯里，尊师重道和孝义是结合的整体。

艺术风格

展现民间生活的平凡与无奈

南方日报：学者李伟铭曾用“哀感顽艳”评价黄少强的艺术风格，您觉得他艺术中最突出的风格是什么？

陈继春：黄少强早期的画多表现民间疾苦，以沉郁流离的情状，生离死别，人生无常为主题，悲剧意识强烈，正因为如此，其画感人至深。这种题材选择，很大部分萌发于其个人的生活背景。在1921年至1927年间，家中共6口人相继去世，父亲享年42岁，母亲年仅45岁，这些经历，无疑促成了黄少强对人生的思考，他的痛苦、忧郁之源，主要是缘于“孝亲”对象的缺失。他的人物画注重了人世间生、老、病、死的题材，某一程度上直接探讨着生命的意义，展现了民间生活的平凡与无奈。

就其画风来看，相信艺术品中存有“情感”的黄少强积极地接触社会，对民间疾苦的关注贯穿在其一生的绘画中。他以抒情、苍莽、雄浑与豪放为主的笔墨，代替西画那种块面的刻画，在他敏感的心灵的影响下，画下了带速写性质的人物画，袒露出回归文人画传统，又有别于前人的抒情方式。其美学追求是“法古而变今”，也就是高奇峰所说的“不囿于成法而合乎法”。在这一点上，他的成就比老师高奇峰更可贵。

黄少强从高奇峰那种优美的花鸟和壮美山水风格中走出来，呼吸到真实的人间气息。就技法而言，黄氏的表现手法至少比与其同时代的那些保守的画家强得多，而且多样化，其画极富平民性，不扮高深。

艺术精神

“到民间去，百折不回”

南方日报：黄少强一生中广泛地参与画展、创办美术组织活动，例如岭南艺苑、六人画会、民间画会等等。您如何评价他的主要艺术活动？

陈继春：“到民间去”是20世纪二三十年代中国知识界的文化运动之一。黄少强1935年在广州通宁道创立民间画馆，并在此基础上成立民间画会，奉行“到民间去，百折不回”的艺术主张。虽然这一主张是属于广东美术界的响应，但黄氏的文化自觉与推动，又为这一文化运动增添了内容。

黄少强的艺术思想是伴随着他的办学思想而一同发展的。1936年黄少强获得广州市立美术专科学校的教席，担任国画系主任和教授。黄少强带来的不只是他那套“民间疾苦”的作品，更重要的是他带来了一种富有革命性的、新的教学方法，那主要的一点就是“写生”。后来，他一直致力于广州市立美专在香港的复校。

“到民间去，百折不回”无疑是他及其追随者艺术创作的信条。黄少强与民间画馆的学生首次亮相是于1937年的佛山。两年内举行6次展览表明黄氏献身于民间绘画的激情，描绘抗日战争和日本侵略军给中国人带来的苦难，反映日军的残暴内容，折射出他对日本帝国主义侵略战争的愤慨。它对于在此前后的“折衷派”成员，又或是其他广东画人从事“抗战画”的创作，颇有示范作用。

南方日报：高剑父曾评价黄少强为特立独行之士、革命艺术前锋，他奉“法古而变今”的艺术宗旨，摒弃中国画因袭临摹的习气，而是从现实生活中撷取灵感，达到“谱家国哀愁，写民间疾苦”的宏愿。您如何评价黄少强在百年中国画坛的独特贡献？

陈继春：进入20世纪，中国知识界一直面对西方文化的涌进，精华与糟粕同来。硬笔或铅笔取代了毛笔，成了人们最初习画的用具。黄少强早年读过私塾，亦在香港接受过西式教育，虽谙英语，但深知中国文化的价值，而且对之有自信。在画学的层面，他是深谙画论的，折中于南陈姚最“质沿古意，而文变今情”以及唐代李嗣真“法古而变今”的主张。正如他自己所指出的：“只从我日常速写所得的稿本运用古人用墨的方法加以整理。”他予人印象最深的是，从早年铅笔速写中流畅自如的硬笔线条，转换成水墨线条来描写对象，根植于中国绘画传统，追求当代的审美意趣，这确是他的过人之处。

他的独特贡献是，在岭南画派范畴内，他是前辈画家中最能践行绘画对现实的关怀而且取得甚大反响的人；对于中国画坛后来的走向而言，“艺术源于生活”在他的身上获得了完整的体现，用学者陈迹的话来说，其“在精神上超越了传统的中国人物画，直指现代艺术的本体，并完成了他的人物画向现代意义上的转变”。尽管我们不能具体地说明他对某一画家的影响程度，但他以毛笔速写再进入创作的方式，从黄胄到林墉，再至史国良，不正存在着甚多的相似性？

作品欣赏

点评人：陈继春（澳门学者、中央美术学院美术史博士）

《风景写生》

点评：世人都知黄少强擅画人物画。实际上，他的水彩画亦是上乘之作。要知道，他离开博文美术学校后，甚至是在北游期间，水彩画仍是他表达所见所思的媒介之一。此作品创作于1929年，作者已忘记了中国绘画中表现轮廓的线，多以块面去表达物象，而且用色不袭中国庙宇中那种大红大绿的方式，而是温婉细腻，色彩怡人，这无疑使建筑物的庄严感和重量感释出。作者十分注重太阳照射下的感觉，庙宇庭前空人语，增添静穆气息。黄少强的水彩画能告诉观画者，中西绘画是可以拉开距离的，同时亦可融在一起。

《踏流不肯随流去》

点评：该作品创作于1926年。画作前景是珠江三角洲多见的水塘边的竹枝及干枯的苇草，旁边有浮萍数点。高剑父1926年作佛山之行时，以居巢的诗题黄氏之画，颇能表明三代人的画情。诗云：“绉雨风波鱼不知，江流日下逝如斯，踏流不肯随流去，人意差强水马儿。”高剑父凭诗寄意，从侧面上亦佐证出黄氏绘画的个性突出。

《民间歌者》

点评：画中是一头戴竹笠、左手持竿的老人家。竿上有龙舟形的扎作，舟内有划水者，而最上层有身穿长袍戴帽两人，而最上端插上八支正在燃点的香。老人上衣袖中的补丁，腰间系上的小鼓，唇上和下巴没有整修的胡子，以及张开的口……在我看来，正是20世纪初底层广东人于街口卖唱“龙舟”的形状。如果说蒋兆和是以带西式素描的方式去画华北地区底层民众的话，那么同样学过西画的黄少强的表现方式却是对“线”有无以名状的依恋，这正是黄氏的人物写生根植于中国绘画传统的方式之一。

《洪水流民图》

点评：黄少强拥有中国传统知识分子的优秀品格和古典人文情怀。“谱家国哀愁，写民间疾苦”成了他一生践行的宗旨。他曾仿古代郑侠作《流民图》的做法，作《民间疾苦图》赠予政府，哀叹时世的艰辛，以期当局体恤民艰。他创作于1932年的《洪水流民图》，画中滔滔洪水淹没屋舍，满目疮痍。图中有女子负母涉水而行，受灾民众栖身于高地，图中妇女掩面痛哭，男子正含泪抚摸逝去妻子的面庞，众人皆面呈哀色。此图的艺术感染力和视觉冲击力甚强，作者将对民众痛苦的悯惜表现得淋漓尽致，1936年香港报章就云此图“虽铁石人见之，恐亦凄然下泪”。黄氏的画诠释出他为民族呼号和爱国忧民的博大胸襟。

《小贩、鞋匠》

点评：对于黄少强，20世纪30年代林风眠指出“人谓其得高家昆仲衣钵”。今天看来，黄氏明显在“二高”的基础上有新的创造，这是因为从居巢、居廉到“二高”，花鸟画是主角，而黄氏能以毛笔直接写生，以人为主要表现对象，更能展现出“二高”所追求的绘画对现实的关怀。在1935年前，黄少强与友人游历了广西、上海、北京、天津、塞北等地，与高奇峰的其他弟子不同的是，他没有耽于山水名胜，而是考察风土人情和进行人物写生。铅笔及毛笔的速写成为这时期黄少强艺术创作的主要媒介，这些写生明显地反映当时中国人的生活状态，以及抒发对“吾土吾民”的关注之情。

《达摩像》

点评：此为黄少强门人潘鹤的藏品，他们邂逅于1942年2月28日。该画是黄氏生命最后一年夏天之作，他逝于当年9月7日午间。此作品写达摩端坐于松荫之下，面壁修行的情状。以“达摩”为题，有专注一境，使心如石壁，禁绝世俗杂念侵入，达到心虚灵空的无我境地的寓意。这一题材的选择，也许是黄氏在贫病之中寻求精神安慰的方式之一，颇异于他过去“给人予绝望的感觉”的画作。遗憾的是这种充满“希望”的作品，在黄少强的艺术历程中如流星划过长空一样，新意盎然之际却戛然而止。

司徒乔：

铁笔檀心锦绣肠　倾将热血入丹黄

“他将自己所固有的明丽，照破黄埃。”鲁迅先生曾这样称赞画家司徒乔的创作。面对着风起云涌的革命浪潮和可歌可泣的时代，司徒乔终其一生保有了至真至纯的人性良知与艺术热情，岁月沧桑不改其明丽之心，他把无限的真挚情感倾注到画笔之上，掷向人间底层的黄埃大地。

含泪握竹笔，热血写悲凉。在他的艺术中，不仅有对生命眷恋的至美表达，还有那些并不美丽的图画，如挣扎求生的乞丐、饥饿的难民、悲苦的老华工……他的画饱含了爱与激情，他的艺术告诉人们，在真正的艺术中，比表现“美”更震撼的是要表现“真”。

“伏马穿林日欲昏，画囊载梦行孑孑。”这些画，是一个艺术家的世纪心曲，更是百年中国美术史不可错过的画卷。

百年双喜 特约
世纪广东美术家
A19
绘灾情画著劫后史诗
将画笔对准底层民众
司徒乔
倾将热血入丹黄
铁笔檀心锦绣肠
火光燃尽为讴歌人民
穷境中发现人类美真
百年薪火 世纪风范
广东中烟工业有限责任公司特别呈献

结识鲁迅

将画笔对准底层民众

鲁迅生前只给两位中国画家写过评论，一位是给他画书封的陶元庆，另一位就是司徒乔。20世纪20年代，鲁迅为来自广东开平的艺术青年司徒乔写下评论《看司徒乔君的画》，赞赏他“有时将自己所固有的明丽，照破黄埃”。

司徒乔是最早与鲁迅结缘的艺术青年之一。1924年，司徒乔受五四新文化运动的感召，离开岭南大学北上到燕京大学神学院学习。在北京，司徒乔阅读了大量鲁迅先生的著作，成为了鲁迅思想的追随者。当时的进步刊物《莽原》，封面都是司徒乔的画，他每期都能读到鲁迅的短文。

“我在校旁小巷里散步时，随处都看见祥林嫂、闰土、阿Q、小栓……他们又使我想起童年在开平乡间所见到的祥林嫂、闰土……我开始爱上他们，并痛恨那些压弯他们的脊梁、榨干了他们血液的吃人的制度；我便开始画，画他们的苦痛和愤怒。”在鲁迅先生思想的启发下，年轻的司徒乔开始提笔作画，对准底层的苦难民众。

1926年，年仅24岁的司徒乔在北京中央公园水榭举办个人画展，没想到鲁迅先生不期而至，购买了司徒乔的两幅作品《五个警察一个0》和《馒头店门前》。

鲁迅所购买的《五个警察一个0》，是司徒乔于1926年除夕夜的创作。在那个寒夜，司徒乔原本赶去吃同乡的年夜饭，结果在路上见到了悲惨的一幕：一个带着孩子的孕妇已经给孩子讨了一碗粥，当她还想再给自己讨碗粥时，被"维持秩序"的五个警察追打。司徒乔难忍心头愤怒，索性年夜饭都不吃了，回到自己的住所连夜创作了这幅画——他借用画中那个"0"点出底层苦难妇女的悲惨命运，抒发内心的控诉。

鲁迅购买司徒乔画作一事，对司徒乔的创作道路影响至深。他多年后曾写文章说："从鲁迅先生买去的画，我得到这么一个启示：只有关切人民的画，才会得到鲁迅先生的喜爱。这个启示，一直指示着我的创作道路。"

从神学院毕业后，司徒乔没有按照校长的建议去当教会牧师，而是选择投身艺术。这也意味着他丧失了稳定的生活来源，他自诩"白薯画家"，住进北京的贫民窟里，每天继续画古庙、土山、破屋、穷人、乞丐……但他痴迷其中，甚至说自己有不得不画的苦衷，因为他"不能闭着眼睛走路，只要看到什么甚至听到什么"，他就忍不住要画下来。

安葬鲁迅时，上海工人、学生及各界人士5000余人为鲁迅送灵，鲁迅巨幅画像为司徒乔所绘

颠沛海外

穷境中发现人类美真

司徒乔（1902—1958）

“在穷境中守着自己一点希望，去发现人类的美真。”这是著名作家沈从文对司徒乔艺术的评价。

1929年，27岁的司徒乔第一次踏上异国之旅，远赴艺术之都巴黎，跟随法国画家比鲁学画。他如饥似渴地学习着西方油画技巧，然好景不长，半年后就因为交不起学费而被迫辍学。但司徒乔没有放弃，他干脆终日泡在博物馆免费学习，或跑到卢浮宫整日学习欧洲文艺复兴的大师画作。此外，伦勃朗、米勒的绘画也深深打动了这位来自东方的学生。

一个偶然的机会，司徒乔决定到美国碰碰运气，赚了学费再回法国继续完成学业。谁承想到了美国之后，司徒乔因为以留学生身份画画赚钱而被捕入狱。

1930年，京剧大师梅兰芳到纽约演出，正在美国游学的司徒乔促成了罗马尼亚肖像画家斯托恩内斯库为梅兰芳画像，他第一次亲眼看到一幅肖像画是如何完成的。同年，泰戈尔也来美国讲学，司徒乔大刀阔斧地画了一张比真人大三倍的泰戈尔半身肖像。游学欧美，让司徒乔在人物肖像画的创作上有所领悟。

司徒乔的一生，曾多次辗转海外。他30多岁时患上了肺结核，这在当时是不治之症，为躲避战乱他不得不出国医治，辗转于美国以及东南亚等地。在海外的岁月，他饱尝了游子的辛酸，但无时无刻不心系祖国。

1938年，司徒乔在妻子冯伊湄的陪护下远赴缅甸教书，开始了在东南亚的四年旅居生活。在缅甸、马来西亚、新加坡，他孱弱的身体得到了短暂休息，笔下也开始有了更为抒情和绚丽的水彩风景画。

两年后，巧逢新中国剧团赴东南亚宣传中国共产党的抗日主张，司徒乔在新加坡观看了剧团演出的《卢沟桥之战》《放下你的鞭子》等十多部剧目，他每场都在台下信笔速写。一幕幕激发人们反抗的话剧桥段，唤醒了司徒乔心中那支战斗的画笔，他得到剧团负责人协助，3个星期夜以继日，创作出大幅油画《放下你的鞭子》。他把剧中一把鼻涕、一把眼泪的苦难，融合自己的思乡之情表达出来，完成了这幅感情真挚的画作。

游学欧美后，司徒乔对人物肖像画渐渐形成了自己的独特见解。他强调，画肖像要用画家的心灵去捕捉被画者的心灵，决不能漠不关心地瞧着表面现象去描摹。“或者大刀阔斧，或者精雕细刻，但是要刻画、要塑造，使人物形象有棱有角，切不可细磨细蹭。”

司徒乔虽从西画入手，却立志要画中国气派的绘画，他尝试把中国画简练有力的线条，引入他的素描和速写之中。西洋画教会他在物象面前严加取舍，而中国画则让他懂得不为物象所拘，大胆地创造冶铸。司徒乔的肖像画呈现了更多的个人风格和东方意境，司徒乔笔下的人物肖像似乎是从斧子里凿出来的一般，艺术感染力特别强。这些，为他接下来攀登艺术高峰——创作抗战“灾情画”埋下伏笔。

抗战时期

绘灾情画著劫后史诗

1942年新加坡沦陷，司徒乔扶病归国。他在重庆创作了大型纪念壁画《国殇图》以纪念抗日阵亡将士。他用十个月的时间完成了这幅巨制：画面中，一对农民游击队父子是画中的主角，后面挺立着许多英勇战士……英烈们睁大双眼，似在控诉当时国民党的腐败政局。

这时，司徒乔与冯伊湄年仅9个月的小儿子因营养不良而死去，司徒乔无暇沉溺在悲痛中，他不想冷却这支刚画完殉国英魂的画笔，立刻要用它表现前线的卫国英雄们。他参加“前线视察团”，在1943年秋至1944年间奔赴西北考察战时灾情，之后又随一队专家到新疆采风。

“新疆猎画”是司徒乔艺术成就中的一个亮点。由重庆出发，经西安、兰州、乌鲁木齐，西至伊犁、霍城，南走喀什、于田……近两年的时间中，他拖着病体创作了280余幅作品。他一路被残暴军阀盛世才的爪牙盯梢，幸得维吾尔族友人掩护才得以脱险。

司徒乔按捺不住创作的欲望，他把写生当成“晨祷”，在他笔下，新疆丰美与宁静的草原、云杉插翠的雪峰、奔腾的骏马、各民族的风情徐徐展开，陆续创作了《天山放牧》《生命的奔腾》和《新疆集体舞》等作品。1945年，司徒乔在重庆举办的“新疆写生画展”轰动了整个山城。他开内陆画家在新疆写生时间最长、作画最多、创作最深入的先河。

司徒乔与妻子冯伊湄

1946年1月，应善后救济总署的聘邀，司徒乔夫妇又开始奔赴粤、桂、湘、鄂、豫五省考察灾情。尽管抗战胜利了，但中国无论城市还是农村都是一片残垣断壁，国民党当局将有限的资源都用于内战上，百姓流离失所，处处是苦难逃亡的民众。司徒乔生活在被饥饿和疾病折磨得七分像鬼三分像人的人群中，被灾区惨象深深刺痛了，他拖着身患三期肺病的病躯，以奔雷之势画下了灾民的种种苦况。

在广州，司徒乔用竹笔表现殉国战士留下的孤儿；在广西梧州，他的《学龄儿童》表现了本该去上学的孩子们在街头擦皮鞋、卖报纸、卖香烟的一幕，他们的生命脆弱得像北风中的芦苇；在柳州，他目睹为生存不得不卖掉女儿的悲惨难民，含泪画下《卖女》；在湖南，他听闻饿死人的惨剧，亲眼目睹了啃食野草的孩子，满怀悲痛画成《啃野草》……在回武汉的途中，司徒乔见到逃难回家的难民仍居无定所，开始构思长卷《义民图》。

满眼是悲苦的民众，天天看到难民的眼泪，司徒乔再也不能忍受了。他削尖了竹笔，把这些难民一个一个画下来。奔涌的感情让他几乎来不及打草稿，略微打一下腹稿，就用竹笔蘸上墨汁，唰唰画到纸上。

“好像是难民的血，画家的泪，一点一滴往纸上倾注。”在妻子冯伊湄的记述中，仿佛有一股神奇的力量倾注在司徒乔的创作中，几十年来他苦练的绘画功夫，加上对苦难民众的万斛同情，一泄如注，如闪电之势，在短短三天内，30多个难民肖像一气呵成了，成就了这幅2丈6尺的长卷《义民图》。

1946年6月，“灾情画展”在南京举办，《义民图》《饥饿》

《逃荒》《空室鬼影图》《归去亦无家》等一系列作品醒世展出。7月，展览移至上海，立刻赢得了社会各阶层的热烈反响，门外的观众排成长龙，观众要求展览延期。纪实般的画作具有强烈的现场感，震撼了不少到场观众，他们在画作前流下热泪。

有人称司徒乔的“灾情画”是“血性之作”，有人称之为“血泪字典”，还有人说，《逃荒》一画应该挂在“南京国民大会堂”。司徒乔的画展，也引起了当时不少知名文化人的关注，郭沫若为他的展览撰文《从灾难中像巨人一样崛起》，吴作人则评价说：“司徒乔用那支有董狐般的力量的竹笔，写下这80首为抗战而遭遇到颠沛流离、非语文所可喻、非泪血可诉的、悲悯惨烈的劫后史诗。”

笔底人间

火光燃尽为讴歌人民

“灾情画展”完成后，司徒乔倒在医院，大口吐血，终日高烧，肺病已经进入三期，也即是末期，生命垂危。为了一线生机，妻子冯伊湄毅然决定带司徒乔远赴美国进行治疗。

“铁笔檀心锦绣肠，倾将热血入丹黄。”“平生耐尽风波恶，紫髯飘萧渡五洋。”在太平洋的轮船上，妻子送他两首小诗，写满了对司徒乔的理解与深情。数十年来，冯伊湄是司徒乔最亲密的知音，正因为有了她的默默扶持，司徒乔才得以全情投入艺术。

在美国，司徒乔的肺病奇迹般地治愈了大半。得知新中国成立的消息后，他与妻子无心留恋美国的生活，1950年，终于又登上了从美国回国的轮船。

在船上，三位年轻时就被卖到美国檀香山的老华工，讲述了他们的悲惨命运。听完老华工们的倾诉，司徒乔在船摇手颤中饱含着自己的同情与悲愤创作了《三个老华工》，一笔一墨都饱蘸着激情与血泪，与脚下狂怒的海浪，一起涌动着、拍打着、激荡着人们的内心。

回国后，司徒乔深深为祖国的新气象所吸引。他开始构思一幅幅革命史画，第一张起草了《毛主席在农民讲习所》。随后，司徒乔立下心愿要给鲁迅先生的小说配图，创作了《鲁迅与闰土》等广为流传的插图。

尽管肺病不断发作，但司徒乔已经停不下来。他常常是画完咳一阵、喘一阵，再休息一阵，又精神抖擞地继续画。

1952年，亚太区域和平会议在北京举行。他自告奋勇参加这个盛会，用画笔表现来自75个国家的和平战士。他守候在会场外，为和平战士们一一描绘肖像，最后组合成群像式的巨幅画作。为了创作这幅宏大的巨幅新国画，他花费了整整4年时间，但最终并未完成。

1956年，冯伊湄为了给司徒乔养病，请求母亲卖掉祖屋，将北京香山东宫村的一处房子买下来。房子在一个小山坡上，向西望是碧云寺，向北望去是卧佛寺，从每一个窗框往外看都像是遥望一幅风景画，这也成了司徒乔最后的居所。

次年秋天，司徒乔为纪念十月革命40周年绘制了《秋园红柿图》，笔下是一片熟透了的红柿，沉浸在一抹夕阳之中。1958年，司徒乔也走到了生命尽头，他就像那一抹最后的夕阳，用红色的光完成了这灿烂的画作。

司徒乔去世后，中国美协为他策划遗作展。1962年，司徒乔逝世4周年纪念日，遗作展在北京开幕，之后又在上海和广州巡展，展览受到了市民们空前的热爱。在北京，参观人数最多的一天超过了5000人；在广州，参观人数最多的一天超过了6400人。

他竭尽生命绘就的画作，无论是瑰丽景致，还是荒舍鬼影，抑或是难民肖像，都饱含着深切的情韵和坚强的意志力。他的画笔洞悉人间，他的笔触温热动人，给人以永不枯竭的希望和爱。他的一生，诠释了他在日记里写下的那些滚烫的句子：

“含泪画下去啊，蠢人，在艺术的牢狱里过你的一生。”“我要随时随地跑进别人的呼吸里，共分他们的气息……而且谦恭地，向人类的灵魂跑去……”

本文参考了冯伊湄《未完成的画》、刘新《司徒乔与鲁迅及平民性》、李浩《探索之路——司徒乔的绘画创作略述》、艾中信《司徒乔笔尖上的正义和激情》。

访谈

他的艺术展现了良知和非凡创造力

受访者：广州美术学院艺术与人文学院副研究员蔡涛

俄罗斯著名画家列宾曾说：“艺术热爱艺术家身上忘我的勇气，热爱他在美和诗的无限天地中探新撷奇的无穷闯劲。它绝不会原谅作品的枯燥乏味和冷漠无情。”而司徒乔正是一位拥有赤子之心和满腔热血的艺术家。司徒乔用他的画笔去倾诉和呐喊，表现对现实社会的关注、对底层人民的爱和同情，表现现实疾苦、人间冷暖，传播希望与爱，得到了鲁迅、沈从文等人的赞赏。

谈成就
他的方法意识与林风眠相近

南方日报：在20世纪诸多美术家中，司徒乔的艺术探索有何特殊之处？

蔡涛：20世纪30年代，新的视觉文化传播媒体如画报、电影、戏剧等纷纷成为都市文化中的主角，艺术家也开始大量参与摄影、版画、漫画等新媒介的创作，我们理解司徒乔，他不能离开这个新的媒体文化环境。例如，他为《莽原》等杂志设计过封面，在沈从文的邀请下，为《大公报·艺术周刊》做了89期的编辑工作。可以说，这是中国当时分量很重的一份艺术副刊，因为投稿的人不仅来自艺术界，还包括了梁思成、林徽因、朱光潜、许地山、宗白华等知识界一线人物。因此，这份报纸副刊讨论的很多美术史的议题，学术含金量相当高，具备学术前瞻性。此外，我们在《大公报》这份报纸上，也可以看到当时年轻艺术家的一个新走向，就是赵望云、沈逸千这样的洋画家，开始将民间疾苦和边疆写生作为一种新闻报道的新体裁，出现在报纸的版面上。这种强烈关注现实的艺术价值观和表达方式，虽说在司徒乔早期的作品中就开始出现了，但是这种与现场报道结合起来的新媒体文化，对他无疑也是一种激励。

可以说，司徒乔是和鲁迅关系最密切的一位油画家，就在鲁迅去世前不久，他还陪鲁迅一家人看过苏联木刻展。在鲁迅的葬礼上，很多亲近鲁迅的版画家都在现场画了速写，而司徒乔不仅画了速写，还在出殡前绘制了一幅巨幅肖像，成为整个送葬队伍的视觉焦点。在中国现代美术史上，这件作品可谓现代公共艺术的一个里程碑，此后我们可以看到在公共空间中巨幅肖像承担着越来越重要的作用。

他的艺术展现了良知和非凡创造力

他的方法意识与林风眠相近

20世纪最优秀的中国艺术家之一

司徒乔有着更大的艺术抱负。在1937年抗战爆发后不久，司徒乔在《大公报•艺术周刊》上发表了《当前的大道》，其中说道："自明代以来便渐陷入混沌境，至今未得见新生的我国艺坛，也黑暗了若干世纪。算来意大利文艺复兴，正是我们渐次堕入文艺衰微之日……从文艺衰落至复兴的当前大道，有两个急待克服的仇敌，那就是：门户的藩篱与对艺术的不忠。这两个劲敌被杀了，我们便将会明白，除掉材料影响与思潮背景的差别，中西两艺坛到了今日，是能交荣互进的。"

司徒乔对艺术理解的过人之处，就在于他超越了门户之见，力图超越中西文化的分界。在调和东西方的方法意识上，他和同时期的另一位广东籍艺术家林风眠比较接近。不同的是，司徒乔认为文艺复兴以来的写实主义传统，比之西方现代主义，更有参考和学习的价值。

另一位文学界的巨人沈从文对司徒乔也是相当看重。他对司徒乔的认可，不仅仅是艺术上的认可。沈从文很看重司徒乔平实朴素的人格，在创作上贴合社会底层，关注大变动时代普通人的生存处境，这恰恰和沈从文的文学追求是一致的。

南方日报：对于东西方艺术的融合，司徒乔的探索有什么价值？

蔡涛："折衷中西"的思维，在民国画坛是个普遍现象，这方面司徒乔最耐人寻味的行为，莫过于发明了竹笔。20世纪30年代，新媒体文化来势汹涌，版画、漫画、摄影占据了优势地位，洋画家的价值体系面临挑战，司徒乔在这期间发明了竹笔。这种简便的绘具折中了水墨画、硬笔画乃至版画的技术特点，在纸面上可以表现出尖刻的笔触和充满节奏的刮擦感，带有同时期版画家充满战斗意味的媒介特性，从中可以看到他的实验是希望打通东西方的界限。他站在了一个近代知识分子的立足点上观察世界、思考问题。

谈价值
20世纪最优秀的中国艺术家之一

南方日报：您如何评价20世纪三四十年代战乱时，司徒乔所创作的一系列反映民众疾苦的作品？

蔡涛：放在世界艺术史的视野里来看，司徒乔的灾情画，如《空室鬼影图》这样的作品堪称杰作。对比反映战争和灾难对人类的摧残的世界级艺术作品，如毕加索的《格尔尼卡》、德国版画家珂勒惠支的《战争组画》等等，司徒乔的《空室鬼影图》可谓毫不逊色，表现出了艺术家的良知和非凡的创造力。我们也许可以发问，为什么面对战祸，同时期的中国画家极少有如此彻底的反思和超越性的表现？

司徒乔的绘画创作后来经常被归类于现实主义，对他的理解比较容易脸谱化。但我们要注意到他创作上的一个特点，就是在创作现场，他往往能释放他强大的创作能量，这点恐怕他自己都是不自觉的。例如他创作的鲁迅遗像、《五个警察和一个0》以及在新加坡创作的《放下你的鞭子》，全都是一种具有现场爆发力的创作。

南方日报：前几年，您在广东美术馆曾参与策划“浮游的前卫”展览，对一批美术史上“失踪”的粤籍现代艺术家进行了回顾，其中也包括司徒乔，乃至他的学生梁锡鸿等人，能否谈谈他们对20世纪中国美术史的意义？

蔡涛：毫无疑问，司徒乔是20世纪最优秀的中国艺术家之一。他在国内没有进入过美术学校，在国外也是游学为主，更多时候是根据自己的天性和良知，在行旅、战乱、病痛中打磨自己，寻求卓越表现，向我们展示了艺术家追逐理想的坚韧历程。

司徒乔作为一个具备前瞻性眼光的艺术家，他的思想和创作成果并未得到应有的评价。广州艺博院和中央美院美术馆近年来陆续举办了回顾展，将资料陆续公布出来，这为学界重新认识这位艺术家提供了条件。司徒乔的教养背景很独特，一个是出身侨乡开平——司徒家族遍布全球的家系，一个是岭南大学、燕京大学的教会学校背景，他从小很自然地就在国际旅行和家族聚会中，感受到世界的精彩和开阔。此后，他穿梭于东西方之间的国际旅行，在战火中奔波，为生存和创作争取条件，这种在地球上行走的幅度和强度，很少人可以和他相比。此外，在学问上，司徒乔具备了同时期艺术家少有的钻研能力和文化视野。

司徒乔生活照

作品欣赏

点评人：陈志云（广州艺术博物院陈列研究部副主任）

《鲁迅画像》

点评：此幅纸本炭笔素描作品是为了配合《良友》（第25期，1928年4月）杂志报道鲁迅先生而创作的，这幅作品线条飞动，造型简练而富有雕塑感。棱角分明的形象恰如其分地表现出鲁迅爱憎分明的性格。寥寥几笔便能如此精妙传神，实在令人难以相信司徒乔是没有受过专门训练的。有人评价司徒乔的这幅画像“用笔有惊人的成绩”。此作品现藏于北京鲁迅博物馆。

《少女像》

点评：司徒乔是那个时代的中国画坛中为数不多的擅长粉画的画家之一。著名画家吕斯百曾称赞他是中国的拉多（法国伟大的粉画家）。色粉颜料有一种独特的质感，它有着油画的厚重又有水彩画的灵动，非常适合司徒乔的艺术特点。他在色粉肖像画方面显示出对这种材料高超的驾驭能力。画中那位娴静优雅的少女是冯伊湄的妹妹。在这幅作品中，司徒乔以灵动的线条将色彩层层叠加，形成一种微妙的色彩叠压效果，由于颜料带着光感，将少女旗袍的轻纱面料表现得极富质感，那微微闪动的光泽映衬着少女的肤质，一股青春气息犹如热带明丽的春光，让人温暖。从这幅作品中，我们不难发现司徒乔深受法国印象派画家马奈、莫里索等人的影响，这使司徒乔的粉画作品会给人一种接近印象派油画的视觉感受。

《放下你的鞭子》

点评：1940年7月，抗日剧《放下你的鞭子》在新加坡上演时，司徒乔主动邀请剧中的主演金山（当时化名赵洵）、王莹为模特创作了这幅名画。司徒乔着重刻画父亲愧疚的神情和女儿悲伤中露出的对侵略者怨愤的眼神，这幅作品也因此具有无比的感染力。著名油画家艾中信先生评价说：“他在这幅不太完整的杰出的油画上……用画家的正义和激情，达到了用绘画艺术宣泄人物性情的效果。我们爱这样的画，不在于这一笔那一笔的功力如何，而在于笔底传神，性情真率，没有矫揉造作的弊病，是爱，是恨，是悲痛，是激愤，无不真挚若狂。”此作品现藏于中国美术馆。

《空室鬼影图》

点评：1946年4月，司徒乔一行人到了湖南衡阳考察灾情，当时衡阳等地正经历严重的大饥荒。单单在致和小村庄里就饿死了69人，其中村民吕玉甫一家九口，相继饿死。司徒乔来到吕玉甫家，看见幼子尸体尚陈在炉灶旁边，腹大如瓠盖。因为当地那些饿死的村民都是吃糠充饥，胀塞而死的，死状让人惨不忍睹。司徒乔站在这空空的房子中，仿佛还能感受到那些饿死的冤魂在飘荡，就是在这样的情绪之中，司徒乔创作了这幅纸本竹笔水墨作品。这样的画面震慑人心，不单源自死亡给人的恐惧感，更源于母亲对孩子的爱——即使在垂死的一刻，母亲依然要给予孩子最后的安慰和温暖。这是司徒乔艺术最感人的魅力。此作品由司徒乔家属收藏。

廖冰兄：

皂白青红神犀妖镜　嬉笑怒骂苦口婆心

廖冰兄（1915—2006），原名廖东生，出生于广东广州，17岁起发表漫画作品，其作品扎根民间，内容严肃，风格辛辣朴实，以深入浅出的笔触揭露黑暗，在嬉笑怒骂间针砭时弊。观其一生创作的数千幅革命与时事漫画，其中既有“为被害的善良而悲”的济世精神，更蕴含一种“为害人的邪恶而愤”的战斗意识。

作为中国漫画的发源地之一，19世纪末到20世纪初的广东有着得天独厚的优势。从以时事漫画为公共舆论刀锋的谢缵泰，到用漫画为革命与新思想劈开道路的潘达微，再到“以画笔为扫帚，以清扫人间的垃圾为职务”的廖冰兄，其间的一脉相承难以尽述。但廖冰兄之独特，并不仅仅在于他的画作，更在于他那传奇跌宕的人生。从廖冰兄身上，我们能看到一个艺术家强烈的社会责任感和社会良知，也能从他和他的漫画中去找寻中国历史的苦难进程，重新审视特定历史时期的心灵图像。

百年双喜特约
世纪广东美术家
廖冰兄
皂白青红神犀妖镜
嬉笑怒骂苦口婆心
01 幼年失怙志不穷
03
百年新文 世纪风范 广东中烟工业有限责任公司特别呈献

幼年失怙志不穷

1915年10月21日，广州观音山（即越秀山）脚下小北附近的莲塘路大石西街四号。紧张了一天的廖明刚终于听到了屋里那声嘹亮的啼哭，妻子岑月清给他生下了一个眼睛大大的儿子。并没有想太久，廖明刚就给这个孩子取名为廖东生，即在广东出生的意思。

作为桂系军阀在广州部队的一个事务长，廖明刚并没有多少钱，甚至连广州这套房子都是租来的。当时的小北一带，也是广州中下层平民的聚居地。这样的日子又过了三年，岑月清又给他生了个女儿，取名廖冰。

但是，就在女儿出生后不久，廖明刚却被军队开除了：廖明刚的母亲不喜欢儿媳妇，让廖明刚休妻，他不肯，于是母亲去军队告他“忤逆”。后来跑去汕头做小生意的廖明刚，因为一次更加莫名其妙的赌摊抢劫，被不分青红皂白地枪毙了。

廖明刚被枪决那年，儿子廖东生4岁。在那之后，岑月清不堪债务压力，一度精神失常，病愈后改嫁。然后，廖东生和廖冰就成了"拖油瓶"，只能由外婆抚养长大。最惨的时候，这个可怜的孩子甚至只能住在关帝庙里。而他的母亲，改嫁之后同样备受欺凌，甚至一度因为生活窘迫，要将廖冰抵给富户当婢女。

这些经历，对于廖东生来说都是刻骨铭心的。在后来的回忆中，他曾经这样写道："我因此在家里、在社会上都无处容身，使我幼小的心灵受到严重的损伤，也使我从小就对封建主义十分痛恨。""在我还不懂得'封建'二字怎么写的时候，我就痛恨封建，反封建。因为母亲受欺凌，我在童年对'男人'有一种莫名的痛恨，根深蒂固。"

尽管因为生活的窘迫，童年的廖东生不得不做小贩、纺纱、织麻鞋，从事各种可以糊口的活计，但他依然进了学堂。先是5岁时在舅舅的私塾里开了蒙，之后一直到9岁才进小学。从第十七小学毕业后，由于家穷，他报考了免交学费的广州市立师范学校。从5岁到9岁，几年之间，已经足够让他见识到社会底层的人情冷暖。在后来对家人的回忆中，他说："有人难以理解杜甫诗句中'稚子敲针作钓钩'的情景，觉得如此穷苦，怎么还会有这样的闲情逸致，其实穷苦人也不是任何时候都愁眉苦脸的，我自己就曾经是个这样的稚子。"

在广州市立师范学校，廖冰兄开始接受比较正规的美术教育，奠定了其日后漫画成就的基础。此外，他还认识了自己的妻子罗凤珍。他的老师中，更是有留日归来的广东现代美术教育的启蒙者和开创者胡根天。在晚年的回忆中，他曾经这样评价自己的这位老师："如果当时的老师不是这位'无法而治'的胡根天，我决不可能有一些在某些人眼里视为狂妄的行为，甚至不可能到今天还拿着画笔。"

当然，廖东生开始学画并不仅仅是因为胡根天。他从小就喜欢画画。刚刚读书时，因为穷得没有一张纸，廖东生就在《大学》书页甚宽的天头上，画下了他的"处女作"——但是这画并不吉利，画面上一个人死了，几个人围着哭他。或许是他生活中见闻的悲惨事太多了，廖东生画画从一开始就不是为了好玩，而是要倾诉、发泄他的愤懑。

由于买不起颜料，甚至连价廉的纸张也买不起，廖东生只好用竹棍、瓦片在地上画画，所以，后来就有人开玩笑说，他的美术是在"街砖大学"毕业的。廖东生找到一条取得纸张的途径——为本街一间纸店扎灯笼，老板则以纸代钱，当作人工报酬。除此之外，他还想去广州市美术学校“偷师”。根据他晚年的回忆，当时的想法有很多：“听说他们要雇请小孩当模特儿，每小时给一毛钱。我既想学画又希望能被雇为模特赚点钱，就常常到那里去看。他们终究没有雇我做模特，但我已经从中‘偷’到一些绘画技术了。”

廖冰兄（1915—2006）

一朝成名动全城

广东不仅是中国现代革命的发源地，同时也是中国近代漫画的发源地。

1898年7月，刊于香港反清革命杂志《辅仁文社社刊》上的《时局全图》被公认为“中国第一幅时事政治漫画”。画面以中国地图为背景，人熊占据东三省，一条狗占据长江流域，大癞蛤蟆占据广东、广西、云南等地……是的，就是历史课本里那一幅描述列强瓜分中国的漫画。该漫画作者叫谢缵泰（1872—1938），广东开平人，为孙中山兴中会第三号人物。

谢缵泰之后则是潘达微（1881—1929，广州人）。他在1905年受孙中山先生委托，邀集著名画家高剑父、何剑士、郑俉泉（郑苌）等筹款开办《拒约画报》（后改名《时事画报》），在中国历史上第一次提出“艺术要为政治服务”的口号和“以革命思想入画”的方针。然而，这股漫画热潮却由于袁世凯称帝而受到封杀。潘达微逃亡上海，何剑士、郑俉泉避往香港。直到20世纪30年代初陈济棠主政南粤，广东的漫画界才得以重新活跃起来。李凡夫、黄凤洲、黄伟强、林檎、郑家镇、叶因泉等漫画家，纷纷在本地报纸的副刊发表漫画，成为除上海外，国内另一个漫画中心。

廖东生“崭露头角”就是在这个漫画复兴的年代。1932年，年仅17岁的廖东生开始在《市民日报》上发表作品了。漫画处女作是《狼子野心图》，将日寇画成张开血盆大口意图吞噬中国的豺狼，代表广大要求抗日的群众喷发出心中怒火。

而“廖冰兄”这个名字最早出现，则是在1933年。关于他这个名字的由来已经流传甚广：当时，廖东生在广州的《诚报》写了一篇文章，想署个笔名，开头他几乎不假思索就写“廖冰”。但又想了一下，觉得有点欠妥，“我是廖冰之兄啊！”于是就在“冰”字后面加上一个“兄”字。从此，廖冰兄这个名字就一直沿用到他生命的终点。

从1932年到抗战之前，是廖冰兄漫画的起步时期。20岁出头的廖冰兄创作欲望强烈，不断在广州、上海、香港等地的报纸发表漫画，以天真、雅稚的线条以及源自民间艺术的风格、造型来表现对生活的感悟，对人生真谛的洞察，具有极强的批判性。这种思想与视觉的直接冲击效果，被方唐评说为“在国内无出其右”的爆炸力。这批漫画被当时的漫画前辈称为“人生哲理漫画”。当时《七十二行商报》竟介绍他为“广州、上海、香港的大画家”，20岁的廖冰兄，以一个“狂妄”才子的身份跻身中国漫画界，并被时任《时代漫画》主编的鲁少飞称为“华南重镇”。

1937年抗战开始，廖冰兄毅然辞掉在香港的高收入的美术编辑职务回到内地。他一口气画了200多幅“中国必胜，日本必败”的漫画，并在1938年2月时，在广州长堤举行了他人生中第一次漫画展。当时的廖冰兄心里没底，于是便给当时在广州的黄苗子打了个电话，请他过来看看。2月22日晚上，黄苗子带着夏衍和郁风来了，这三个人也成了廖冰兄平生第一个漫画展的第一批热心观众。

随后，热情高涨的廖冰兄奔赴武汉，加入国民政府军事委员会第三厅漫画宣传队。廖冰兄参照《论持久战》的精神，创作一套教科书式的《抗战必胜连环图》，从政治、军事、经济、资源、国际关系等多个方面进行比较。每幅画都用韵文精选说明，具有极强的记忆性和说理性，这也是他漫画的一个高峰时期。而在那之后，廖冰兄辗转皖、赣、浙等地进行抗战文艺宣传，每次都少不了这套经久耐用的《抗战必胜连环图》。《抗战必胜连环图》开创了一种新的漫画形式——教科书漫画，这是廖冰兄在救亡时期的创造发明。几十年后，人们才见到同类的、蔡志忠的《漫画老子》，而廖冰兄正是这类图说思想漫画作品的一位创始人。

聊将秃笔伸积愤

20世纪80年代，廖冰兄（左二）与丁聪（右一）等人

如果仅仅是宣传抗战，廖冰兄的漫画并不会达到被后人如此称许的地步。根据著名美术家黄蒙田的说法，“冰兄的创作走着另外一条路子”。不同于其他漫画家鼓动式的漫画创作，廖冰兄“要求大众化，形象设计和形式创造是从民族、民间去吸取养料以适应一般观众，特别是不习惯西方漫画的中国观众”。正是廖冰兄漫画中的这种通俗直白的“野性”，使得他民族情结中夹带的浓厚的民间倾向得以显现，使得其漫画作品在视觉效果上呈现出巨大的爆炸力。

抗战后期，廖冰兄来到重庆，并与早年在广州市立师范学校时认识的同学罗凤珍结婚。大女儿陵依出生之后，虽然生活依然困窘而忙碌，但廖冰兄却开始了自己漫画生涯的第二个高峰。从1945年9月开始，廖冰兄几乎是一口气画了半年，总共创作了70多幅画，这就是轰动全国的《猫国春秋》系列。

这一系列最早的灵感来源，是在1945年3月由叶浅予发起组织，连同张光宇、廖冰兄、特伟、丁聪、张文元、余所亚、沈同衡等总共8位漫画家的“八人漫画联展”。当时廖冰兄敏锐地觉察到，日本投降不久，重庆谈判正在进行，而国民党一时未做好内战准备，他们要暂时用“民主”的外衣来掩盖白色恐怖。集结出击，用重磅漫画来揭露蒋家王朝，正当其时。

《猫国春秋》的创作环境并不好。当时廖冰兄和产后体弱多病的罗凤珍带着未满周岁的陵依住在松林坡的宿舍。那里既冷又潮湿。由于没有育儿经验，陵依长了湿疹，廖冰兄常常是左手抱着女儿，右手执笔作画。

1946年春节大年初一，“猫国春秋”漫画展开始在重庆北碚试展。当时复旦大学正在北碚办学，师生看了一致给予好评。“猫国春秋”漫画展取其中的组画《猫国春秋》为整个画展名称。共分五个部分：其中有连环画《鼠贼横行记》、组画《猫国春秋》、单幅的《簧宫灯影录》《方生未死篇》及连环画《虎王惩贪记》等。

《鼠贼横行记》记录了抗战期间，国民党反动派如何横征暴敛、囤积物资、镇压人民、破坏抗战、掠夺人民胜利果实的诸般罪行。组画《猫国春秋》则以人化的猫、鼠来隐喻反动派中，各种分子既狼狈为奸又互相争夺的丑态。《黉宫灯影录》则直接描写知识分子的苦况，揭露国民党搞白色恐怖的行径。《方生未死篇》以象征的手法，描写新生力量尚未取得彻底胜利，腐朽力量仍做垂死挣扎时期的社会现象。连环画《虎王惩贪记》则揭露国民党所谓惩办贪官污吏的真相。其中有少数几张画如《教授之餐》《燃血求知》等，几个月前已在"联展"出现过，现在把它们放进一个大系列中展示，更显分量。

展览的成功，连廖冰兄都始料未及，观众排长龙买票进场，甚至有观众带着铺盖半夜三更徒步到重庆露宿购票。根据廖冰兄的回忆："展出当天，郭沫若就来参观，此后几乎天天都到会场'坐镇'，翦伯赞虽住在距重庆数十里的歇马场，但也专程来看。"此外，版画家王琦在其回忆录《艺海风云》中记载，当时在重庆的中共领导人邓发、王若飞、秦邦宪以及刚刚出狱的叶挺等人也去参观。

夏衍、田汉和夫人安娥来了，戏剧家魏照风也来了，油画家倪贻德看后予以很高评价，版画家王琦则几乎天天都来。这次展览，甚至让密切注视中国政局的美国人也注意到了。费正清夫人、美国驻华大使馆文化专员费晓梅参观之后专门请廖冰兄到大使馆做客。费晓梅曾师从墨西哥著名画家李•维拉。她对廖冰兄的画赞不绝口，她说："美国画家的画只能拿来装饰墙壁，像你这样的漫画，在美国是没有的。"

人道精神暖人间

和很多左翼文艺人士一样，在解放战争后期，廖冰兄也是在香港等待新中国的成立。1949年10月1日新中国成立，廖冰兄以人间画会的名义发起制作题为《中国人民站起来了》的毛泽东巨像，完成后悬挂于解放后的广州爱群大厦。

1957年，他创作了《打油词画——赠教条主义诸公》。但也因此被公开点名批判，迅速被打成"右派"，送到广州白云山省委干部试验农场劳动改造。

有意思的是，这次改造反而让人看到了廖冰兄在漫画之外的又一技能。1961年，当时省委宣传部负责人吴南生想找人写一个适合青少年看的潮剧。于是就由剧协下放农场劳动的林紫组织一个写作小组。该写作组五人，均是祖籍潮汕的戏剧家和文学家。但五个人因忙于其他工作，迟迟未能交稿。廖冰兄闻讯毛遂自荐。但他半句潮州话都不会讲，居然提出写潮剧剧本。几个行家告诉廖冰兄，潮剧是七字一句，并给了他一本潮州话韵的字典。廖冰兄按着这些格律要求，很快便把第二场文稿写出来了。林紫拿去交给吴南生，吴大加赞赏："写得很在行，很好，文采好。"随即决定全剧就由廖冰兄一个人去写。这也就有了潮剧《槟榔》。

廖冰兄家庭合影

1962年后，廖冰兄被分配到广东省木偶剧团任美术设计。在那之后，"文革"期间的廖冰兄再次受到冲击。1978年，声讨"四人帮"的言论铺天盖地，国内文艺界都"有话想说"，素以讽刺批判见长的漫画界也不例外。廖冰兄在读完《实践是检验真理的唯一标准》之后，称其"拯救了我的灵魂"。廖冰兄对以往不断反思，重新执起画笔后创作的第一幅画，就是《自嘲》，意欲"写此自嘲，并嘲与我相类者"。

廖冰兄7.1岁×10自画像，作于1986年

该画作为廖冰兄的自画像，画中人久被禁锢在瓮之中，瓮虽然破裂，然而画中人却浑然不觉，只是默然发呆、噤若寒蝉。廖冰兄在谈到这幅漫画时，曾轻描淡写地说："这幅画画得很简单，说的是极左思想禁锢下的人们，即使打破了禁锢身体的东西，在思想上还是心有余悸的。"《自嘲》等作品通过回顾过去而思索或告诫未来，战斗锋芒依旧，济世精神尚存，且多加了一份自省。而在这之后，廖冰兄的创作，居然神奇地又迎来了一次高峰。

廖冰兄骨子里是一位人道主义者，晚年他不画漫画，但仍然关注社会，关怀众生，尤其关心社会上那些弱势群体，对他们念念不忘。但对于自己的生活他却是省之又省，他的书斋"冷巷斋"是用夹板将之隔成三房一厅后，在走廊里截出一段砌上墙隔出来的。4平米的空间只摆得下一张书桌，几个简陋的书架钉上墙，椅子只好摆到门口。广东人称走廊为“冷巷”，“冷巷斋”由此得名。

他家中没有沙发，椅子是他捡来几块木板做成木箱、安上木靠背拼凑起来的。木箱上面坐人，里面还能装书，以求物尽其用。而家中空调也是在风扇用了十多年坏了之后，才勉强买的。开空调时，廖冰兄总爱搬张椅子站上去看电表，一看到它转动就觉得心疼。所以立下规定：室温低于30℃，家里人数少于10人，就不许开空调。

就是这么一位对自己相当苛刻的老人，却在2004年，成立“廖冰兄人文专项基金”，将所得60余万元全部用于慈善事业。2006年7月，也就是廖冰兄逝世前的两个月，他还将名下所有珍贵字画进行义卖，所筹的80余万元全部注入基金会。

“皂白青红神犀妖镜，嬉笑怒骂苦口婆心”——廖冰兄生前最喜欢的、由著名书法家何绍甲写给他的对联，也成了他这一生最真实、精辟的写照。

点评人：廖陵儿（廖冰兄基金会会长，廖冰兄二女儿）

《标准奴才》

点评：面对日寇侵凌，国将不国，国民党当局对日寇采取投降主义，不准抗日，指抗日为“有损邦交”，只能讲救亡。廖冰兄当时是年方20出头的热血青年，用隐晦的手法揭露亲日投降派的丑恶嘴脸。1936年，上海漫画界发起第一届全国漫画展，《标准奴才》是廖冰兄参展的作品，画中的奴才自割首级奉献敌寇——可怜、可恨、可恶，惊心动魄。

《炮口闲吟图》

点评：1931年“九一八”事变以来，国民党当局对日采取亲善政策，不准抗日。21岁血气方刚的廖冰兄把对祖国的爱、对侵略者的恨、对麻木不仁者的怒都发泄在这幅创作于1936年的《炮口闲吟图》上。画中借用王勃名句让“雅人”吟：“落霞与孤鹜齐飞，秋水共长天一色。”可恨这眼前不是晚霞，是血与火，远处不是飞鹜，而是日寇侵华的战机，海面上还有战舰，东北大好山河已经沦丧，脚下不是风光览胜，是敌寇的大炮和刀枪剑戟……对民族苦难无关痛痒的“雅人”，在炮火面前竟能风雅一番，优哉游哉。作者心中的怒火在燃烧，他用奔放而稚拙的粗线条、红黑的大色块构成强烈的对比和反差，描绘侵略者的战火与如此“雅人”。

《自嘲》

点评：廖冰兄画了这幅画，当时他还担心：这是不是一幅好画？别人能否看懂？他当然没有想到这幅可谓划时代的作品深远的历史意义。当年冰兄是广东省木偶剧团的一个舞台美术工作者，已经整整20年没有画过漫画了。画成这幅《自嘲》后，他问剧团的一位舞台灯光师傅：“看不看得懂这幅画的意思？”这位师傅很肯定地说：“看得懂，看得懂！”30多年来，这幅作品曾被多次展出，无数次被转载，以至人们只要一提起廖冰兄，首先就想到坛子破后仍蜷曲着的形象。

《也是武松》

点评：《也是武松》作于1980年，作品发表在广东漫画小刊物《剑花》上。中国改革开放之初，廖冰兄呼吁做真武松，打大老虎，打大蛀虫。廖冰兄清醒地知道，只有党中央下决心反腐倡廉，从严治党，才有国家的长治久安。

《肥鸭闲吟图》

点评：画中肥鸭那把扇面题字“幸喜生来愚且鲁，无灾无难到公卿”是借用苏轼句“但愿生儿愚且鲁，无灾无难到公卿”。廖冰兄说他借这幅漫画表达一个观点：“只有改革束缚生产力发展的经济体制，解放思想，解放人才，才能叫肥鸭退出历史舞台，让苍鹰发挥才能展翅冲天。”

第八章 新的时代 新的大师

新中国成立后，全国美术格局为之一新，广东美术仍旧保持勃勃生机，广东美术家在全国的美术版图继续保持领军地位。步入改革开放新时期，不少老一辈艺术家的艺术生命也重新焕发青春活力。他们不断变革创新的精神，为岭南美术的后来者带来深远的启示。

胡一川（1910—2000），福建永定人，少年时代曾在印尼生活。1929年，胡一川入读国立杭州艺专，参加左翼美术团体一八艺社，并积极从事新兴木刻创作，成为左翼美术家联盟发起人之一。新中国成立后，胡一川参与组建中央美术学院并任党组书记、教授，后组建中南美术专科学校和中南音乐专科学校，并担任美专第一任党委书记兼校长。1958年学校迁至广州，更名为“广州美术学院”，胡一川担任首任党委书记兼院长。

关山月（1912 2000）、黎雄才（1910 2001）同为岭南画派第二代代表人物，与赵少昂、杨善深并称为“岭南四大家”。

关山月，广东阳江人，早年得岭南画派奠基人高剑父赏识，成为高氏入室弟子。解放后，关山月积极以山水、花鸟等传统国画形式描绘社会主义建设，拓展了传统中国画的内涵。

黎雄才，广东肇庆人，16岁即拜岭南画派奠基人高剑父为师，进入春睡画院。1932年，黎雄才到东京美术学校学习日本画，同年创作的《潇湘夜雨图》获比利时国际博览会金奖。黎雄才坚持写生原则，以现实生活的真山真水作为创作原型，形成别树一帜的“黎家山水”，开创了20世纪中国山水画的新格局。此外，关山月、黎雄才在中国画教学方面也做出了卓越贡献，培养出一批岭南艺术人才。

王肇民（1908—2003），安徽萧县人，早年曾入读国立杭州艺专，参加一八艺社。抗战初期，王肇民曾参加新四军。1958年任广州美术学院教授。1987年离休后被聘为广州美术学院终身教授。

赖少其（1915—2000），广东普宁人。1934年起，赖少其致力于木刻创作，深得鲁迅赞赏。他独创的“以白压黑”技法，使之成为新徽派版画的主要创始人。1938年，赖少其参加中华全国木刻界抗敌协会，并被选为理事。

胡一川：

丹心刻画英雄谱　苍龙走笔雄强魂

20世纪二三十年代由鲁迅所倡导的“新兴木刻运动”中，受到民族主义激励的一批青年拿起刻刀为国家命运和革命真理振臂疾呼，其中，胡一川的刻刀尤其锐利。一幅版画《到前线去》发出的呐喊激荡了千万爱国人士的心。新中国成立后，作为广州美术学院首任院长，胡一川对于华南美术教育影响深远。他安居于广州美院，投身于表现主义油画的创作实践中。

从民间艺术和战斗实践中汲取的经验让中国的黑白木刻蜕变为活泼靓丽的套色木刻，胡一川的木刻成为中国木刻版画史上独树一帜的标志。新中国成立后，胡一川与徐悲鸿创建中央美术学院，又在数年之间先后南下创建中南美专和广州美术学院，培养了几代优秀的艺术人才，成为新中国美术教育史上功勋卓著的教育家。

作为率真浪漫的艺术家，他的前半生用艺术追随革命，以木刻的形式表现时代，后半生则在油画创作上达到了另一个高峰，成为中国艺术史上少见的“双画大师”。胡一川在晚年迎来了火山喷发般的油画高产期，他独特的造型、线条、色彩和情趣备受名家称赞，让中国现代油画具备了另一番面貌。骨子里的艺术追求让他始终保持着融化现实、超越现实的艺术表现力，成就了一个温柔敦厚与铮铮傲骨融为一体的雄壮灵魂。

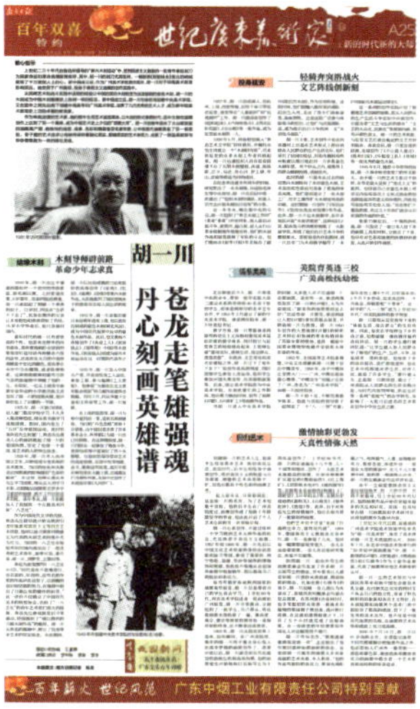
百年双喜 特约
世纪广东美术家
A25
胡一川
苍龙走笔雄强魂
丹心刻画英雄谱
木刻导师辟前路
革命少年志求真
轻骑奔突踏战火
文艺阵线创新刻
美院育英连三校
广美商校抚幼松
激情抽彩更勃发
天真性情du天然
百年薪火 世纪风范 广东中烟工业有限责任公司特别呈献

结缘木刻

木刻导师辟前路　革命少年志求真

1910年，胡一川出生于福建西部农村一个贫穷的华侨家庭，原名胡以撰。儿时家境贫寒，9岁那年，母亲因鼠疫病逝，胡一川承担起了照顾三个弟弟的责任。12岁时，因实在“生活不下去了”，其身在南洋的父亲让水客把他和弟弟带到了爪哇。15岁小学毕业后，他只身返回国内。

童年时代的胡一川有着坚强的个性。他喜欢在野外的河里游泳，喜欢夜晚躺卧在厨房的柴堆里听祖母讲各种稀奇古怪的故事，还喜欢在大自然中观察蝴蝶富于变化的颜色，看风筝在天空中自由翱翔，或者自己纵情唱歌。这种勇敢精神和富有自然气息的浪漫情怀伴随了他的一生。在印尼，从上海美专油画专业毕业的小学教员陈文美发现了胡一川的绘画天赋，便开始给他上了启蒙的第一节课。

1925年，胡一川独自回国，进入厦门集美学校学习，不久升入集美师范部，师从张书旗学习泼墨国画。其间，国内发生了五卅反帝爱国运动。此时恰逢鲁迅先生到厦门，鲁迅先生激动人心的演讲激起了胡一川的爱国热情，坚定了他做一个爱国、爱艺术的人的毕生信念。

1929年，胡一川考入国立杭州艺专，开始接受专业系统的美术教育。当时的校长林风眠受法国画派的影响提倡“色彩的解放”。在这里，他师从潘天寿先生学习国画，师从吴大羽学习水彩，还跟随法国画家克罗多学习素描和油画，奠定了良好的美术功底。该年冬天，胡一川积极加入了我国第一个左翼美术团体一八艺社。

作为中国现代文学的先驱，鲁迅先生很早就开始从欧洲引进印象派和表现主义等西方艺术思想，他对以德国画家珂勒惠支为代表的木刻艺术的推介尤为用力。当时的一八艺社在短短两年时间内涌现出了一批优秀的艺术青年，除了胡一川，还有李可染、季丹春、刘梦莹、王肇民等。

鲁迅为展览撰写《一八艺社小引》。“时代是在不息地进行，现在新的、年轻的、没有名的作家的作品站在这里了，以清醒的意识和坚强的努力，在榛莽中露出了日渐生长的健壮的新芽。”这一评价不仅确立了中国现代美术的转型标志，也给了一八艺社的青年艺术家们很大的鼓舞。鲁迅先生参观展览后非常感动，特别提到了“胡以撰君的几幅木刻作品”的难得。胡一川从鲁迅的激励中，树立了投身革命艺术的坚定信念。在此期间，胡一川以比较成熟的刀法和独特的风格创作了《征轮》《饥民》《流离》《恐惧》等黑白木刻作品，大胆地批判了国民党统治下的黑暗现实和人民生活的艰辛。

1932年，胡一川亲眼目睹日本侵略军进攻上海，他以此经历刻成的套色木刻《闸北风景》，成为中国现代版画中最早的套色木刻作品。此后，他又锲而不舍地创作了《失业工人》《到前线去》《怒吼吧！中国》等木刻作品。《到前线去》则成为“新兴木刻运动”在这一时期的代表作之一。

1933年，胡一川加入中国共产党，并直接投身工人运动，参加工联，参与编辑《工人画报》。他参加“为援助东北义勇军联合画展”的几幅作品被鲁迅购藏。同年7月，因从事地下交通和文件保管工作，胡一川被捕。

在上海的监狱里，胡一川与邓中夏同居一室，受到其深刻感染。当时的白色恐怖形势十分紧张，由于国民党杀害了许多革命志士，外界都以为胡一川也已经牺牲。在这种情势里，胡一川同狱友一起参加了绝食斗争，使得他和邓中夏被钉了四十天脚镣。但他依然保持着对艺术的高度热情，在狱中经常唱歌、读书，画画没有纸笔，就用手插在裤兜里在大腿上画，还请难友们当模特作画，在狱中还创作了木刻连环画《大兴纱厂》。

胡一川（1910—2000）

投身延安

轻骑奔突浴战火　文艺阵线创新刻

1937年，胡一川扮成商人，经杭州、上海、西安等地，历经千辛万苦抵达延安，被安排在儿童剧团和抗战剧团工作。胡一川接连创作了《组织起来》《卢沟桥战斗》《消灭汉奸托匪》《交公粮》等一批作品，成为延安新木刻第一人。

1938年5月，周扬把他调入鲁迅艺术学院担任教员，并嘱托由他主持成立一个“木刻研究班”，把将来到延安的众多木刻工作者团结起来。胡一川迅速组织人员在延安鼓楼下办了五期木刻壁报，沃渣、陈铁耕、江丰、马达、焦心河、罗工柳、华山、彦涵等都是当时的成员。

在纪念鲁迅逝世两周年的时候，研究班出了一本木刻集，分送给毛泽东等中央领导，胡一川在后记中第一次提出了“组织木刻轻骑队，到敌人后方去开展木刻抗日宣传”的主张。

这一年冬天，为响应党中央的号召，胡一川组织了鲁艺木刻工作团（简称“鲁团”）并任团长，深入敌后开展斗争，渡黄河、越吕梁，进入太行山革命根据地做战地宣传。他们的木刻作品和展览鼓舞了军队的斗志，继而在《新华日报》华北版办了副刊《敌后方木刻》，作为宣传阵地。这段时间，他们跟随八路军前沿部队一起出生入死，见证了战士们浴血奋战、流血牺牲的场景。正是这段广泛参与体验战斗的经历，让他们与武装部队一道，成为敌后抗日斗争的另一支“木刻战斗部队”。

胡一川主张，艺术创作不论在内容题材上还是在艺术形式上都应该结合人民群众的生产生活实际，他们采用了民间印染法，用染布颜料和有光纸夜以继日地赶印一万多张套色木刻年画。年画面世后，两个小时之内，被集市上的群众蜂拥抢购，顷刻卖光。

此时的胡一川基本从过去的油印黑白木刻转向了水印套色木刻，艺术表达和色彩应用具备了更高的审美风格。他们进而建立了一座木刻工厂，用手工操作扩大木刻宣传品的印刷。这时期胡一川创作了《军民合作》《坚持抗战反对投降》等作品。此外，胡一川不忘木刻教学，在许多地区开展“木刻训练班”，这种应时之需、配合战斗的训练班吸收了一大批新学员，形成了敌后抗日艺术斗争的燎原星火。即便是受伤住院期间，胡一川还专门为木刻教学编写了一本《中国新兴木刻运动简史》。

这一系列的创作实践开创了根据地艺术创新的新路，即从人民群众的生产生活斗争实际中开展创作。它蕴含着“文艺与生活的结合”“文艺的大众化、民族化”等深刻内涵，具有开辟性意义。胡一川的艺术思想，与延安文艺座谈会确定的文艺方针相契合。座谈会后，胡一川更加受到鼓舞，连续创作了《不让敌人通过》《胜利归来》《牛犋变工队》《攻城》等一批优秀的套色木刻。

1945年8月，随着斗争形势的发展，胡一川奉命转至张家口的华北联大。由于艺术主张过于独特，胡一川在华北联大受到了“形式主义”的批判。他坚信自己在套色木刻上将现实内容和表现主义形式结合的创造路线是具有意义和价值的，因此他写信给有关负责人说：“现在你们不懂我的画，再过几十年你们就会认识到我的作品的价值。”

张家口解放后，一个偶然的机遇，胡一川发现了一套日本人留下来的油画工具和材料，立刻买了下来，他早年对色彩和油画的热情得到激发，从此开始创作油画。

情系美育

美院育英连三校　广美高松抚幼松

北京解放后不久，胡一川奉党中央的命令，带领一批华北联大第三部美术系的老师和40名美干班的学生，和徐悲鸿领导的北平艺专合并，于1950年2月建立了新的国立美术学院。徐悲鸿任院长，胡一川任党组书记。

教学方面，胡一川尊重徐悲鸿原有的现实主义风格和重视美术基础训练的教学体系，同时把它与延安鲁艺的办学经验结合起来，主张师生要“重视实际，重视生活，接近群众，改造思想”。在政治、文艺理论和美术史课程之外，胡一川订下了每年

1949年，胡一川（左）在创建中央美术学院时与徐悲鸿的合影

下乡下厂搞创作采风的制度，同时鼓励学生参加土改运动，组织学生参加开国大典宣传、抗美援朝展览等。后来，国立美术学院改为中央美术学院。在如此繁忙的工作期间，他还极力抽出时间，创作了《开镣》《开滦矿工》等油画作品。

当胡一川进入中央美术学院的时候，大多数人并不知道胡一川会画油画。直到有一天，徐悲鸿偶然发现了胡一川的《开镣》，大为兴奋地说："原来你的油画画得这么好！"还没等胡一川画完，徐悲鸿就让人把《开镣》拿到苏联去展览，并聘请胡一川为教授。胡一川1950年创作的大型油画《开镣》以鲜明的艺术特征和饱满的革命热情得到了苏联专家的赞扬，是第一幅被中国革命博物馆收藏并荣获斯大林奖章的作品。

1953年，全国高等艺术院系调整，胡一川被委派南下创办中南美专。1958年，由于中南局迁至南大门——广州，中南区政治重心南移，中南美专也随之迁到了广州，改名为"广州美术学院"，由胡一川担任院长。

胡一川干劲十足，不断完善教学体系。他与美院的领导班子一起制定了一个"八一三制"方案：每年在校上课8个月，打好基本功；3个月下乡劳动，搞采风创作；1个月休息，养精蓄锐"干革命"。这一科学的"八一三制"成为20世纪50年代广州美院独特的教学制度。

胡一川重视从延安流传下来的"体验生活、接近群众"的优良传统。因此，每次在学校师生下乡劳动之前，他都要做一番热情洋溢的动员讲话。胡一川的学生潘行健回忆道："让学生融入到人民群众中了解他们的生产、生活、斗争，这是胡老一贯的思想。他每次下乡的动员报告，我们都很爱听，他在艺术中纯粹地对待生活，对待人民，感染了许多学生。"潘行健认为，正是胡一川的思想，确立了广州美院从人民群众的生活实践出发、与时代内容同呼吸、贴近生活等一系列"接地气"的办学特色，也影响了一大批日后成名的艺术家，让他们选择在创作中守住生活之源。

回归艺术

激情油彩更勃发　天真性情弥天然

回顾胡一川的艺术人生，他前半生投身革命艺术，热切表现生活、表现时代；后半生则投身于油画创作，将表现主义与自身凝练、刚健的艺术风格融于一炉，创造出极具个性色彩的油画艺术。

“做人要老实，作画要调皮。”这是胡一川的名言。为了艺术他敢于冒险。他的后半生在广州美院度过，油画创作成了他数十年默默坚守的事业，他由此开启了个人艺术生涯的又一次冒险征程。

胡一川心系创作，不放过任何一个学习欧洲艺术大师作品的机会，尤其执着于表现主义油画。1957年和1960年，胡一川先后以中国文化艺术使者的身份出访苏联和波兰等国，参观了莫斯科、列宁格勒、基辅、华沙等城市的博物馆和画廊，他孜孜不倦地从这些国外油画中吸取精华，借以提高自己的技法和表现力。

每当有俄罗斯或欧洲国家的油画来华展览，胡一川总是带着自己的学生前去学习。20世纪60年代，列宾美术学院送一批油画到广州展览，胡一川非常激动，立刻组织了一批学生，自己带头，将这批油画全部临摹了一遍。像高更、莫奈、蒙克等画家的画页他一直保存到临终前，还不断拿出来欣赏。

1983年，胡一川从院长职务上退休，担任顾问。在广州美院，晚年的胡一川终于能全身心投入到魂牵梦绕的油画创作中去了。改革开放以后，胡一川感受到现代化建设的勃勃生机和高昂热情，他的油画便也开始转向以现场写生为主的风景创作。20世纪80年代，胡一川的足迹遍及十几个省几十个城市和地区，创作了一大批艺术水准极高的油画，比如反映能源矿区建设的《南海油田》《红工煤矿》《刘家峡水电站》《闽西探宝》等，反映侨乡风光的《炮楼》《广海街景》《开平码头》等，反映历史遗迹的《嘉峪关》《山海关》《塞外驼铃》《敦煌》等。此外，出于对鲁迅先生的深情缅怀，他还在绍兴画了一批精彩的油画。

他的艺术似乎总是“充满了旺盛的生命力，富有现代感”。1984年，德国表现主义画展在北京举行，胡一川一连参观了几天。他对每一幅画都要观赏很久，一会儿在远处看效果，一会儿在近处研究笔法，丝毫不知疲倦。

陪同胡一川一起出外写生的油画家，同时也是他女婿的涂志伟见证了胡一川现场写生的许多情景，这些事至今看来仍然能让人感受到胡一川那份天真浪漫、痴迷油画的情态。比如在画《石佛寺》的前夕，胡一川没睡一会儿就以为天要亮了，连续四次叫醒涂志伟要出发去画画。在苏州画《冶春园》时，他非常想把阴天里那一派流水和植物的翠绿调子画出来，就开始打底稿，在灵感和激情驱使之下，只花了五个小时就完成了这幅油画。在一旁欣赏的年轻画家和外国友人对这幅画赞不绝口。

胡一川的名言“画画就要像酒鬼迷酒一样”，正反映出了他作画时那种如痴如醉的状态。这使得胡一川晚年的油画大多具备高超的艺术水准，令人称奇。“他的作品有独特的表现力，画面充满阳刚之气，构图霸气，人像、景物粗壮有力，敦厚苍劲，浑成朴拙……即使在大型的画展中，在几千几万张画中间，他的画一眼就能认出来。”涂志伟这样评论道。

由于一生偏爱德国表现主义和法国印象派，胡一川的油画一度得不到重视，但20世纪80年代以后，他的油画作品开始得到越来越多的关注和研究。美

1982年，胡一川登上黄山鲫鱼背写生

国一些高校举办胡一川油画展和学术研讨会，还将他的画作为教材内容。

20世纪90年代后期，新建成的广州美术学院美术馆被学校命名为“胡一川美术馆”，体现了美术界对胡一川艺术成就的认可。2000年7月，在北京中国美术馆举行的“20世纪中国油画展”中，胡一川教授的《开镣》《挖地道》《南海油田》和《石佛寺》作为主要作品参展，代表了油画界对他艺术探索的认可。

胡一川一生的艺术经历与中国民族革命以及新中国社会建设水乳交融，在时刻关注现实的同时又不失去自己的独立性，秉承了特色鲜明的印象派和表现主义特征，在木刻版画和油画两个美术门类中都取得了极高的成就，留下了一批优秀的美术杰作。他不仅是中国现代版画的先驱，在油画的艺术风格和成就上也自成高峰。

2000年7月14日，胡一川去世。在那些记录着一个时代铿锵脚步的版画作品之外，他还留给人们另外一重背影——那些色彩浓郁、线条雄强和表现力激昂的油画中蕴含着一个艺术家真率而纯粹的审美追求。

访谈

“他提倡艺术跟生活、跟人民融合”

受访者：广州美术学院教授潘行健

从木刻到油画，从革命艺术家到中央美院、中南美专、广州美院三校领导，从浪漫激情到铮铮傲骨，胡一川是百年美术史上少见的一位将革命与艺术融为一体的艺术家。

胡一川除了在木刻方面留下一批经典作品外，还留下大量油画杰作。美术评论家认为，过去对胡一川的研究远远不够，他身上还有很多值得我们研究的品质。

“努力罢，日以继夜的努力罢，只要能贯彻最近的创作生活，顽强的奋斗下去，我认为我的理想没有不可实现的。”胡一川在大半个世纪以前的话语，至今仍然值得我们探究和深思。

谈艺术

坚守艺术的本质

南方日报：胡一川的艺术朴素而充满力量，能否简述其最大的艺术特色？

潘行健：胡一川在艺术上对印象派和表现主义情有独钟，这是艺术家本色的体现。印象派的特点就是光色，它有一种可以离开内容、离开画面的独立追求。对于印象派，胡一川虽然口头上没有提倡，但是骨子里，他对印象派光色是非常重视的，这也是他艺术本性的一种表现。

另外就是表现主义。我们可以拿他跟当时有影响的版画家，如古元、黄新波等人来比较。我觉得他最大的与众不同是他的表现主义风格。古元的风格是很写实的，新波是一种很细的刀法，黑白对比很强。而胡一川是表现主义很浓的手法，用刀很跳跃。从“新兴木刻运动”到后来延安木刻再到新中国成立后，表现主义风格的木刻艺术家不多，有表现主义气质的木刻家也屈指可数。像胡老这样表现色彩很浓的木刻家几乎没有。从《到前线去》开始，胡一川就在作品中表现出强烈的表现主义色彩，表现深入，这代表他风格的初露，也代表了最后的确立。他的本性偏爱于此，坚持了一生。新中国成立后，他放下了刻刀，拿起了画笔，他的油画也充满了表现主义的色彩，高度概括，用笔豪放。

南方日报：在延安时期，胡一川的木刻吸收了一些民间年画和连环画的营养，他是如何协调大众口味和自己的艺术追求的？

潘行健：在延安时期他创作了很多年画风格的木刻，让老百姓看得很明朗，表明他在融入新生活时的一种变化。这种变化后来对他也有影响，他的油画虽然是追求光色，但没有完全跟印象派走，还是从民间的艺术里面吸收了营养，在色彩、结构、线条的运用上，保持了画面的明朗。胡一川在对自己艺术的追求里面有调整，在变化里面对自己的艺术有坚持。

罗工柳曾经详细地回忆过对胡老的评判："以前批评他的画不通，但是历史证明，最后还是胡老对。"这说明胡老的信念经受得住时间的考验，证明了他的前瞻性，证明他对艺术的本质的坚守，这种价值不随时间的推移而改变。

百年双喜 特约
世纪广东美术家
A26
"他提倡艺术跟生活、跟人民融合"
他坚守艺术的本质
推动艺术与生活融合
他是一个纯粹的艺术家

谈教育

推动艺术与生活融合

南方日报：胡一川参与建立中央美院、中南美专和广州美院，他在美术教育方面的贡献是什么？

潘行健：中南美专1958年改建成广州美院，在胡一川的引领下，一方面广美保持了浓郁的地方特色，另一方面其也晋升为全国性美院。1958年以后，广州美术学院师生们每年都下乡创作，现在想起来，那就是一种非常具有激情的生活。即便是20世纪60年代，师生们也坚持下乡创作、体验生活。所以，广州美院师生们的作品从一开始就和广东这块热土紧密联系，使得这所美术学院拥有地方特点、时代特点。

这也正是延安文艺座谈会所提倡的，艺术必须深入生活、反映生活。我理解的岭南画派有一种特征是“俗”——通俗、民俗，就是跟民间的结合；而这个特色与胡老的美术教育理念相吻合，他在延安时期通过自己的实践，在思想认识上已经确立了一个观念，就是艺术跟生活、跟人民融合。

作为一校之长的胡老也一直把“艺术与人民、社会的融合”的思想贯彻到办学过程中，贯彻到全校的教学里面，并得以实践、提升，最后变成了师生们的一幅幅作品，而且得到全国美术界的肯定，这是很不简单的。

20世纪五六十年代，胡老主掌广州美院期间，培养出一大批有影响的画家，林墉、王玉珏、汤小铭等都很感谢胡老。那一代艺术青年来到广州美院，既学习了艺术，也学习了人生，学习了艺术和人生的关系，创作出代表广州美院教育水平的作品。所以，这代广东美术人一说起胡老就怦然心动，盛赞他是一个美术教育大家。

谈贡献

他是一个纯粹的艺术家

南方日报：我们应该如何认识胡一川在美术史上的地位？

潘行健：一八艺社展览里，胡一川的作品是现代中国最早的几幅版画，我们因此说他是“新兴木刻运动”的创始人之一。从20世纪开始，中国的美术从古典形态向现代形态转变，这是一个重要的事件。胡一川不仅是“新兴木刻运动”的先驱者之一，而且是中国现代美术的先驱者之一。有了这个定位，我们才能公平、全面地去考察胡老在美术史上的地位、价值和影响。

可能还没有人从这个方面去研究他，那就是：作为知识分子的胡一川。胡老一直到他去世前都没有失去一个知识分子应当有的光彩。他听了鲁迅演讲后开始木刻创作，后来到了杭州、上海的一八艺社。从那时开始，他的思想已经有一种对现实的关注，一种对黑暗的揭示，对社会现实的质疑，那时，一种知识分子的特性已经显露出来了。

南方日报：胡一川有着多重身份，你认为他对中国现代艺术的发展最大的启发是什么？

潘行健：我觉得是他对艺术的纯粹追求。如何做一个纯粹的艺术家，这是他留给后辈最大的启发。我印象中，广美有两个最纯粹的艺术家，一个是王肇民，一个是胡一川。所谓最纯粹就是说，他在追求艺术的时候不受非艺术的因素干扰，或者尽量排除这些干扰。人，既有对假丑恶愤怒的一面，必然有对真善美热爱的一面，就像鲁迅的对联里“千夫指”对“孺子牛”。但是艺术往往容易被客观环境左右，还有容易被名利所牵绊。在这种情况下再看胡一川、王肇民，做一个纯粹艺术家实在太难了。

而在那个时代，没什么功、没什么利，学习美术的过程形成了艺术和人生的基本走向。远离功利、脱离浮躁，对于胡一川来说，不管那个时代给了他什么，他内心深处永远是一个艺术家，没有通过艺术家去达到别的目的。对我们这些从事艺术的后辈来说，他永远是一个榜样。

作品欣赏

点评人：齐喆（广州美术学院教授）

《到前线去》

点评：这是中国现代版画创作中最经典的黑白木刻代表作之一，1932年胡一川创作这幅作品时年仅22岁，由此基本确立了他一生的绘画风格。作品以一名振臂呼号的青年为主体，以他的躯干和手臂形成的两条大斜线组织画面，人物塑造并不写实，但用概括、强烈的绘画语言淋漓尽致地展现出中国觉醒的民众对日本侵略者发动“九一八”事变不可遏制的激愤之情。到战争的前线去！到艺术的前线去！这是胡一川人生的真实写照。作品尺幅虽然不大，却力盈天地，是一种男性的、力量的美，气势博大，真挚感人。

《攻城》

点评：这是目前我们可见的胡一川最后一张版画。这是一张创作于1946年的油印套色木刻版画，此后他也创作了同名的油画。胡一川断断续续进行了15年的套色木刻创作，他的套色版画创作数量和质量均超越同时期的版画家。《攻城》描述了一个宏大的战争场景，画面造型语言延续了胡一川一贯的粗犷朴拙的风格，在色彩运用上则体现了艺术家的主观概括与整体色调控制能力，只用有限的几种色彩，通过巧妙的冷暖对比以及色域的控制和黑白灰的布局，成功地营造出激战正酣的战争氛围。胡一川在同代版画家中的色彩控制能力是超群的，目前学界对胡一川套色版画的研究还远远不够。

点评人：汤弼明（胡一川研究所研究员）

《挖地道》

点评：这是胡一川最重要的革命历史题材代表作之一，创作于1974年，表现了作者对革命事业的赤诚和对艺术的热爱。作者从挖地道这件事的侧面切入历史，以巧取胜，利用煤油灯光来渲染和烘托，以光寓意；用粗黑的线条勾勒出方正粗犷的造型与浑厚雄健的结构，以拙喻力。同时也体现了作者创作手法与创作观念的发展——进一步缩减人数，并呈代表性趋势，力求简明扼要，以少胜多；形体概括，着意表现笔触的厚实与自由的摆放，以气附韵；动作配合，赋予掘土与铲土两个方向力的呈现，以静衬动，具有深远的美学意蕴。

《刘家峡水电站》

点评：这是1986年胡一川赴西北地区途经刘家峡水电站时感怀而作。从语言形态上看，画面被有如开山斧一样辛辣而果敢的用笔劈凿出来：远景的白云呈方块状在山峦上方磅礴升腾，缤纷而浩瀚；中景的山体巍然虎踞河道两旁，刚猛而威严；而近景的河水呈泥浆状扭动翻滚，坚韧而顽强。艺术手法上，作品以开门见山的方式、浑然天成的态势直达“气韵生动”的境界，并呐喊出高亢激昂的强音，引发出人格化的象征意蕴。它是胡一川晚年油画艺术炉火纯青的体现，也是画如其人的印证。

点评人：杨尧（广州美术学院教授）

《汕头风光》

点评：这是胡一川重要的油画代表作之一。这是在一个晴朗的天气里，阳光灿烂，河上航运川流不息，普通的石头叠在那里，这在很多人看来也没什么稀奇，但在他的眼里，就感到有一种力量、张力，有一种象征意义，仿佛千百年来它就在那里巍然屹立，守护着汕头的两岸，见证着沧桑的变化。作者使用了擅长的黑色，在描绘石头时，采用摆、皴、擦等手法，通过色块的对比，慢慢过渡。比起早期的“土油画”，作者的风格已经有些现代的洋气，手法很丰富，具备了自己独特的风格，完全是一种更纯粹的油画语言。

《南海油田》

点评：这是胡一川重要的油画代表作之一，创作于1987年。油井架原本是没有绘画性的，很难有人能把它画好。此画首先反映了作者的天性和对艺术的热爱，其次表现了作者对祖国的感情。表现手法上带有明显的夸张成分，他采取了自己独到的眼光、手法，用了大量的黑线以及夸张的色彩，把井架和火焰凸显出来。比如火焰那么大，在真实情境中是不可能的，但在油画中是可以成立的；真实的海浪也不会那么大。这就像唐诗说的一样："一川碎石大如斗，随风满地石乱走。"作者就是利用这种想象和夸张的手法，把这个作为一种物象，表达出了他心中的钻井油架。

关山月　黎雄才：

法度合应随时变　万里江山教我图

风云激荡的20世纪，岭南画坛素开风气之先。辛亥革命的浪潮，酝酿了岭南画派“折衷中西，融汇古今”“笔墨当随时代”的变革精神，开辟出一条现代化的“新国画”之路。进入20世纪40年代，画坛语境发生剧变：旷日持久的战争，深重的民族苦难，再次激起了现代艺术的变革思潮。在“国画革命”的旗帜下成长起来的青年画人，也以崭新的姿态步入画坛。高剑父的两位学生——关山月与黎雄才，就是其中的佼佼者。

抗战时期，关山月、黎雄才不约而同地赴西南、西北旅行写生，辗转万里，体味人间百态，抒写对国家、民族命运的关切之情。新中国成立后，艺术思潮再次发生转变，中国画的前景也翻开全新的一页。他们以饱蘸时代精神的笔端，重新谱写大江南北的山河新貌，为国画找到崭新的民族形式，也为新时代国画教育体系的确立奠定了基石。

“法度随时变，江山教我图”“守旧遏天地造化，寻新起古今波澜”，关山月的诗句，可谓两位时代巨匠的共同写照。苍茫大气的笔墨、波澜壮阔的人生、跌宕起伏的时势，早已在他们的纸端笔底融为一体。解读大师们的画卷，已经远远不只是在解读一个个体，更是在解读一个时代，解读百年国画走过的历程。

百年双喜 特约
世纪广东美术家
A19
黎雄才 关山月
今古波澜寻新起 万里都经脚底行
巨匠雕虫师造化 笔精墨妙写河山
万里江山教我图 法度合应随时变
别有人间行路难 走笔千里崭新光
细把江山从头画 国画教育起门墙
东渡求变开新局 山河跋涉寻范本
一卷实服真名世 黎家山水至真法
百年新火 世纪风范 广东中烟工业有限责任公司特别呈献

关山月：今古波澜寻新起，万里都经脚底行

别有人间行路难　走笔千里崭新光

提起“关山月”这个名字，人们脑海里或许都联想到一派豪迈壮阔的边塞图景。20世纪一位同名的岭南画家，也以塞北江南的书画人生，为画坛谱写了一段传奇。

关山月，是岭南画派宗师高剑父所起的名字。他原名关泽霈，年少即有绘画天资。说到两人的结缘，还有一段有趣的故事。因家境贫寒，无力接受正规的美术训练，关山月只能利用工余自学。一日，高剑父在中山大学讲课，他也进场冒名旁听，不料却被对方“揭穿”。但高氏并未加以为难，反而将其收为弟子。从老师身上，关山月领悟到“新国画”的神髓，更学会坚守艺术的风骨。“在山泉水清，出山泉水浊。”他谨记师父的赠言，毕生拒为名利作画。

平静的学艺生活，却被突如其来的战乱所打破。在他前往四会写生途中，突然传来了广州沦陷的消息。关山月随难民辗转千里，在兵荒马乱中狼狈前行。四十个昼夜的逃难生活，犹如一场噩梦，所见所闻“无不悲惨绝伦”。在广州湾开往香港的船上，他甚至被迫蜷缩在牲口之间，饱受狂风恶浪的颠簸。“千村万落生荆杞”的凄凉景象，“牵衣顿足拦道哭”的流离苦况，反复在他的脑海中盘旋。他立誓要“举倭寇之祸笔之书，以昭示来兹，勿忘国耻”。

到澳门稍做安顿，关山月便挥笔疾画：难民们惊惶的目光、困乏的面容、悲愤的神情，汇聚成《从城市撤退》《中山难民》的组图；在《三灶岛外所见》中，火光中一片狼藉的渔船残骸，还在腾腾冒着白烟，仿佛能听见渔民的悲泣。一幅幅血与泪的画面，成为控诉侵略者野蛮暴行的无声证词。关山月在澳门举行的抗战画展，顷刻震动港澳文化界，激起同胞们的抗战热忱。

澳门毕竟偏安一隅，难有作为。被日寇铁蹄蹂躏的祖国，尚有半壁河山，还有千千万万的民众，等待画家用笔下丹青去唤醒。关山月决意返回内地，到抗日前线写生。1940年暮春的一天，他独自背着装满笔墨砚台的画囊，悄然登船，从东江逆流而上，突破敌人重重封锁，回到内地。

亲睹抗战后方的腐败，前线写生未能遂愿，但“逃难的经验，给了我流浪的勇敢……启示了我‘行万里路’的决心”。关山月来到桂林，开始长达六年的写生旅行。他用两个月时间绘就了《漓江百里图》。与意想中的桂林山水不同，冷清的笔调写出一派荒村古渡、断涧寒流、怪石丑树的苍凉景象，“关河一望萧索”的感慨溢于纸上。

入川后，受到张大千敦煌之行的感召，关山月婉拒担任国立重庆艺专教授的聘请，北上寻访莫高窟。时值抗战，四处交通断绝，物资短缺。关山月藏身洞窟，潜心绘事。与之相伴的，唯有妻子李秋璜手中黯淡的灯影。他画到哪里，妻子就照到哪里。光耀千载的古老壁画悄然展露端倪，也一点点在他的笔下熠熠生辉。

坚持了一个多月时间，关山月最终成功临摹了80多幅敦煌壁画。较之传统的岭南画派作品，这批画作更添几分厚重、雄浑的壮阔气息。关山月的临摹没有面面俱到，而是坚持为我所用，将不同画风的壁画汇于笔端，使传统艺术以更具视觉冲击力的形态，与一个全球化的时代相遇。

在民族存亡的历史语境下，敦煌写生之行还肩负着民族文化复兴的责任。满载而归的关山月在重庆举办画展，引起画坛轰动。画家徐悲鸿不禁惊呼，称其“风格大变，造诣愈高”，文坛领袖郭沫若也欣然命笔：“国画之曙光，吾于此喜见之。”关山月，这颗岭南画界的新星，由此冉冉升起。

关山月（1912—2000）

细把江山从头画　国画教育起门墙

横跨大半个中国的艺术壮游，不但震撼了中国画坛，也进步塑造了关山月的艺术特征。关山月常对人说：“不动，我便没有画；不受大地的刺激，我便没有画。”抗战结束后，为“使画稿不致离开人间”，他又赴南洋旅行，寻找“异域的人物风土的刺激”。

对关山月来说，一个“动”字，不仅意味着“行万里路”，还强调了“笔墨当随时代”的精神。历史的车轮在滚滚前行，文人画的山林逸气与人们的生活渐行渐远。画家也需要转变观念，才能抒写新中国建设的山河新貌。在1954年创作的《新开发的公路》里，那几只趴在枝头、惊奇于山河之变的野猴，或多或少反映着画家们面对现代化的心迹。

从20世纪50年代中期开始，关山月多次到农村、工厂、建设工地体验生活，他的画题也在不断推陈出新：深山古寺消失了，板桥流水不见了，扶叉老人和抱琴童子也无影无踪，纸上却换来了绿化的山野、横跨两岸的水闸、盘山大道上的小汽车、郁郁苍苍的防风林带，或是苍翠树林中飘起的一角红旗。这一切无不提醒着观众一个“人民的世纪”的到来。

以抚顺矿区为题的《煤都》，堪称同类作品的典范。这里既没有名山大川，也找不到枯木古藤，只有煤层、煤车和铁轨。然而，工人艰苦的劳动场景让关山月深受触动。以国画表现宏大工业场面的主题，可谓前所未有。“纵尽谙前人皴染之法，亦无能为力。”关山月别出心裁，以五条“S”形的山路撩动画面的节奏，弯弯曲曲的铁轨为画面营造出一种繁忙氛围，气势壮阔的煤山则对古画萧寒超脱的意境做出了全新的诠释。

这些国画的革新性探索，很快便得到了主流画坛的认可。1959年，关山月、傅抱石合作的人民大会堂巨幅国画《江山如此多娇》，为一个时代的审美理想树立标杆，也是对他艺术地位的最好说明。在写实的基础上，关山月的作品渐渐流露出几分革命浪漫主义气息。

然而，新旧时代的艺术嬗变，也在酝酿着一场论争。20世纪50年代，中国美术教育主流一味沿袭苏联的办学模式，全国美术院校都只有一个笼统的“绘画系”，教学内容均以西画为主，中国画却陷于尴尬局面：“国画”不能叫“中国画”只能叫“彩墨画”；有人甚至还抛出了“中国画不科学”“西洋画改造中国画”等论调，令国画教学无所适从。

国画教育的前途，触动了关山月的隐忧。他清醒地认识到，国画需要科学的教育体系，却不应忽视它独特的教学方法。一味盲从西画的教育模式，反而无益于国画发展。关山月上书直言，促请美术学院建立专业的“中国画系”，不久便担任广州美术学院国画系主任一职。在他的苦心经营下，写生走进现代中国画教学的核心。中国画以线条表现对象结构、质感和神采的基础教学体系，得以初步确立。

关山月素喜画梅。与历代文人的低吟浅唱不同，他的梅花更有一股火热的生机。在1973年创作的《俏不争春》里，繁密的红花直攀高天，呈现出一派力争上游的昂然斗志。关山月的艺术生命也如寒梅傲雪，身处逆境也没有停止对艺术的探索。《绿色长城》等具有探索性价值的作品，也在这一时期面世。

“甘苦砚边数十年，赢来难得晚晴天。”改革开放以后，晚年关山月继续奔走大江南北，为山河立传。2000年，关山月以88岁高龄溘然长逝。去世前不久，为迎接新世纪到来，他创作了《梅花俏笑报春开》。饱含生命激情的梅花形象俏立枝头，永留人间。

黎雄才：巨匠雕虫师造化，笔精墨妙写河山

黎雄才（1910—2001）

东渡求变开新局　山河跋涉寻范本

如果说，波澜壮阔的南海潮造就了关山月的大气，端州山水的钟灵毓秀则孕育了另一位岭南画坛宗师——黎雄才。

黎雄才生于肇庆一个裱画师家庭，父亲对拓裱、绘画多有涉猎。在家风熏染下，他从7岁就开始临摹古画。13岁那一年，居廉门下的陈鉴，成为黎雄才人生中的第一位业师。在陈鉴的身上，黎雄才继承了“二居”重视写生的衣钵，为他日后的艺术发展奠定了基础。

另一个对黎雄才影响至为深远的身影，亦不期而至。高剑父在游览途中，路过这家裱画铺，看到少年的习作，爽快地将其收纳为徒。不过，高氏对学生的要求却十分严格：每天一早，黎雄才就要到阁楼临画，人一上去，老师便将梯子撤走，画不到规定数量便不许下来。

春睡画院的八年磨炼，让黎雄才铸就了“苦行僧”般的精神。“劳而不获者有之矣，未有不劳而获者也。”高剑父在笔记本上的寄语他铭刻在心。直到晚年，他仍以勤为径，每天起床必以习画为头等大事，对艺术的执着保持终身。

当时，“折衷派”与广东国画研究会之间的新旧争鸣，正处于白热化阶段。新加入高氏营垒的黎雄才，虽然没有直接卷入新旧两派的论争中，在他身上却寄托着高剑父的厚望。1932年，在高剑父的资助下，黎雄才东渡扶桑，前往东京美术学校深造，寻求中国画语言变革之道。

旅日期间，黎雄才的笔墨深受横山大观的“朦胧体”影响。《潇湘夜雨图》就是这一时期的代表作：画中细雨迷蒙，断竹杂陈，归途中的水上人家，正隐隐约约停歇在竹林边。画家有节制地营造出一种湿润朦胧的空间氛围，又使柔和的光影消融于理性的笔触之中，超脱了过去书斋案头的文人画程式。这幅作品获得

了当年比利时国际博览会金奖。

松树之于黎雄才，恰如梅花之于关山月。黎雄才对画松的热衷，也始于留学时期。他利用课余时间，对日本各地千姿百态的松树进行了细致观察。在他一生留下的上万幅写生画中，就有两千多幅以松树为题：从千载古松到嫩绿幼松，靡不俱列，枝、叶、根、干各设专册，甚至连同一棵松树的四时更替，都在黎雄才的笔底各展风姿。

抗战的爆发使许多知识分子走出了书斋，也给黎雄才的艺术轨迹带来戏剧性的转变。1941年，黎雄才从韶关取道桂林，到西南各地旅行写生，开始了居无定所的漂泊生活。此后，差不多整个20世纪40年代，黎雄才都是在西部地区度过的。他在1946年也造访了敦煌莫高窟。在漫长的采风过程中，黎雄才以干粮为食、以雨水为饮，视风餐露宿为等闲，有时还要忍受大漠高达50℃的寒热温差。

艰苦的创作条件，为黎雄才的艺术升华积攒能量。他的画风呈现出令人惊喜的跃进。它淡化了从前“朦胧体”的迷茫气息，改以“气蕴清遒雄健见胜”。黎雄才一直都将大自然作为至高无上的“范本”。在他的画室里，至今仍完好无损地保存着当年数以千计的写生画稿：所有画稿都以墨笔勾皴完成，体现出画家对自然的精准把握，诉说着这位艺术行者对山川河岳的生命体验。

他没有像高剑父一样，回归到标准文人画家的道路。由此开篇，旅行写生成为他日益明显的创作主线。经过25年的艰难跋涉，相继走过陈鉴、高剑父、横山大观等一系列“驿站”，黎雄才终以独步一格的写实主义山水，走进群星璀璨的中国画坛。

一卷宏图真名世，黎家山水至真法

结束西北旅行写生后，黎雄才回到广州。新中国成立初期，他进入华南人民文学艺术学院任教，后随院系调整迁往武汉。一幅无论对黎雄才个人还是对共和国美术史都有里程碑意义的画作，就在这里横空出世。

1954年7月，一场波涛汹涌的特大洪水直逼武汉三镇，数百万民众安危系于一线。全市军民投入历时百日的抗洪斗争。黎雄才也响应号召，主动承担了创作任务。抗洪期间，他常常带上几个馒头，骑着自行车，到泥泞的防洪堤上奔走写生，晚上一回宿舍，便对画稿进行加工整理，直到深夜。由于防洪大堤很长，水位又高出武汉地面，整个场景都处于同一水平面上，构图难度甚大。在大量的速写基础上，黎雄才用了20多个月来构思创作，终于完成了巨制长卷《武汉防汛图卷》。

全长32米、共分12段的《武汉防汛图卷》，堪称一部“抗洪史诗”。无论其尺幅之宏大、气氛之热烈、题材之现实，在黎雄才的一生中都绝无仅有。它甚至难以按传统的国画题材分类：既不属于传统山水画的范畴，人物画也无法概括它传达出来的群体气势。全幅画卷以漫笔涂抹，将绵延数百里的抗洪、防汛、抢险的壮观景象，在观者眼前逐一铺陈，呈现出一种排山倒海的群体力量，更新了长卷体裁的叙事模式。

黎雄才（左）与好友关山月（右）谈笑风生

黎雄才的作品从文人山水的空灵飘逸，转入现实生活的真情实景。不过，与乃师高剑父“以天下为己任”的政治激情不同，他一直忠于“以自然为师”的理想。除写生创作外，黎雄才将时间倾注在教学工作上。广州美术学院不少教材都由他亲笔示范。为免误人子弟，他对手中一笔一画都进行了反复掂量。“活则物我皆活，能活则灵，灵就能变。”他笔下的山石树林，改写了传统国画千篇一律的套路，为国画语言带来创新。

1971年，黎雄才从“五七”干校归来，“黎家山水”也进入到第二个创作旺盛期。在接下来的十年时间里，他将才情完全投入到“巨幅山水”的创作中来。面对数米高、数十米长的大纸，黎雄才从来不打草稿，直接在纸上挥毫泼墨，画成即装裱上墙。这些鸿篇巨制，大多慷慨赠予公共机构。面对登门求字的晚辈，他也有求必应。画家率性坦荡的心胸，于此呈现无遗。

“运行不息，随遇而安；百无禁忌，适可而止。”这是黎雄才贯穿一生的十六字真言。进入暮年，虽饱受腿疾、眼疾困扰，他仍然壮心不已，誓言完成黄河、长江、珠江的“二江一河”长卷。年近80高龄，黎雄才还远赴云贵高原为珠江探源，开始《珠江长卷》的创作。按照原初设想，这幅长卷要从珠江源头一直画到虎门入海口，至少有200多米长。

尽管《珠江长卷》只画了三个春秋就匆匆搁笔，却让后人领略到“黎家山水”变幻无穷的可能性。它打破了《武汉防汛图卷》的成熟范式，将诸多不协调的表现手法置于同一画面，甚至缺少必要的过渡。它脱离了写实性的追求，改而直抒胸中的造化，从人世间返回大自然。《珠江长卷》似乎是黎雄才最后的自省，抹去了他用一生构建的山水程式，走向了“至法无法”。

2001年12月，一代巨匠遽归道山。一个“未完成”的句号，却为黎雄才的艺术探索留下了耐人寻味的注脚，也在昭示着一个艺术多元化的时代到来。国画将要走向何方，仍待后来人用自己的探索去回答。

本文参考了关振东《情满关山——关山月传》、郝银忠《关山月绘画思想研究》、陈俊宇《别有人间行路难——略论关山月早年绘画艺术特征》、陈湘波主编《关山月研究丛书·百年山月——陈湘波文集》、林雄主编《岭南雄才——黎家山水及其宗师》、李伟铭《黎雄才、高剑父艺术异同论》、杨小彦《写生进入笔墨——以黎雄才〈武汉防汛图卷〉为例》、王艾《从法之极致到至法无法——黎雄才山水画长卷艺术略论》等文献。

访 谈

他们以笔墨探知时代的脉动

受访者：中山大学传播与设计学院教授、著名美术评论家杨小彦，广东画院美术馆馆长陈迹，岭南画派纪念馆馆长李劲堃

解读20世纪的国画发展脉络，名列“岭南画派四大家”的关山月、黎雄才，无疑是两个绕不开的名字：他们以笔墨探知时代的脉动，见证着民族从救亡图存、独立解放到自强崛起的历史进程；他们创造的艺术图像脍炙人口，已经成为一代人的精神符号，改写了中国美术史的发展轨迹。

然而，从某种角度来说，关山月、黎雄才又是现代画坛的两位“熟悉的陌生人”。除却盛名的光环，他们真实的学术价值一直受到遮蔽，在艺术本体价值被重新凸显的新时代里，他们虽然赢得敬重和礼遇，但他们的艺术探索道路却在更为多元、前卫的美术思潮中渐渐隐退，缺少系统性的梳理。

关山月、黎雄才在他们漫长的一生中，几乎经历了20世纪中国历史所有重大事件，也为后人留下了一笔巨大的艺术遗产。在美术多元化的今天，我们如何整理他们留下的艺术经验？从大师们的足迹出发，当如何看待那个逐渐远去的时代？面对他们的艺术价值，又当如何进行中肯而公允的评价？为此，我们与各位专家一起回顾关山月、黎雄才以及他们那一代岭南画人走过的一段峥嵘岁月。

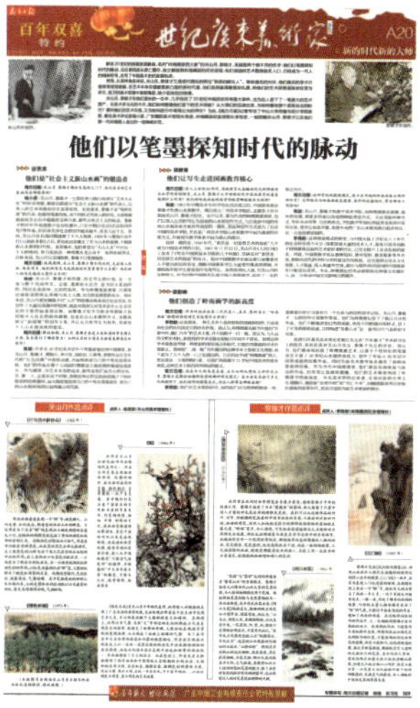
百年双喜 特约
世纪广东美术家
A20
新的时代新的大师
他们以笔墨探知时代的脉动
他们是“社会主义新山水画”的缔造者
他们让写生走进国画教育核心
他们创造了岭南画学的新高度

谈艺术

他们是“社会主义新山水画”的锻造者

南方日报：关山月、黎雄才都出自高剑父门下，他们各自的艺术基础存在哪些异同？

杨小彦：关山月、黎雄才一生都在努力践行高剑父“艺术大众化”的审美理想，解放后都成为“社会主义新山水画”的代表人，但两人的艺术风格也存在显著差别。在我看来，黎雄才是“纯粹绘画”的代表，他重视笔墨传统，对不同样式有深入的研究，力求格调清新而又在其中蕴藏着某种古意，颇有点形式主义的味道。黎雄才的早年作品就极少涉及社会性题材，只在中期出现过《武汉防汛图卷》等作品，到后来关涉社会的创作越来越少，甚至几近于无。然而，关山月在抗战时期就画了不少人物画，1959年与傅抱石合作《江山如此多娇》之后，更由此出发奠定了宏大山水的基调，不断探索山水画的时代性。直到晚年，他仍希望在“大山大水”中开出一个大的格局，努力发展出一种将南水北山合于一处的壮阔图式。总体来说，关山月以造境取胜，黎雄才以笔墨取胜。

南方日报：抗战期间，关山月、黎雄才都不约而同，先后深入西南、西北写生，他们的写生与抗战的时代背景有什么关联？他们两人的写生路径又有什么不同？

陈迹：关山月、黎雄才到西南、西北写生的行程，一方面与整个战局有关。迁徙、逃难到大后方，是当时大家趋同的，同时也是屈辱、无奈的选择。作为岭南画派画家，用画笔记录旅途的所见所闻与风土人情，也自然是画家的本分。相对来说，关山月更加侧重于用“入世”的绘画风格来表达社会现实，他创作了大量抗战题材的绘画，就是对高剑父美术要介入社会现实的主张的最直接反映。而黎雄才似乎自始至终都缺乏热切地介入社会的政治激情，他是在以山水画的方式，实践高剑父“新国画”的创作主张，并以大自然写生为契机，完成他个人山水画风格的塑造。

南方日报：解放初期，关山月、黎雄才在建立共和国的审美图式方面，各自进行了哪些努力？如何从当时的全国美术语境来解读这些创作？

陈迹：许多在20世纪美术史中占有重要地位的中国画家，如关山月、黎雄才、傅抱石、李可染、钱松喦、石鲁等，都曾经从红色年代的“红色经典”中获得灵感，并最终形成自己的个性化绘画风格。他们的作品在整个共和国时期都是主流绘画的重要组成部分。作为画家，对艺术本身的追求，始终是他们最关心的目标。关、黎二人，正是在这个时候，借助这种在特定政治语境之下相对稳妥的绘画题材，最大限度地发挥自己的个性化笔墨语言，使自己的山水画风格得以最终确立和完善。

关山月在创作

谈教育

他们让写生走进国画教育核心

南方日报： 进入20世纪50年代，国画教育从春睡画院式的师徒传承往学院体制转变，关山月、黎雄才从中对新时代中国画教育的奠基起到什么作用？他们对岭南画派的教学传统有哪些继承与创新？

陈迹： 1953年中南美术专科学校在武汉成立时，中国画系即由黎雄才负责山水画教学。南迁成立广州美术学院后，正副系主任分别由关山月、黎雄才担任。以关、黎为代表的岭南画派画家的山水画创作方式，是以深入生活的写生为基础的，这与后来新中国的传统山水画改革方案具有高度的一致性，使这种创作方式成为了后来中国的美术学院，尤其是广州美术学院山水画教学中最为重要的训练方式，并被视为教学体系中最为核心的部分。

值得一提的是，20世纪50年代，“素描是一切造型艺术的基础”几乎成为中国美术界的共识。1961年11月22日，关山月在《人民日报》上发表了《有关中国画基本训练的几个问题》，坚决反对“素描是一切造型艺术的基础”的论点。他对中国画教学也要从画石膏像素描入手提出质疑和否定，痛陈中国画系学生大量使用橡皮的弊端，并提倡高年级学生要直接用毛笔写生。虽然形势比人强，但关山月的这种努力，对当时的中国画尤其是中国人物画教学的弊端，起到了一定的矫正作用。

南方日报：这种学院的授徒模式，使日后内地的岭南画派出现何种衍变？这种路径与岭南画派在港澳、海外的流播相比，带来哪些不同影响？

陈迹：关山月、黎雄才执教于美术学院，而岭南画派在港澳、海外的传播，则更多的是以传统的师徒授受方式。无论采取何种方式，有利也必有弊，但总的来说，学院教学毕竟比师徒授受来得开放和全面，使学生包容并蓄，也使今天的广东山水画风格日趋多样化，这一点是毋庸置疑的。

李劲堃：这种授徒模式的转变，与中国内地20世纪五六十年代的社会转变密不可分：国家需要大量的美术人才，原来只培养局限于闲情雅致层面的艺术爱好者的方法，已完全跟不上社会发展的要求。因此，中国画教学的教师组织、教材组织、教室配备等各方面，都转向现代的学科与学科建设方向发展。这也使得在文化资源、人才数量、投入体量各方面，港台与海外相对内地的中国画教育都难以望其项背。今天，岭南画坛仍有必要借助这种强文化辐射力，进一步带动中国文化影响力的提升。

谈影响

他们创造了岭南画学的新高度

南方日报：作为岭南画派第二代代表人，在关、黎的身后，“岭南画派”称谓的传续对艺术还有什么价值？

李劲堃：在我看来，一种艺术并不是你想保留就能保留的，它必须由社会的应用决定它的存在价值。我认为，岭南画派先驱当年提出“折衷中西、融汇古今”的艺术主张，并不局限于一时一地。与久远的文明史相比，阶段性的学术实验在短短百年间并不算长。如果这种学术观念没有被一种更新的理论观点所取代，它就仍有重要的学术价值意义。我相信“二高一陈”当年提出的这种学术主张和文化理想，不是为了几个人的一己之见提出的。日后约定俗成是岭南画派的人，更应是这一主张的践行者。对我们构筑属于21世纪的中国美术的使命来说，这种艺术主张仍具有深远的意义。

南方日报：站在今天的角度来看，应当如何从整体上评价关山月、黎雄才在解放初期所经营的那种审美图式？在当前美术语言多元化的视野下，他们创作的图像范式，对后人将带来哪些启迪？

李劲堃：我们对艺术家的研究，如同我们对自然界的探索一样，需要意识到它自身也有一个生长与枯荣的美学过程。关山月、黎雄才一生可谓著作等身。他们为岭南画坛留下了数以万计的作品。他们不断地改变已有的面貌，挑战不同的题材和样式，留下了可贵的探索痕迹，共同构成“关黎山水”这一富有时代气息的史学现象。

我想引用著名美术理论家梁江先生在“百年雄才”学术研讨会上的发言，来表达我对关山月先生、黎雄才先生的评价。他认为，他们继承和拓展了岭南画派艺术，以富于个性特征的笔墨语言丰富了20世纪山水画的表现力，创作了代表20世纪中国画成就的经典作品，同时为新美术教育体系提供了新鲜而重要的经验。作为当代中国画画家，他们那些具有体温与脉动的作品，仍常常让我感到震撼。他们的艺术探索构成了岭南画学的新高度。今天美术界的后来者，在面对新的世界文化碰撞时，提倡新的“折衷中西”和“再汇古今”，应回顾那段具有历史转折意味的变革年代，更自觉地担当起艺术更新的责任。

黎雄才在创作

作品欣赏

点评人：陈湘波（关山月美术馆馆长）

《行云流水醉秋山》

点评：作品画面着意表现一个“醉”字：秋色醉人。山的走势、水的流态，都着意刻画出山水的醉态。这幅画色彩艳丽而不俗气，作者善用比较浓重的墨色，而且墨的黑色分布也很讲究。左上角黑色的山峰与右下角几笔浓重的石头起到呼应的作用；右上角的水口处墨色比较浓重，一方面是为了将溪水衬托出来，另一方面更起到衬托鲜丽色彩的作用；以红色为基调凸出“醉”意，又很好地解决了赋色和用墨的关系。该作品创作于1988年，现藏于关山月美术馆。

《梅》

点评：此作是关山月20世纪80年代画梅的代表作之一，作者运用笔墨表现挺拔的新枝、纵横的树干，使画面形成线的交搭，相犯相让，于矛盾统一中产生美感。其中梅干行笔注意干湿浓淡的变化和力度的节奏变化，行笔的快慢、粗细，中锋、侧锋的变化，使画面苍辣遒劲而带涩味，墨色干湿的对比以及花朵的鲜艳，造成满纸风骨纵横、暗香浮动而寒香扑面，使人从中领略梅花“只留清气满乾坤”的精神，并联想到“平生历尽寒冬雪”的梅花，于隆冬之时，铁骨铮铮，独放寒香。该作品现藏于关山月美术馆。

《绿色长城》

点评：《绿色长城》创作于1973年，是关山月中年的代表作。此作深入而概括地表现了广东沿海的典型风貌，充分体现出作者善于在生活中发现艺术之美，并以新技法赋予主题新的意义和特性。在构图上，此作注重气势，采取“之”字形迂回走向的构成方式来表现悠长的林带，既避免了林带的单调，又很好地表现了海岸景观的宽阔浩渺，从而构成了画面上磅礴的气势。为了在作品中追求林带的深邃和内聚的视觉趣味，作者在空间层次的表达上以一层白一层黑这强烈的逆光手法来描绘树林的层层推进，而远处的海水层次的表现手法也和林带的画法统一，为画面增添了巨大的活力。而在色彩上，作者更是大胆地借用了西洋油画和中国传统大青绿相结合的办法，大面积地运用石绿，层层加盖，铺排渲染，强调色彩的整体力度，淡而不薄、厚而不滞，在统一中求变化，于丰富中现统一，以求达到色不碍墨、墨不碍色的艺术效果。该作品藏于关山月美术馆。

点评人：李劲堃（岭南画派纪念馆馆长）

《潇湘夜雨图》

点评：此画创作于1932年，曾在比利时世界博览会参展并获奖，堪称黎雄才早年的经典之作。黎雄才接受了日本“朦胧体”的影响，但又保留了只有中国人才有的对毛笔运用的理解及灵性。我们可以从这帧作品的竹叶、竹节、竹树梢的笔法看到中国书法般的美感：几根被风吹折的竹树，扭动的用笔，丝丝入扣地把这段竹的那种欲断难断的柔韧性表露无遗，“噼啪”有声，令人称绝。可见他出国前遍临宋元名迹的功力得到充分施展，同时也说明借鉴与改良是学习过程中的重要环节。此帧画作另外一个值得欣赏的地方是，那组泊岸而息的商船及人物的刻画，笔笔精准，笔笔意到，远近高低浓淡干湿，构成一派烟雨迷蒙，又充满温情的画面，特别是那跪着汲水的渔人，衣服上用一点浓重的石青着色，使朦胧的画面增加动人的色彩。此作品现藏于岭南画派纪念馆。

《闽江木筏》

点评：“笔精”与“墨妙”达到形神兼备是“黎家山水”的重要特点。黎雄才把宋元以降历代山水大家的笔墨经验，令人惊讶地娴熟运用于笔端。他把传统笔墨经验与自然景物融为一体而出新意，迄今恐无出其右者。《闽江木筏》场面宏大，险滩的礁石用笔如刀劈斧凿，错落有致，他认为，“山与石，用笔之处，其顿挫转折，应从真实中来，一笔有阴、阳、背、向，皴法只是帮助分明层次，丰富变化而已”。其中或方或圆更能使山石“纵横离合，变化无穷”，湍急的江水线条的勾勒如行云流水，“山静水恬”。特别是岸边的山林远近相积，层层叠叠，墨色浓淡相破，水乳交融，烟云从溪而起直冲天际，元气淋漓。该作品创作于1961年，现藏于岭南画派纪念馆。

《三门峡》

点评：黎雄才完成《武汉防汛图卷》后，对用山水画介入现代生活题材的创作达到得心应手的境界。《三门峡》一画中，画家为表现三门峡建设的艰难，在构图处理上突出一个“险”字，槎杈突兀的石壁占了画面一半之多，一泻千里的大河极目远去，一堵一放，形成了雄奇而壮阔的境界，巧妙的点景人物安排更突出了“险”的气氛，几根信手拈来写就的吊索，增加了画面的动感。这幅用矾纸创作的作品，又一次令人领略到黎雄才使用熟纸的功力。使用熟纸作画，所有的技法必须笔笔达到恰当的位置，才能准确地传达出用笔的意图，丝毫不能取巧，边线硬朗易轻薄，染过多则易浑弱，那些既肯定又透明的充满水汽的笔墨，至今仍历久常新。有些局部积染无数次依然清晰而浑厚，但有几个地方却小心呵护，丝毫不伤害笔墨第一次与宣纸接触所留下的那种敏感的、充满灵气的痕迹，令人领略到中国画笔墨的厚薄美感。该画创作于1957年，现藏于岭南画派纪念馆。

王肇民：

百年一奇峰　丹青寂寞人

在20世纪中国美术史上，出现了一位公认的水彩画大师——王肇民先生。在“真实则美，有力则美”的艺术观指导下，王肇民创造性地把国画的传统笔法、油画的色彩表现力、素描的根基、诗的气韵融于一炉，创作了大量具有鲜明民族风格、时代气息和极高审美价值的水彩作品。其风格素朴而博大，兼有东方的深沉与西方的机敏，被誉为“百年一峰”，是一百多年来西方写实主义绘画进入中国后达到成熟的真正标志之一，至今仍堪为中国现代水彩画的一个标杆和一面旗帜。

著名艺术评论家刘骁纯曾经做过这样的评价：“他（王肇民）画西画，却得东方魂魄；他下功力，却又不见功力；他刻意地探索，却能妙合自然。”“他实现了法与道、平凡与奇迹、诗境与画意、致广大与尽精微的矛盾统一……王肇民在风景、静物与人物，特别是水彩静物写生方面达到的境界，国内无人可比。”

著名美术理论家迟轲更是盛赞王肇民的作品具有一种“伟大的风格”，“于平淡中蕴瑰奇，朴实中见高华，如狮虎之行于大漠，鹰隼之立于危岩，使人心生向往，脱去俗虑”。

“共言钢铁骨，谁解雪霜心。草木馨香冢，丹青寂寞人。”这是王肇民生前为纪念“中国油画第一人”李铁夫所写下的诗文。而在他去世之后，相关报道、纪念文章不约而同地为他勾勒出一幅清冷的“寂寞大师”肖像。

有人曾说，王肇民的一生是一场“在沉寂中灿烂”“以韧性赢得艺术”的远行。他不跟风，不趋时，在艺术探索之路上独自董道直行；他“慎思明辨”，敢于“学人之所不敢学，想人之所不敢想，言人之所不敢言，行人之所不敢行，而又不失其正”；他信奉“尺幅片纸有尊严”，对于创作始终保持纯粹的初心；他自甘淡泊，兢兢业业，对人以宽，对事以真；他学养深厚，在素描、水彩画、画论及古体诗词等领域成就斐然……

百年双喜 特约
世纪广东美术家
新的时代新的大师
王肇民
丹青寂寞人
百年一奇峰
偶然画得好靠灵感
一生画得好靠学问
男儿立身先立志
尺幅片纸有尊严
百年巨大 世纪风范 广东中烟工业有限责任公司特别呈献

艺术与修养

偶然画得好靠灵感　一生画得好靠学问

“1908年，我出生在安徽省萧县，那里是一望无际的淮北平原，那个村庄贫穷得从来没有出过一个地主。父亲是县里颇具文名的小学教员……”王肇民很早就表现出绘画的天分，小学二年级时，他看见瞎了眼睛的曾祖母在纺棉花，就用水彩为她画了一幅精彩的肖像。小学毕业时，他获得了“美术成绩特别优异奖”，“这促使我爱上美术”。

1929年从江苏徐州中学毕业后，王肇民以第二名的成绩考入杭州艺专。在校期间，他因参加左联领导的著名进步美术团体一八艺社被学校勒令退学，在校长林风眠的举荐之下，转入北平大学艺术学院西画系继续深造。1933年毕业后，赴南京中央大学艺术系旁听一年，之后又返回北平，任教于私立北京艺专。他将这段辗转南北的求学经历概括为：“在国立杭州艺专，我学习了色彩；在中大艺术系，我学习了素描；在平大艺术学院和在北平工作期间，我学习了民族风格。这三点，恰恰是一个画家必须具备的修养。”

王肇民很早就意识到“修养”的重要性。他曾说：“偶然画得好靠灵感，一生画得好靠学问。”“没有学问就没有看头，画出来的画就没有格调，成不了大器。”

他从青年时代起便博览群书，读诗、读史，潜心钻研古今中外诸派画论，力求穷理致知，融会贯通；同时，又通过一八艺社接触到马列主义书籍，以唯物主义辩证法作为世界观和艺术观的支点。这为他日后提出“人当物画，物当人画”，透过所绘对象的表象发掘独特情感和个性，于平凡中见峭拔提供了理论储备，更成为他终生特立独行、葆有“真我”，敢与范缜、顾恺之、苏轼等历代文艺权威公开辩难的底气所在。

大凡真正怀有异才的人都明白，一个人珍惜和善待天分最好的方式就是加倍地努力。王肇民也不例外，他有句名言：“学画的万灵药不是方法，是勤学苦练。”他在学生时代经常“一画一整天”，“早上八九时进教室，下午四五时出教室”，中午也不休息，“一坐就是八小时、十小时”，为此落下了终生不愈的胃病。

在王肇民本人看来，其创作上所取得的成绩，归根到底仰仗的是“素描功夫硬挺”。因此，在往后的教学实践中，他格外重视学生的基本功训练。课堂上，他引导学生要“大处着眼，小处着手”，要把画面的整体和局部结合起来灵活处理；在课外，他提醒他们要博采众长，不要专学一门一派，他还耐心地示范怎样花一个晚上乃至一周只“读”一幅画，把构图、色彩、用笔等一项一项拆开来看，慢慢咀嚼。

“作画和作战一样，既要善谋，也要善断”，“绘画如剑客行刺，用笔、用色务求一击而中”……王肇民的这些自出机杼的妙论，至今仍深深印在许多昔日学生的脑海里。

王肇民（1908—2003）

艺术与志向

男儿立身先立志　尺幅片纸有尊严

一生未涉仕途，不善交际，画的又是“冷门”，这使得王肇民一度在世人心目中留下矫矫不群、不问世事的形象。随着其生平资料的不断发掘、梳理，这一点正逐渐得到重新认识。

事实上，刚到北平不久，在1932年春天，王肇民与杨澹生、沈福文、汪占非等杭州一八艺社的成员，发起成立了北京最早的木刻社团北平木刻研究会，成为新兴木刻在京畿地区的播火者。不久，他又参与成立了北平左翼美术家联盟、平津木刻研究会，在北平、天津等地举办木刻作品联展。王肇民的《叫》《夜》，胡一川的《饥民》《囚》等一批我国最早出现于展览会上的木刻作品，曾为鲁迅所器重。前苏联大使亦称赞这些作品与捷克木刻有同等水平。

在北平期间，据同住的沈福文回忆，王肇民常趁夜半去西城一带墙壁上，用粉笔书写“打倒帝国主义”等口号，俨然是一位忧时愤世的热血青年。

1937年七七事变爆发之后，王肇民返回老家萧县参加新四军，投身抗日宣传工作，为中小学编绘抗战课本兼绘制插图，揭露日军侵华暴行。而后持续八年的烽火与硝烟，流离之苦、救亡之责，将整个中国知识分子阶层抛入命运的激流和灵魂的熔炉。

1941年冬天，王肇民的父亲病逝于重庆，其时母亲体衰，妹妹年幼。次年春，他入渝扶柩，原本打算迎接母亲和妹妹同返故里，不料归途却因战火阻断，一家人被迫羁留重庆，长达六年有余。前半生所作素描、油画等作品，几乎全部毁于战火。

其间，他在重庆燕儿洞当小学教员，作画生涯一度搁置。在这段“山中结茅屋”“他乡久停滞”的日子里，他一直留心时局，写了许多旧体诗词。从作品主题上分，既有抒发身不由己、不能驰骋疆场的苦闷，有如鹰隼“竦身展翅欲凌云，岂奈丝绳羁绊深”；也有寄托对千里之外的江南故地的眷念，如在故友李可染《水村图》上的题诗：“写到堤边杨柳外，应牵旧梦到西湖。”此外，还有一些诗作对抗战期间大后方的官场腐败和黑暗现实予以尖锐的讽刺和批判。

抗战胜利喜讯传来之后，王肇民按捺不住心中的激动，挥笔写道：“闻道东南破虏兵，长江万里可扬船。老亲爱说还家事，笑眼朦胧仔细听。”1947年，他终于携家东归，回到南京任职。

据王肇民自述，他写诗所遵循的平仄、四部、格律、法度，均是少时从一个私塾老师的手抄本上自学而来。他最喜欢唐诗的清新晓畅，从小便养成了一个习惯，随身带着手抄本，“受了感动就写诗”，回到家中再仔细推敲，然后抄正誊清。旅行写生、下厂下乡体验生活时，“每到一处，无不既画且诗”，写了整整五大本。他写诗也和作画一样一丝不苟，有些诗写了几十年了，出版前他还要斟酌一番才会付梓。

对于诗词、画作，王肇民抱定一个原则：“自家作画自家看，生不必闻死不传。”“我的画首先是画给自己看的，我的诗也是写给自己的，我不考虑市场和出版，不投人所好，也不考虑评职称。”他在《答客问歌》一诗中这样写道：“男儿立身先立志，尺幅片纸有尊严。”“他的作品总是在浓郁的色彩、结实的形体、精到的构图之外沉淀着一种摄人心魄的力量，这种超越形式本身的力量源自于他纯粹的精神追求，更是对生命的咏叹！”（诸迪语）

艺术与选择

人取我弃　人弃我取

1948年10月，王肇民在40岁生日当天写了一首诗，喟叹：“忧患悲今日，蹉跎老此身。”就在此时，他的人生却在悄然不觉中，出三峡、渡荆门，驶向了新的航程。

1951年，王肇民赴武汉担任中南文艺学院教员，1958年，随校南迁至广州美术学院，任油画系素描教师。当前半生“流水生涯时左右，落花身世各西东”的漂泊告一段落之后，他出人意料地放弃了已有一定造诣的油画，开始转投“偏门”的水彩。对此，他的解释是受到了司马迁《史记•货殖列传》的启发：“‘人取我弃，人弃我取’，人家都不画，我坚持画，水彩画是用水调和颜料，对融入中国优秀传统的发展空间很大。”

1981年，王肇民在黄河边写生

20世纪五六十年代物质生活条件艰难，水彩画材料便宜，这也是促使王肇民专事水彩的因素之一。同时，他不顾年岁渐长体力下降，仍坚持每天进画室画人体，每年都出外写生直至八十八岁有余。

无论笔下的瓜果脆嫩新鲜或霉坏干瘪，花卉亭亭初放或零落凋残，王肇民均在充分展现生命盛衰的过程中，赋予对象“品格”，通过“迁想妙得”为之注入意味深长的性情与神态。他的水彩静物画运笔苍润并济，构图看似随手拈掇，实则煞费匠心，用色古雅中含筋骨，浓酽处显光泽，充满张力、强度与体量感，有如油画一般浑朴敦厚，静穆大方。其作品呈现出“质朴劲直，傲骨抖擞”的基本风貌，打破了水彩艺术薄涂淡抹、以轻盈灵动见长的一般规范，于方寸“小品”中拓展出一个“峥嵘壮阔，苍韵无伦”的全新境界。

王肇民将多年心得精髓形诸文字，集为《画语拾零》，开篇第一条就明确提出“形是一切”的口号。他认为“没有形就没有神，神不能单独存在”。书中创见犀利，文辞精辟，绝不囿于画史定见，处处闪耀着辩证思维之光。

其中有两段文字，堪称是他对数十年艺海生涯的一次总结：“凡作画，少年要粗，青年要细，壮年要粗，老年要细……老年的细，是粗中有细，有粗细兼济之妙。杜甫说‘老去渐知诗律细’，盖得之矣。”“树非老而枝不奇；人非老而语不妙。盖奇妙乃从岁月中得来，写字作画也是如此，所谓‘人画俱老’。”

著名学者王贵忱曾评价说，王肇民“知前人之所未知，言前人之所未言”，是中国近现代史上画论写得最好的三个人之一，可与黄宾虹媲美。

但在当时，“形是一切”等主张却颇受争议。加上王肇民个性耿介不阿，凡有学术上的疑点，必据理力争，甚至“出言不逊”，这也令他颇受冲击。

晚年在谈到这些往事时，他平静地说：“我们这一代人经历过很多大风大浪，所以对身外之物看得很开，活得坦然，活得自由……”王肇民说：“我不看重的事，都不会对我构成真正的伤害。”

艺术与处世

自笑当官无媚骨　不衫不履亦悠哉

1979年，法国巴黎一家画廊的负责人在《人民日报》（海外版）上偶然看到王肇民发表的几幅作品，深为叹服，次年几经周折，在巴黎为他举办了个展。王肇民也因此成为“文革”结束后第一位在欧洲举办个人画展的中国内地画家。此后，王肇民又在广州、北京、合肥、台湾等地多次举办个人作品展。

对于荣誉，王肇民一向表现得很淡然。1992年初，在其从艺62周年研讨会上，他简短地讲了几句开场白：“只讲一点，希望对我的画论有意见的，提出来继续讨论一下。对我的经历、生活有什么不了解的，我也可以解释一下。”

在这份笃定的背后，是艺术上的远大抱负和非凡的自信。他曾自诩“中国第一世界水平”，1984年全国美展水彩、水粉部分在广州亮相，王肇民于同一时间在广州美术学院开个展，水准之高，在行内外引起强烈震动。

王肇民生活简朴，为人热情、宽厚，视教书育人为使命，深受学生爱戴。他数十年如一日地坚持口传手授，边教边画，学生画一张，他就画一张。每天他都提早到达课室，从不迟到、早退。即便对于那些字迹潦草的求教信，他也同样认真回复，绝不马虎了事。

王肇民曾说过：“在画途上成功的人，多属于坚强的人。”他本人就是最好的范本。20世纪80年代，年事已高的他身患脚跟骨刺、白内障等疾病，仍借开会、讲学、参观之机，不放过任何写生机会。1982年，他在镇江被一辆汽车撞倒，腿部受伤，头部撞了一个大口子，当场就晕过去了。他醒来后，第一句话便安慰肇事司机："你不要怕，我不会为难你的，我也不会死！"司机十分感动，赶紧送他到医院治疗，又在十多天后特意买了一筐苹果前来探望。重伤初愈的王肇民歪躺在床上，照着苹果一气呵成地画了一幅作品——这幅画就是经常出现在其展讯及画册封面上的《礼品》。

出院时，王肇民头部刚刚拆线，走路依旧一瘸一拐。在半晕眩的状态下，他又在南京、镇江一带顽强地完成了《明故宫遗址》等风景佳作。在他的笔下，无论是水天一色、气势连贯的海门沙角，还是清寒幽静背景中的苍劲老槐，抑或是密林深处的世外人家，画面无不洗净铅华，爽利自然，流露出"天地真空阔，一萍可状吾"的旷达与磊落。

1982年，王肇民在画室

1997年春节，画完最后一张《玫瑰花》之后，即将年满90岁的王肇民终于放下了画笔。2001年11月，他生前最后一次个展在广东美术馆开幕。一年半之后，2003年4月22日上午，95岁的王肇民在广东省人民医院与世长辞。

《水仙》（1984年），王肇民作

"自笑当官无媚骨，不衫不履亦悠哉。春回南岭观梅去，夜入西江泛月来。死莫须留驼马冢，生何尝羡栋梁材。文章千古事谁识，白眼相看未可哀。"

写下这首《自笑》的王肇民对于"寂寞丹青人"，也许自有一番体会，并非纯以"苦涩""惆怅"足以道尽。或许他视娑婆人间如"沧浪之水"，置身其间，又超然物外，故而能够自行其是，数十年处于边缘而不为所动，"白眼相看"而不屑于自怜。一如他诗中所言："任他车马满门庭，声价从来无定评。""亿万人前谁识我，百千年后几名家？"

高山景行，赫赫具瞻。透过这份融合了时代变迁、艺术演进的"寂寞"，人们读到的是一代巨匠"赤子之心和饱经风霜"高度统一的人生信念，是"一个现代知识分子的孤傲的灵魂"（尹吉男语），还有一座供人审视今天的艺术创作，反思艺术家人格与尊严的可资参照的坐标。

广大精微　自成体系

受访者：王肇民女儿王幼华、王季华

在广州美术学院执教期间，王肇民身体力行，服从艺术的客观规律，以平实、独特的方法将学生带入绘画的本真境地。王肇民的教学方法在他去世之后依然长久流传于众多画家之中，成为艺术教育中的圭臬，他也因此被誉为“画家中的画家”。

广州美术学院自1981年成立美术教育系后，在郭绍纲、胡钜湛、陈秀莪等教授的领导下，强调了水彩画教学的重要性，在国内最早开设水彩专业，最早建立水彩画教研室。王肇民的水彩画作品早在1978年展出之后就引起了艺术界的广泛关注，许多画家和学生纷纷取法于他。1983年离休后，王肇民进入美术教育系短暂授课。他的作品和教学对培养青年水彩画家和壮大广东水彩的中坚力量，起到了重要作用。

女儿眼中的王肇民

正如早年参加民主革命事业所倾注的巨大热情一样，新中国成立之后，王肇民在水彩创作上几十年如一日，于尺幅方寸之间淬炼出纯粹的艺术风格和坚韧的人格形象，在他的作品面前，晚辈后学无不感受到他昂扬的生命力和深沉的艺术感情。

尽管条件艰苦，但王肇民始终将一切精力用于绘画创作和艺术思想的提炼。他始终以写生为创作的基础，从不放弃对物象的造型、结构、光色等的探索和思考，形成了独特的画论体系。他关于“形是一切”“人当物画，物当人画”的理论不仅开辟了中国画论的新境界，而且在艺术探索中融汇了东西方绘画的精髓。中国艺术研究院美术研究所研究员刘骁纯评论说：“他实现了法与道、平凡与奇迹、诗境与画意、致广大与尽精微的矛盾统一，其中特别值得关注的是极平凡中创奇迹。”

百年双喜 特约
世纪广东美术家
A22
广大精微 自成体系
女儿眼中的王肇民
骨子里的精神支柱和艺术追求
生活和艺术密不可分
画家中的画家
他的画从不取悦大众
西画传入后第一个自成体系的人

骨子里的精神支柱和艺术追求

王肇民女儿王幼华回忆道：“父亲具有一种文人的清高品格，按他的话说，他毕生都未在艺术范畴以外花过心思，所有的精力都用在艺术钻研上，全靠自己的努力获得成就。父亲平时在校，学习生活非常刻苦，每天早上带着馒头进画室，中午就吃个凉馒头，喝口白开水，一画就是一整天，时间抓得非常紧，进步也非常大。而在现实生活中，他也同样惜时如金。

20世纪70年代末的时候，他外出写生时常带上我，他作画时我就站在他后面看着。有一次在北京，11月的香山，寒风料峭，雨雪纷飞，而他依然在外面写生。一笔上去，画面上的水都结冰了，我站在他后面冻得脚疼直跳，他却纹丝不动，只顾画他的，当时在场的李庚先生都为这种全身心投入的刻苦精神所感动。父亲作画从不受客观条件的左右，有时候下雪了，水在纸上结了冰，雨水或雪水打在结了冰的画面上，斑斑点点，他也不停顿，有一些画到现在还能看出当时的作画过程。他很能吃苦，喜欢上课时比学生早到课室，比学生晚离开。上课时学生在画，他辅导之余也找个角落位置画，学生画一张，他也画一张。他非常爱学习，早上在画室进修，下午去图书馆看书，晚上则喜欢看中国古代历史文学书籍，像《左传》《史记》《资治通鉴》《四部备要》和古诗词歌赋等等。这些大家耳熟能详的书能认真通读的人并不多，而他每晚看到深夜，通读了，第二天仍旧准点到教室。他还通读“马列全集”，仅毛泽东著作就通读了四遍。

对于艺术，父亲有自己独立的见解，从不人云亦云，他讲究用笔，反对形神兼备，提倡“形是一切”。他的画就像他的为人一样直截了当，没有灰色地带，可见父亲做人和艺术创作原则是一致的。他在10岁时画过一张家中四奶奶的头像，大家都说很好，这给他很大的鼓励。终其一生，他骨子里藏着一种精神支柱和艺术追求，是真正地喜爱美术。”

生活和艺术密不可分

“小时候看父亲总在画画，他每晚12点以后才睡下。不论昼夜，回来时总要看书写诗，时间都花在读书画画上。印象中，每天晚餐的饭桌上是一家人最快乐的时光，他会给我们讲很多历史、地理故事，旁征博引成语典故，教给我们一些做人做事的原则。他也重视生活中的细节，小到拿筷子、不准剩饭等都会教。他生活上非常节俭，很爱惜东西，就连吃西瓜都要吃得干干净净，别人不知道还以为我们家不懂挑西瓜，因为扔的瓜皮上一点红都没有。

20世纪70年代，父亲吃过不少苦。当时家里只有两间房，房间不够父亲画画用，他便把静物摆在床上，画架摆在中间过道，有时一甩笔就敲到床框上，很多画就是在这种条件下诞生的。后来他去干校劳动，一去8年，前后10年没摸过画笔。直到复课，父亲从石膏开始画起。他说画画不是为别的，而是给自己看的。

只要身体状况允许他就会拿起画笔，一天下来，经常累得眼肿脚肿的。记忆里，他每天的生活都处在工作的状态中，有时甚至画到废寝忘食的程度，他是一个特别勤奋的人，为了作画分秒必争。他反对边放音乐边画画，说一心不能二用。

父亲把生活当成艺术，这两者于他是密不可分的。为了画画，家务事他从不去管，既没拿过扫把，也不会煮饭，但母亲仍全力支持他。到了老年，性格有点固执，他更是完全投入到艺术中，就像有些小说家一样，写的时间长了会分不清楚真实或虚幻。父亲一生都在学习，孜孜不倦地学，是真正的活到老学到老。年纪很大的时候，他还戴着老花镜、拿着放大镜坚持看书看报。他晚年画过一张猫头鹰，很老很老的一只鹰，但那双鹰眼炯炯有神，我们都说很像他，父亲听了大笑。

父亲的气度与思想源自于他对纯粹艺术理想的追求，而这份倔强甚至略显顽固的情愫，不管是对他的作品创作，还是对身为子女的我们而言，都是无可取代的宝贵精神。”

评说

画家中的画家

作者：中山大学教授、著名美术评论家杨小彦

西画传入后第一个自成体系的人

20世纪上半叶是中国人到西方学习人家的艺术的时期，然后就带回了整个西画的体系，有徐悲鸿的写实主义体系，有林风眠的表现主义体系，还有刘海粟的“半吊子”体系。其中，在学院领域，以徐派影响最大，尤其是在新中国成立后嫁接了苏派艺术以后，至今仍然是中国高等艺术教育的基础体系。林风眠体系也有很大发展，他所导致的是一种融合中西的“折衷主义”，最后卓有成就，中国有吴冠中，欧洲有赵无极，但在美院系统中却一直处于边缘。

在这里所谓的西画，应该主要指15世纪到19世纪末的欧洲艺术，我们一般称其为写实主义，就造型而言，它建立在三个基础上：一、透视；二、人体解剖；三、明暗语言。透视为画面建立观看秩序，对人体结构的认识使人物画成为主流有了可能，而明暗语言则发展了对物象的客观体认，其中包括对色彩的探索。三点合在一起，是继承与发展了自古希腊以来的一套艺术的叙事与表达策略。

但是这一套体系进入中国，却在开始就发生了问题，其中一个就是与我们民族艺术的传统产生冲突。也正因为如此，西画体系进入中国的同时，民族化问题就开始产生，甚至成为一个重大的艺术问题，困扰着众多艺术家的实践，也使中国现当代艺术出现了一种不伦不类的现象。具体来说就是中不中，西不西，洋画

不洋，但又绝对不是中国的风格。

这就是为什么我强调说王肇民是西画体系进入中国后而能自成体系的第一人。在这里，关键是自成体系。具体来说就是，他接受了西画体系中对于形的体认，提出了“形是一切”的观点，认为“诗言志，画写形”，两种艺术形式各有各的法，不容混淆。他甚至认为，顾恺之强调形神说而以神为第一要义的观点，是中国绘画，尤其是人物画之所以衰败的根本原因。所以，王肇民“自谓宋元以上人”，他极力想回到唐宋时期那种对于物象的观察与形的塑造中去。王肇民这一观点实在有点惊世骇俗，所以一提出来就反对者甚众。

后来反对的声音渐渐消沉，我看根本原因就是他的作品，他的艺术实践的成功。王肇民的作品是他的“形是一切”的适当体现，画面结构严谨，造型奇崛别致，逻辑性严密而又不失笔法的生动性，绝对不是对外表的描摹，恰恰相反，是深入到物象的“形”中去寻求其中的生命力的自然呈现。在王肇民看来，物象本身是充满生命力的，这生命力又是由其独特的形所呈现的。所以，“画写形”中的“形”，就绝对不是物象外形那样简单。在王肇民眼中，外形本身就是生命力的一种自动呈现，抓住这一自动呈现，就是抓住了对象的生命之所在，画出来，就是表达了对物象生命力的体认。

王肇民明确有力，明辨是非，从不动摇，他对这些品质犹如信仰般坚守以至终生。西画的独特之处是其对形的概括，中画的优秀之处是对物象的生命式体认，而以笔法表达之。结合这两者，就造就了王肇民的艺术，使他成为画家中的王者。

他的画从不取悦大众

大众理解王肇民并不容易，专业界说起他却往往佩服得不行，这是因为王肇民所要解决的是绘画自身的根本问题，而不是要去取悦大众。

王肇民说，绘画要有三个深刻——对象深刻、眼光深刻、画法深刻，三者合一，必是好画。后来他把这段话的意思写进了他的《画语》。其实，王肇民的这一说法理解容易，做起来却很难。所谓对象深刻，是说对象要有画头，长得有特征，有性格；所谓眼光深刻，是说画者要看得出来，而且还要看得分明；最后是画法深刻，也就是说，要把这特征变成一种绘画语言，通过对形的刻画而呈现前面的两个深刻。如果真的做到了，难道还不是一张好画吗？肯定是的！

这就是王肇民的一个特点，他的教导往往像是一种“棒喝”，让我们先是愣一下，然后越想越有道理。

王肇民当年就曾经反复强调：“画画不能凭才气。有才气的画家只能偶尔画一张好画，但我张张都是好画！”在这里，王肇民强调的是，画画如信仰，非坚定不能成事业。

所以，王肇民是真正的王者，是画家中的画家。这不是我的瞎评，而是来自专业界的公认。

王肇民给我们上课时，他还有一个教诲我认为极其重要，那就是他反复要求学生“读画”。他在课堂上批评学生晚上在图书馆看画册就像看连环画似的，随便翻翻就过去了。他要求我们要安静地去读画，要用心去体会。开始我不太明白这个“读”的意义，求教于他，他回答说：你能否一个晚上只“读”一张画？更有甚者，他明确希望我们，最好一个星期只“读”一张画，要安静地去“读”，去理解。我问，如何才能一个星期读一张画？他笑着回答说：第一个晚上“读”构图，第二个晚上“读”笔触，第三个晚上“读”色彩，第四个晚上“读”意义，第五个晚上“读”造型，等等。后来我按照王肇民的要求去读画，而且坚持去读，果然收效巨大。从此，我也就逐渐养成了读画的习惯。

作品欣赏

点评人：杨小彦（中山大学教授、创意媒体设计系主任）

《荷花玉兰》

点评：这一张是王肇民作品中的精品，是他的代表作。底座、花瓶、两朵白玉兰，分别由不同的形态组成，形成一种“形”的严谨而含蓄的互动，使画面具有一种特殊的审美情趣。色彩上也是简洁的，黑白是主调，但配以少量彩色，显得异常丰富。

《学生》

点评：这显然是一张在画室里画的作品，“学生”造型独特有力。作者在画作中强调了“学生”在形态上的独特性，显示了他敏锐的洞察力。画法是简洁的，有一种森严的秩序感隐藏在画面背后，让我们的欣赏眼光也因此而升华。

《初摘的荔枝》

点评：荔枝是王肇民喜欢的题材，画面上的荔枝错落有致地摆放着，每一颗在外形上都不尽相同，形成了对比和呼应。从上面近乎方形的团块引申下来，形状极尽变化，从而让画面成为一个有机的生命体。这幅作品的色彩是单纯而又多变的，红绿调为主体，和背景形成对比。其中，白盘子的造型与色泽成为关键，既强化又中和了彼此的对立，使画面更显和谐。

《美院厨房》

点评：对于从老美院毕业的人们来说，这一幅写生显得格外亲切。画面体现了一种深刻的秩序感，红墙作为背景衬托着红棉树的挺拔，而鲜明色泽的花朵令画面显得平凡而新颖。作品不仅仅是旧物老地，而且画出了让人感动的一种存在，仿如作者本身。

《舞》

点评：王肇民拒绝画美女，尤其拒绝画甜俗艳丽的美女，他甚至视此为画之大敌。但这不等于他没有爱美之心，这一幅画作证明了王肇民内心仍然对美好事物持有一份朴素而热烈的情感。这幅写生尽管是画舞女，但灵巧而朴素，具有一种内在的动人力量。

《香山门外》

点评：这幅作品表现了王肇民坚持了一辈子的风景写生，体现了他在民族艺术与传统绘画上的修养。画中的树干画法是传统的，用笔干脆利落，像是水墨的痕迹，笔法生动有力，绝不拖泥带水。色调则是温和的，整幅作品显得有机统一。粗壮结实的树干和灵巧的拱桥形成对比，而桥上行人则像是一种不经意的点缀，让画面顿时呈现了一种活力。

賴少其：

剑胆琴心木石魂　铁笔江山入梦来

在古今争辩、中西对撞的20世纪，几乎所有艺术大师都走上了“熔铸古今”与“会通中西”之路。20世纪广东美术的精神历程，有这样一道轨迹：从林风眠到赖少其，在艺术中打通古今中西，将现代性引入中国绘画。

赖少其属于大器晚成式的人物。他早年就读于广州市立美术学校学习西洋画法，后追随鲁迅投身“新兴木刻运动”，新中国成立后在上海、安徽担任文化界领导，此后转入国画创作。20世纪80年代，他回归广东开启“丙寅变法”，尤其是80岁以后在病榻上，他仍以一种独立非凡的意志求新求变，开创出一片艺术新天地。

“巨大的建筑，总是一木一石叠起来的，我们何妨做这一木一石呢？”这句话出自鲁迅给青年赖少其的一封信。“酌奇而不失其真，玩华而不坠其实。”在难以融通的古今中西歧异之处，赖少其回归到生命的本真状态，打通壁垒，融通为新山水。

《诗经》有云：“有匪君子，如切如磋，如琢如磨。”山水巨匠，大器晚成。赖少其晚年独立于岭南画坛之外，他所做的探索并未被充分认知。近年来，美术界重新挖掘，使赖少其在20世纪中国美术史上的地位更为清晰。

切

长铗归来花之晨，故国巨变雷与霆

1986年农历丙寅年，饱游饫看人生起伏的赖少其选择回广州定居。为此，他作一首《相见欢》：“我将乘风归去，折柳揖别。过庾岭，香云千里，一山秋色。”

“长铗归来兮花之晨，故国巨变兮雷与霆。”回广州后，赖少其有了新的感悟，决定对个人绘画开启一次全面“变法”。在给友人的一封信上，赖少其这样写道：“不变不行。”他提出，要进行一场“丙寅变法”。

此时的赖少其已年过古稀，他刚刚举办完从艺五十年巡展，在安徽、广东、香港、北京等地展出了自己数年扎根黄山的画作，好评如潮。现在他却要去熟就生，下一步险棋。他说，“我已经作好思想准备，会有人说它不像中国画”“要革新，当然会引起争论”“不变只有死路一条”。

赖少其半生徜徉艺海，学识广博，经历了诸多人生波澜。“丙寅变法”堪称其前半生艺术与人生阅历的一次厚积薄发。

1915年，他出生在潮汕普宁县一户小商贩家中。从小家境贫苦的他，身上有一种无往不胜的韧性和毅力。

1932年，年仅17岁的赖少其考入广州市立美术学校西画系。在班主任李桦等人的影响下，赖少其受到鲁迅先生“新兴木刻运动”的感召，投入到版画创作之中，后参与组织现代创作版画研究会，活跃在抗日救亡的版画创作一线。1938年，他在桂林主编《漫画与木刻》，并在《救亡日报》等刊物上发表大量版画作品宣传抗战，成为近代中国新兴版画运动的第一代木刻家。他的作品紧跟时代，又不失艺术性，创作出在桂林几乎家喻户晓的彩色套版木刻《抗战门神》等一批优秀木刻作品，被鲁迅誉为“最有战斗力的青年木刻家”。

随后，青年赖少其投身抗日，加入新四军。1941年，赖少其在“皖南事变”中不幸被俘，囚禁于上饶集中营。在狱中，他被吊在铁刺木笼里饱受痛苦煎熬，绳子将他吊住，他稍一动弹，额上、手上、胸前就被尖利的铁刺刺出鲜血……上饶集中营这一段人间地狱般的经历，让赖少其经受了极端残酷的身心考验，逐渐成长为一名坚毅的革命战士。

早年的革命经历，让赖少其一生富有革命者的强大意志力。40多年后，在“丙寅变法”中，他像革命者一般开启了对水、墨、色的全新试验。他一生的艺术创作紧随现实，新的南国风光给他灵感，促使他寻求新的表达方式，将对物写生和西洋画的表现手法融入中国传统水墨。在随意散淡的形笔、丰润酣畅的水墨、鲜艳饱满的色调中，一种近乎平面构成的形式产生了，层层渲染后，具有异常丰富的表现力。

风雨归舟，倦鸟归林。20世纪80年代末，赖少其回广州后创作了《孤云与归鸟》等作品。画面中，彩墨挥洒归于平静，凝厚拙朴趋于淡然。水色浑融、诗画合一，将唐代诗人马戴的《落日怅望》中“念我何留滞，辞家久未还”的诗意表现得酣畅淋漓。

磋

笔墨顽如铁，金石掷有声

赖少其变法的一个重要前提是，他此前数十年成功“出”“入”于传统之中。

新中国成立后，赖少其担任南京军管会文艺处处长、南京市委宣传部副部长等职位。同时，他被南京大学、金陵大学聘为教授。当时，傅抱石也在南京大学艺术系担任教授。受某种艺术思潮的影响，中国画教学在当时被一些人认为是封建糟粕，有的大专院校甚至取消了中国画教学。傅抱石却呼吁民族文化传统不能割裂。一些学生开始罢听傅抱石的课。赖少其得知这一情况后，亲自动员学生们听傅抱石讲课。

在那个年代，傅抱石的重墨画寡人问津，赖少其却发现了其艺术的重要价值。两人由此结为挚交，常在一起谈论古代绘画艺术，当时身为版画家的赖少其渐渐迈入中国绘画大门。

1952年初，赖少其调任上海华东局文委委员、华东文联副主席兼秘书长，后又一手筹建上海画院、上海美协，在上海、江浙一带联络了一大批学养深厚的大画家，如吴湖帆、唐云、谢稚柳等人。赖少其一到上海，就去拜访画坛一代宗师黄宾虹。当时黄宾虹已经89岁，并已迁居杭州栖霞岭。黄宾虹由于右眼患白内障多年，作画不方便。赖少其多次前往杭州拜访黄宾虹老人，主动为他策划诞辰90周年大展，整理了他长期尘封的百多幅力作，还代表华东行政委员会文化局，授予黄宾虹“人民画家”的称号。

黄宾虹见赖少其真诚求教，主动将自己的画作和收藏的历代书画珍品拿出来给赖少其观览。他甚至将自己的画作和手书的论述国画艺术流派及其优拙的《学画篇》一卷赠给赖少其。对于赖少其，黄宾虹不仅将他看作意气相投的忘年朋友，而且是可以倾心相谈的知己。

黄宾虹对于赖少其则是一个活的“传统”。赖少其从这位“三百年来在山水画史上里程碑式人物”的艺术及理论、经验中

赖少其（1915—2000）

获得了深刻启迪。黄宾虹80岁后如梦初醒的变革，在赖少其的“丙寅变法”中得到了赓续与发展。也正是在黄宾虹的指引下，赖少其开始从临摹陈老莲的花鸟入手，不断深入研究中国古代画学传统。

1959年，赖少其被调到安徽省任安徽省文联主席兼美协、书协主席。自此数十年，他以黄山为大画院，屡次登上黄山写生创作，将唐宋明清历代大师的山水创作琢磨透彻。

“兵无武器难称雄，不学传统空唐突。”赖少其以过人的勤奋，临摹了大量古代名家绘画，有“金陵八家”之首龚贤，高古拙趣的明代画家陈洪绶，四僧中的石涛，新安画派开创者渐江以及该派的梅清、程邃、戴本孝，“扬州八怪”中的金农、罗聘，海派的虚谷，等等。光是临明代唐寅的一幅《匡庐三峡图》就临写了40多遍，直到能够背写出来。

赖少其注重将传统带入当下生活，他从现实的黄山中印证了徽籍清代画家程邃的技法后，对其尤为倾慕。

20世纪70年代，赖少其开始醉心于扬州八怪之一的金农，其“老树著花”的书风、“崎岖顿挫”的画骨感染了赖少其。赖少其对金农50岁以后刀削一般的“漆书”十分喜爱，舒长刻入、雄奇角出的风格开始出现在赖少其的书法之中，人称“赖体”。这种金石之气又逐步融入赖少其的画作。赖少其曾请安徽铁画工匠打下一副铁制的对联——“笔墨顽如铁，金石掷有声”，足见其追慕的风格。

20世纪80年代初，一些到访黄山的友人经常会在黄山遇到写生创作的赖少其。他几乎每天都要上山写生。早饭过后，赖少其就“全副武装”背起画夹、带上笔墨宣纸，拿起手杖，穿着厚底皮鞋上山写生。有时路途遥远，他会带上两个馒头、一壶冷开水，在山上画一整天。炎夏之时，他的皮肤被晒得黝黑，脚趾磨烂了，十个脚趾甲全部脱落……

数十年如一日，赖少其苦修“蒙养之功”。女儿赖晓峰回忆说：“父亲一生在艺术上勤奋过人。家里有许多被剪裁成长条的宣纸，父亲每天下班回家后，就会在这些宣纸上临摹古画。即使是等待饭菜做好前的一二十分钟也不放过，如此坚持了数十年。”

更为可贵的是，他勇于将传统拿到当下，与现实结合。清末画家常常集中描绘黄山一角，赖少其敢于突破，从全景角度表现黄山气韵。赖少其笔下的黄山，丈二及丈二以上巨幅就有五六十幅之多，把亲自走过、了然胸中的黄山每一峰、每一水以至一草一木，以艺术家独有的审美视角，重新安排布置，以诗人一般的激情将黄山的全貌概括表现出来，达到咫尺千里之势。

赖少其一生创作了数百幅以黄山为题材的画卷。《黄山之赞》《鸣弦泉》等作品既能坚持古代传统，又不为前人所囿。在安徽生活工作的27年，赖少其对黄山的倾慕、崇敬凝固成了黄山情结。赖少其将传统放置于现代，将古法转换为今用，成为安徽自新安画派渐江、国画大师黄宾虹之后承前启后式的人物，被评论界称为“新黄山画派”代表人。

琢

梦入武陵知非梦，画到精熟疑是画

从安徽省委宣传部副部长、省文联主席的职位上退下来后，他回到广州，谢绝一切政务琐事。赖少其将自己的画室命名为“木石斋”，以此铭记鲁迅对他“一木一石”的教诲。

“欲佩三尺剑，独弹一张琴”，这是赖少其回广东后在书斋内悬挂的对联，也表露了他内心坚决变革的气度。他自称不是岭南画派，也相对独立于岭南画派之外，在广东画坛处于相对边缘的位置。艺术中的孤独、冷落，给了他足够的自省空间。

赖少其晚年开启国画变法之前还有一个前奏，他曾一手主导了安徽版画的全面革新。1959年，为庆祝新中国成立10周年而布置首都人民大会堂的安徽厅，赖少其调集全省版画骨干展开一次大胆尝试，用一个月时间创作完成了四幅大尺寸版画作品：《黄山后海》《淮北变江南》《旭日东升》《黄山宾馆》。赖少其已不再是早期革命版画家的风格，他一方面回归传统，继承了明清徽派版画精雕细镂的线刻；一方面又融合西方，在套色版画中首次吸收西洋画色彩。尺寸上突破常规，创造了国内版画界前所未有的巨幅版画。技法上，他独创性地发明了“黑（或深色彩）上压白（或浅色彩）”的“以白压黑”工艺，把国画技法和民间木刻的技法融入版画创作，使之具有民族气派，创造了“中国新徽派版画”。

“丙寅变法”中，赖少其延续了早年版画变法的心得，将之运用于国画。在作于1986年的《剑叶洒金花》自题中，赖少其这样写下变法心得：“余于丙寅归故里，住羊石斋中吸收中画与西画之长，实行变法，既不似中画，也非西画，姑称为中国人所作之画可也。”

赖少其的变法精神，与20世纪另一位广东籍大师林风眠颇为相似。两人生前曾为知己。赖少其在上海担任文化界领导时，曾出面保护林风眠，将林风眠的名字从一份右派的名单中划掉。林风眠因此对赖少其格外信任，两人的友谊一直保持到晚年。1977年，林风眠移居境外，但即使在香港、在巴黎，在万里之外的巴西，也一直与赖少其保持密切的书信联系。

20世纪80年代起，赖少其先后游历了日本、美国、欧洲等地。在西方著名艺术殿堂，近距离接触了欧洲经典名画。1992年，赖少其赴法国考察了巴黎卢浮宫、毕加索博物馆、罗丹博物馆，印象派画家马奈、德加、莫奈的作品深深打动了赖少其，这些用“速写”笔法完成的“瞬间印象”，急速抓住了生活中的美感，打动了他。

“丙寅变法”中，赖少其大胆吸收了印象画派用光用色的经验，增多了湿墨的运用，笔墨更趋简练和主观概括，画风柔和明丽；题材上多了南国的花卉、游鱼以及现代建筑；艺术语言更为自由，更加灵活地“法为我用”。

磨

梦中写来苦，笔笔汗湿衫

1989年，赖少其被诊断患有帕金森氏综合征。他左半身麻痹、肌肉萎缩，行动不能自理。此后十余年间，他与病魔斗争，勃发出坚强的生命意志。所幸他的右手仍可以活动作画。这种精神意志投射在艺术中，最终把“丙寅变法”推向高峰。

赖少其变形的左手常常引起肌肉痉挛，手臂肌肉常常硬如铁石，痛苦不堪，但他一直没有放下画笔。从1991年作《黄山一夜雨》到1996年的《雪》《山水》，一直延续到1999年的《设色山水》系列，他一直在变。

1997年至2000年是他生命的最后3年，也是赖少其帕金森症最严重的时候。

他失去了行动能力，几乎都是在病床上度过。赖少其夫人曾菲发现，只要让赖老拿起笔作画，他的疼痛似乎可以减少。画画成了赖少其病中唯一的活动。

每次作画，夫人、女儿或护理都会准备好绘画材料，赖少其斜倚于病榻，用一只还未完全麻痹的手在一块小画板上作画。此时，他已不能言语，喉、鼻皆插着管子。有时候画了很久的画，口中还含着没能吞下的药。但他仍然以顽强的生命意志，完成了80余幅山水画创作。一根根硬拙的线条，源源不断地在他的笔下生发出来。

女儿赖晓峰回忆说，父亲最后全部的生命意志都表现在绘画上。“患有这样的重病，他仍然可以画画，被医生视为一个奇迹。他生命的意志力是那么顽强，有时一笔过去，宣纸会被那股凝聚笔端的力量戳破。”

这些画已不仅是画，而是赖少其挑战生命极限的图像。它们是苍凉的欢愉，是寂寞的哀伤，渗透着与死神正面搏斗的强悍的张力，涌动着灵魂的呻吟。最后的时刻，赖少其的笔墨形式进一步更迭，将如虫蚀木的传统线条笔法与源自印象主义的灿烂色彩融为一炉，表现为一种人们前所未见的新山水。

在学者李伟铭看来，赖少其晚年的作品就像一只密封容器，填充其中的是表面上看来无法相容的各种知识、经验，它们在一种高度的精神压力之下产生了微妙的质变。这些绘画，已经不能简单地用“由西返中”或“兼济中西”来概括。

赖少其创作于1998年的作品《白云山夏日室内》，完全可以看成一幅西画来解读。这幅作品中，展现了赖少其早年受到的良好的色彩训练，糅合了他毕生练就的版刻艺术、书法碑学、传统山水画和西方现代主义绘画的经验。在这样的作品中，赖老的绘画已没有一个笔墨的终极规范，他以强大的生命意志，挑战了艺术的终极规范。

2000年11月28日，在南国的冬日，这个拥有浪漫情怀、过人毅力的生命走到了终点。最后的日子，赖少其仍每天写下“天地

20世纪80年代初，在赵少昂家，左起：阮波、曾菲、胡絜青、赵少昂、赖少其

1987年，赖少其在浙江普陀山写生

为师”“一以贯之”“上下求索”等书法字迹。在他去世后，夫人曾菲将他留下的大部分作品捐赠给国家，一部分留在广州，收藏陈列于广州艺博院；一部分捐给安徽，收藏于赖少其艺术馆。

在85年的人生历程中，赖少其以超乎常人想象的勤奋和意志力，完成了一场超越生命极限的挑战。他最动情的笔留在让他魂牵梦绕的黄山，这里有他的纯真质朴，有他对生命的全部眷恋。这些画，已不是画，而是生命的剪影，如他在《黄山之梦》中写下的那首诗，生气盎然、延绵不息：

老夫归故里，
日日梦黄山。
梦中写来苦，
笔笔汗湿衫。

本文对赖少其女儿赖晓峰、女婿于在海的帮助表示感谢，并参考了胡志亮《木石魂——赖少其传》、李伟铭《挑战极限——赖少其的晚年画艺》、罗一平《造物铸为心象·笔墨化现生命——论赖少其对21世纪中国画发展的意义》等文章。

访 谈

他打通了艺术的规律和人生的感悟

受访者：广东美术馆馆长、广东省美术家协会副主席罗一平

百年双喜 特约 世纪广东美术家 A22
广东美术馆馆长罗一平谈赖少其艺术贡献
他打通了艺术的规律和人生的感悟

从早年对西方现代艺术的憧憬，到成为革命版画家，再到深入传统书画的堂奥，回广州开启“丙寅变法”，最后晚年在病榻上完成变法……赖少其的艺术人生，一直在超越与革新中求变，他的艺术没有终极规范，是不断挑战极限的精神征途。

在学者李伟铭看来，赖少其是一位具有清醒的文化前卫意识的艺术家。他既非以皈依西方的形式来反传统，也不是选择回归传统的方式来反西化。他所选择的不断变化的图式表明，在他的价值理念中，没有终极规范。“在衰病之年在名利无关的情境中，由于一种独立、非凡的艺术意志的导引而真正进入了大自由的境界，这是先生的超凡之处，也是他作为一个真正意义上的现代艺术家的本真之处。”

近年来，美术史研究者开始重新认识赖少其，对他“丙寅变法”尤其是80岁以后的作品尤为看重。从20世纪80年代末期开始，帕金森综合征剥夺了赖少其的行动自由，他生命中最后的三年差不多都是在医院度过。但正是在这与病魔抗争的三年中，赖少其完成了令人惊叹的变法，在点、线、面构成的抽象图式中，潜隐着灵魂的呻吟，深埋了极大的精神冲击力。

特点
与林风眠的探索殊途同归

南方日报：在您的一篇文章中提到，赖少其与20世纪中国画

坛另外一位重要大师——林风眠，在艺术生涯、艺术人格和艺术理念上有相通之处，能否论述这种共通性？

罗一平：林风眠与赖少其生前是挚友。他们都勤奋终生，成就斐然，其艺术都是合天真与苍茫、单纯与丰富、传统与现代为一体，作品的内在精神力量和外在表现语言都是其生命本真的呈现。

二人有着相似的人生经历。林风眠早年得意，后来经历了人生的低潮，赖少其也经历过人生的大起大落。林风眠用西学眼光探寻中国宣纸上诗意的表达，探寻一个知识分子对命运的沉忧。赖少其也一样，解放初他是华东地区和上海文艺界主要领导人之一，因反右斗争“立场不稳”被免去职务调到安徽工作。在逆境中，他成功地组织安徽艺术家完成了新中国成立十周年大庆人民大会堂安徽厅的绘画创作任务，创作了极具视觉冲击力的全新面貌的“新徽派”版画，在中国美术界引起了巨大震动，他也由此传奇地成为中国版画“新徽派”的主要创始人。20世纪80年代，他已成为“新黄山画派”的领袖，90年代又以其“丙寅变法”的新面目以及生命最后几年创作的近百幅极具生命张力的不朽杰作，昂然走进了20世纪中国伟大艺术家的行列。

赖少其丰富的人生经历，加上他深厚的综合学养，使得他在艺术的发展革新中，做出的判断与林风眠非常相似，殊途同归。他们都有极高的修养、综合的能力和诗人般的浪漫气质，因此很清晰地知道创新的过程中哪些需要舍弃。

启示

置传统于现代生活去创新

南方日报：从早年成为鲁迅旗下“新兴木刻运动”的干将之一，到后来转入国画，并在晚年开启“丙寅变法”，不断将西方现代绘画元素引入传统水墨，赖少其的艺术总在变化与自我超越之中，这其中的启示是什么？

罗一平：赖少其的艺术给我们的一个文化启示是，要高度重视传统对现代的重要作用。他的中国画之途，启蒙于黄宾虹，发端于版画“新徽派”的创立，成名于“新黄山画派”的艺术实践，升华于“丙寅变法”，大成于80岁后。

赖少其首先是一个革命的版画家。他因为革命版画家的身份以及后来特殊的经历，在整个的艺术创作中，仿佛具有了超越一般画家的胸怀。赖少其非常清楚艺术要达到的终极目的是什么，他似乎总能展现出超越某种地域性画派的气魄，因此不遵循于特定技法。他在安徽牵头创造“新徽派”版画，以自己对传统徽派版画和新安画派的深切理解，传统今用，在传统徽派版画线刻精雕细镂的基础上，糅入新安画派的语言元素，形成了以现实生活为据，以传统徽派版画为根基，以新安画派为内质的大尺幅“新徽派”版画。其特点就是具有鲜活的生活感和大尺寸，他负责创作的悬挂在人民大会堂安徽厅的版画有两米多长，在此之前国内鲜有这么大的版画。

之后，他由新安画派深入研究传统文人画，他首先强调的是生活是第一位的。赖少其到安徽后研究徽派艺术，师从梅清、程邃、黄宾虹等诸位徽派大家，尤其是他跟黄宾虹有特殊感情，黄宾虹让他认识了中国画的精髓。但赖少其把生活放在第一位。他带着吸收到的传统笔墨，深入黄山之中去运用，使得传统为他所用。他把古人程式化的黄山，变成了真正可以走进去，可以立在面前的黄山，让黄山有了情感，让黄山有了当下的生命感。

赖少其对传统的研习是讲究策略的，他既注重对中国传统文化整个大连环结构的理解，又注重结合自我的个性和性情，有选择有侧重地对研习对象做出审美的价值判断，把研习的主要对象放在两宋和明清的绘画艺术上。赖少其研习宋人的成果是“得山之骨”和“得山之势”。在空间的处理上，他是用宋人的“以大观小”“以体观面”的方法，着眼于山川物象整体的形神兼备，把宋画“图真”的艺术理念与对事物本质精神的把握结合起来，从大处着手，以远眺代近观，将视线范围之外的景物收入画面，将黄山全貌概括表现出来，达到咫尺千里、博大雄浑的气势与神韵，形成了厚重、朴拙、遒劲、雄浑的风格，被称之为“赖氏黄山”。

赖少其一直在打通传统与生活的关系。如果说元明清三代画家是写山水，赖少其则回归了宋代绘画读山水的特质。赖少其用一种意境和场景，把自己读到的山水用徽派的笔墨表现出来。到广州之后生活环境变化了，南方鲜艳的花卉和山水，启发他开始“丙寅变法”。赖少其一直不停探索、前行，使得他笔下的黄山面貌大变，他又常常梦回黄山，加上他不断融入早年的西画元素和后来接触到的印象派风格，他晚年笔下的黄山已与当年不同，充满了更多抽象性和精神性的现代意味。

贡献

他堪称“宾虹之下第一人”

南方日报：赖少其晚年回归岭南开启“丙寅变法”。对比20世纪诸多中国画大师如齐白石、李可染等人的变法，“丙寅变法”提供的启示意义是什么？

罗一平：我曾在赖少其的家里拜读过他生命的最后几年在病榻上完成的近百幅遗作，在看的过程中我流泪了，我感受到一个真正的艺术家的生命意志。

赖少其对21世纪中国画发展的一个重要启示是：一个艺术家必须具有自我否定的勇气，要学会自我否定，并能智慧地自我否定。如此，他才能走出已成定型的思维惯性，在已有艺术成就上获得更高层次的升华。赖少其的自我“否定”是他回归故里广州后的“丙寅变法”，这是赖少其的艺术由“师古人”经“师天地”到“师我心、写我法”的升华阶段，个人风格为之一变。通过“丙寅变法”，赖少其的艺术创作进入了一种物我“兴会”的精神状态。而最后三年病榻上的赖少其，更是用艺术在与神灵对话。

在他临终前的最后三年，赖少其患有严重的帕金森综合征，身上插满管子，肢体疼痛难以用力。每次画画，他起笔的时候是抒情性的，像打太极拳一样优美，但往后推动的时候，会有短暂的昏迷状态，会忽然出现早期版画的笔触，他似乎又会很快觉察到不对，开始拼命堆彩……他是在一种非完全清醒状态下完成最后这三年的画的，他不是在画画，而是在画一种生命状态。

因此在他作品中，透露出的是不惧一程一法的得失，是不惧于中西之间差异的释放。在他生命最后的时刻，他把艺术的规律和人生的感悟完全打通了。他可以随心所欲地跳出之前对艺术的认识。在他的山水画中，山、树、植物，颠覆了他20世纪80年代在黄山的绘画，不再具备那样的生活感，而完全是一种精神性的描摹。这种精神性的绘画在20世纪的中国艺术史中并不多见，其充沛的精神力量令人动容。

还有一点，他最后重病的时候不能说话，所有的颜料只能护工买。他最后的画，很多是护工递上颜料后完成的。因此在这些画里除了传统笔墨、国画颜料外，丙烯、水彩、水粉都有，这是古今中外都没有过的。他最终达到了一种生命力很强的创新，这是由生命状态决定的创新。

在他生命的尾声，他的画面已没有一个笔墨的终极规范，作品的形式已成为一种超形式的形式，表述着对生命、对艺术最内在的理解。在那点、线、面构成的抽象图式中，那种旋转涌动之势令人感觉到图像背后潜隐着灵魂的呻吟，展示出一种远离俗趣、感悟真挚、畅游梦幻的生命图像。尽管在病中，但他的精神状态是理智的，画面的构成丝毫不因精神的冲动而混乱；墨彩的渲染精而有度，印章与题款极具匠心。而这些特征形诸水墨之后，构成了画面抽象的精神境界，使他的作品如同一个神奇的大链条，把画面的各个环节丝丝扣牢，使抽象与具象、理性与非理性整体地连在一道，传达了他心灵深处情感的跌宕起伏。

南方日报：把赖少其放在20世纪的诸多山水画艺术大师中，他的贡献和价值是什么？

罗一平：20世纪声名显赫的“艺术大师”正逐渐离我们远去，他们的背影变得模糊起来。而有一些艺术家，却由于其自身的人格魅力和作品独具的美学魅力，其艺术思想和艺术作品正日益进入当代学人的视野，他们越走越远的身影竟变得越来越清晰，越来越高大，赖少其就是其中一位。他所做的艺术探索，与其他几位大师相比毫不逊色，但是人们对他的成就晚认可了大概20年。

我认为，赖少其是“宾虹之下第一人”。因为他是20世纪中国画坛上极为罕见的具有全面修养的艺术家。一方面，赖少其接续了传统文脉的博大精深，在诗文、版画、书法、篆刻任何一个方面的成就都可以载入当代艺术史册；另一方面，他又具备许多同时代艺术大师所不具备的鲜活的时代性和生命激情，他更以其铮铮铁骨，以“入”“出”传统的文化路径，以“丙寅变法”“师我心、写我法”的艺术探索和生命最后几年“虚与气合”超然于一切的生命境界，在20世纪中国美术史中书写了自己浓重的篇章，成就为20世纪最伟大的山水画家之一。

20世纪70年代，赖少其在黄山写生

作品欣赏

点评人：罗一平（广东美术馆馆长，广东省美术家协会副主席）

《碧桃》

点评：这是赖少其早期的作品，一眼看去，陈老莲的笔墨味道比较浓。他临摹陈老莲到了以假乱真的程度，以陈老莲的笔墨画花卉，形式感能和陈老莲的内在气质吻合，既有装饰性又有书写性，还强调了韵律的感觉，把文人写意的笔墨融入进去，表明他吃透了传统。

《万松图》

点评：这是1977年他在安徽期间在黄山的创作，是非常杰出的作品。整幅作品可以看出他对新安画派的学习，明显流露出程邃的风格，运用干擦表现出徽派的韧，但他又将自己胸怀当中徽派不具备的宏大气魄融入进来。整幅画面蕴含了非常广阔的天地，包括他很有形式感的题字，无论是在意境还是在布局上都达到了很高的高度。如果把它放在传统的中国画当中无疑是杰出的，即使在今天参加全国美展，也很可能会脱颖而出。这时期，赖少其已经把传统笔墨的元素组合成自己的胸境，但还没有完全形成自己的风格。

《一点一画不作难》

点评：这是1989年，赖少其回到广州后的作品，此时他已经开启“丙寅变法”，开始形成比较有自己特色的典型的黄山风格。这是一幅很杰出的作品。画上有赖少其自题诗：“一点一画不作难，点点画作梅花斑，老夫今年七十四，发如衰鹤鬓有霜。”他以传统笔墨画出了黄山千仞壁立之感，运用了很多点墨的方式表现，有黄宾虹积墨的影子，也带有一些版画的元素。这样的黄山，不程式化，有一种生活的感觉，面貌又是他自己独有的。

《不如鱼乐》

点评：赖少其回到南方后开启“丙寅变法”，生活环境的变化引发他画风的改变，他开始涉猎花鸟、热带鱼的绘画。可以说，他一探索就已入化境，没有过分强调写生，用笔墨把热带鱼和山水融在一起。表面上是在画热带鱼，也可以视为是在画山水画。尤其是对色彩的把握非常好，笔墨中还保留了浓郁的文人画气度。

附录

热血丹青　世纪苦魂

——李伟铭、蔡涛谈20世纪广东美术家的贡献

受访者：广州美术学院教授李伟铭，广州美术学院副研究员蔡涛

乱石穿空，惊涛拍岸，卷起千层浪。百年中国画坛，一批批广东美术家以先驱者的形象出现。其中包括新国画运动的领军人物“二高一陈”，在鲁迅所倡导的“新兴木刻运动”中，许多猛将也出自广东，如李桦、古元、黄新波等人，他们深刻影响了新中国美术的发展。除此之外，还有一批广东艺术家特立独行，不合于潮流，踽踽独行完成了非常个性化的艺术探索，如林风眠、李铁夫……他们共同汇聚成广东美术近百年异常精彩的图像。

十余年来，在诸多学者的努力下，广东现代美术的版图开始被逐步还原。我们逐步认识到，20世纪的广东画坛是一个大师辈出的时代：这些广东美术家，既是艺术家，更是思想者。时代和命运搅动下，他们用毕生才智心血创作出来的艺术财富，其价值可能还未被充分认知。

谈思想动力

“折衷主义”是为了走向世界

所谓“现代性”，指的就是“世界性”。可以说，身处时代洪流的巨变中，广东艺术家是最为敏感的一个群体。高剑父提出“折衷主义”，这是一种非常前沿的思维方式，即我们如何走向世界。

南方日报：作为西学东渐的前沿，近代广东涌现出康有为、梁启超、孙中山等一大批具有变革性的思想领袖，他们的思想给近代广东美术变革先驱们带来了怎样的影响？

李伟铭：近代广东美术的变革与文化思想变革有着千丝万缕的关联，他们最早有意识地从自身的艺术实践中寻找现代性的解答。中国近代社会文化经历

了“数千年未有之大变局”。甲午战争之后，中国妄自尊大的格局被打破了，中国人不管愿不愿意都要开眼看世界，从整个世界的格局对中国进行定位。

高剑父最早创立岭南画派时提出的是“折衷主义”，这是一种世界主义的概念。五四运动以后，中国文化发展的一大潮流就是世俗化、大众化。20世纪无论学术界还是其他文化领域中有建树的人物，不可能全部是摹古，也不可能全盘西化。所谓“现代性”，就是“世界性”。可以说，身处时代洪流的巨变中，广东艺术家是相当敏感的一个群体。他们比较早地在自身的艺术实践中去寻找现代性的解答。

蔡涛：近代广东的美术革命直接与政治革命、思想革命相对应，而这些参与政治活动的轨迹也直接投射到他们的美术创作当中去。岭南画派创始人“二高一陈”本身就是同盟会成员。尽管他们在职业革命家的道路上未必走得很远，但都曾参与到这场让中国发生巨变的事业中来。这也体现出广东美术发展道路的特殊性，相形之下，北方的齐白石、徐悲鸿就没有呈现出这样鲜明的发展轨迹。

18、19世纪，广州已经是世界最大的外销艺术商品的制作基地。但是为什么没有产生“二高一陈”那样的折衷画派？因为那只不过是迎合外商趣味的一种旅游商品，并没有引发思想内部的革命。但近代不一样了，国家出现了重大危机，思想文化也出现重大危机，思想革命直接投射到艺术的衍变中。

广东从近代以来作为外销画的基地，到出现这么多留洋学生，乃至最后抗战有这么多艺术家投身于自己的良心事业，是很壮观的一个过程，是中国美术史汇入世界美术史的过程。作为一个区域来说，广东“领风气之先”的特质比中国的其他地区更明显一些，当然同期的上海也是一个重点。

南方日报：不少近代广东美术家，如“二高一陈”、郑锦等都曾赴日本留学，留日的经验给他们带来了哪些重要的影响？

蔡涛：无论是新文化运动的先驱者，还是现代美术家的队伍，最早都是在留日大潮中汲取西学和现代化的经验。西方绘画最早通过日本传入国内，广州市立美术学校创校者胡根天先生就毕业于东京美术学校，他当时做的梦，可能是印象派的梦；比他稍晚的广东美术家谭华牧、关良先生可能做的是塞尚的梦；比他们再晚的丁衍庸先生可能做的又是马蒂斯的梦。那样一个时代，他们在东京留学的现场，拥有一种世界主义的关怀，不管来自台山，还是茂名这样的小县城，一旦来到东京这样一个繁华的都市文化的现场，都会和日本的年轻学生一样，开始拥抱世界主义的梦想。

“二高一陈”初到日本留学，受到了非常大的刺激。高剑父在东京留学期间参观了浅草公园——当时日本现代文明开化的一个据点，其中设有一座昆虫馆，高剑父就在里面写生，由此获得了与他的老师“二居”临摹草虫完全不一样的科学写生的观念体系。近代科学的体系深刻刺激了鲁迅、高剑父这批文化人。

岭南画派早期自称“折衷画派”，“折衷”在日本近代化过程中是一个普遍的思想方法，在中国也是这样。我们称“折衷中西”，日本知识界称“折中和洋”，就是如何在东西方之间调和出一种适应现代格局的趣味，形成观察世界的新鲜角度和美术创作的新方法，这是当时东亚区域内艺术家们的一种共识。可以说，“二高一陈”当年学习日本画的意义在今天看来意味深长，他们希望进入到一个已经觉醒的现代化国家里，去观察日本艺术家是如何进行美术现代化的。这个方案基本的一个逻辑就是“折衷”，这是一种非常前沿的思维方式，即我们如何走向世界。

谈艺术贡献

从“为人的文学”到“为人的艺术”

他们以个体良心的尺度，观察、记录了发生在神州大地上的时代剧变。我们看到，时代动荡之下，艺术家们在创作中发出个性的声音，这个关于“人”的尺度无比重要。我们需要将这批艺术家的非凡成就放置在世界美术史的格局中进行重新评价。

南方日报：近代广东画坛产生了高剑父、林风眠、黄少强等一批特别具有人文情怀的画家，这种情怀产生的根源是什么？

李伟铭：人格独立与思想自由，是现代性的两大标志。林风眠是真正具备现代性的画家，他在那一辈人中，是真正意识到现代性和世界性问题的一个。林风眠在家乡梅县的时候就学习传统绘画题材，到了法国以后，在课堂上学素描色彩，课余时间去博物馆。他觉得没有必要争论古今，画画就是点线面，用视觉语言表达一种个人的感受。自然而然地，他在家里画传统中国画，在课堂画西画，这本身是不矛盾的。可以说，林风眠这种观念确立得很早。他的画对西方经验和传统中国民间艺术达到了通透的理解，创立了不一样的审美范畴，他可以借笔墨真正表达自己的情绪。

蔡涛：1919年，陈独秀在《新青年》杂志上阐述了自己对美术现代化的观点，就是平民化、大众化的标准。可以说，大众化趋势是中国近代美术的基本命题。那个时期，不管是美术馆的新建、大量艺术杂志的传播，或者是报纸上大量关于艺术的报道和讨论，都在提出文艺大众化的价值尺度和路径。关注民生，从人类良知的角度探测艺术现代化的温度，艺术家们用内心感触外部世界，这和用眼睛科学地观察外部世界是同步的，基本上都反映了现代意义上的人文觉醒。

可以说，广东近代美术家，他们大都经历了从晚清到民国的社会巨变，他们的艺术也见证了从乡土中国走向世界的文化转型。当高剑父、林风眠他们带着乡音、带着传统的眼光和价值观走进外部世界的时候，经历了我们今天很难想象的激烈变化。

南方日报：您提到美术上的“现代人文觉醒”，在这一点上，广东美术家是如何觉醒的？这种意识的产生为日后中国美术的发展带来哪些作用？

李伟铭：高剑父很早就以美术家身份介入公共媒体建设，创立画报。他早期集政治家与艺术家的角色于一身，最早在上海创办《时事画报》、审美书馆，他认为报纸是传播知识、开启民智、振奋精神、借以实现普及教育的很重要的工具。高剑父、陈树人、尹德芬、潘达微，他们很早就意识到这个问题，既是美术家，又是新媒体人，他们把新闻视觉化。当时中国文盲多，他们运用图像传递思想。广东当时有一批精英，在视觉现代化方面扮演了很重要的启蒙角色。

蔡涛：广东的侨民文化就是全球化当中的一个区域性表现。理解鹤山籍艺术家李铁夫，开平籍艺术家司徒乔，台山籍艺术家谭华牧、黄新波，海南籍艺术家符罗飞等人的杰作，可能也需要联系到这种侨民文化的特质。他们的父辈、祖辈乃至他们自己，都曾穿越大洋在彼岸创业，经历过难以想象的艰辛，体会过生命的脆弱。我们不难在作品中读到这批艺术家敏感的心灵，他们以一己良心的尺度，观察、记录了发生在神州大地上的时代剧变。我们看到，时代动荡之下，艺术家们在创作中发出个性的声音，这个关于“人”

的尺度无比重要。比如司徒乔在抗战之后画的《空室鬼影图》，或者是黄新波的《废墟》，符罗飞的讽刺题材作品等等，那种直接呈现于纸面之上的良知诉求和大胆的形式创新，其实验性的表现颇类似于20世纪20年代风行德国的新客观主义。我们需要将这批艺术家的非凡成就放置在世界美术史的格局中进行重新评价。

南方日报：回顾百年广东画坛，中华独立美术协会以及后来“新兴木刻运动”的诸多猛将都是广东美术家，这其中又展示出广东美术家怎样的特质？

蔡涛：这两个群体在20世纪30年代出现的时候，都很难说有多大的现实影响力，但毫无疑问，他们都将自己视为中国艺术的前卫，是发展的方向。

“新兴木刻运动”在抗战后壮大起来，鲁迅说过：“擅长木刻的，广东居多。”其实，我们还可以将鲁迅的话引申一下：民国时期从事新兴艺术的，广东居多。这个新兴艺术的内涵，就包括了洋画、木刻等新媒介。中华独立美术协会是在决澜社之后，当时最有野心的洋画团体，他们的野心就是与巴黎、东京的现代艺术家们同台竞技，既追随潮流，又想领导潮流。几个成员都是广东人，梁锡鸿是中山人，赵兽是疍家人，李东平是潮汕人，这个协会又是在东京成立的，以巴黎和东京的独立美术协会作为模板。

中华独立美术协会和现代创作版画研究会，都是在广州市立美术学校内部发展出来的，考察两者当时的命运，却大相径庭：洋画，尤其是超现实主义的洋画，在抗战之后遭到贬低；而木刻运动，则借助了抗战整体上对于艺术宣传的需要，获得了前沿的主导性位置，这是1937年前大家都不曾预想到的。但是，广东这批青年木刻家在当时的确取得了不凡的成就。

我们今天解读黄新波在20世纪40年代初那批超现实主义风格的版画作品，还是觉得很有难度，在轰轰烈烈的时局和炮火中，还有人“躲进小楼成一统”，在写他内心的诗篇。20世纪的最后十年，广东美术最有趣的格局，或许是“大尾象”这样的新前卫和赖少其这样的老前卫共处一城，这位当年的木刻青年在广州进行暮年变法。赖少其先生曾在他画中题道：“余于丙寅归故里，住羊石斋中吸收中画与西画之长，实行变法。既不似中画，也非西画，姑称为中国人所作之画可也。”这是一位昔日的广东木刻青年在世纪之交为后人奉献的睿智的思考。解读广东木刻青年，需要从群体的组织形态、革命和左翼文化的内涵上着手，但也不能忽略这类极具个性化特征的人物和观念。

谈研究现状

评价美术先驱须重树标准

如果我们对何剑士、符罗飞、谭华牧、司徒乔这些不太知名的广东美术家进行持续的史料发掘和研究，艺术史的景观将有望一新。我们根据一位画家在当时的情怀和天才表现去评价他的重要性，风景会越来越开阔，广东美术和世界的联系会成为更富魅力的研究主题。

南方日报：在整理“世纪广东美术家”名单的过程中，我们发现近代广东美术史中有相当一批美术家被历史湮没了。是什么原因造成了这一现象？

蔡涛：《时事画报》作者之一、漫画家何剑士是一位非常特立独行的画家。传统文人性情与现代化的迷思充分地反映在他的作品和人生中。谭华牧的梦是关于后期印象派——塞尚的梦，这样的梦严格来说在相当一个时段内很难被公众领略和接受。赵兽是超现实主义的画风，他解放之后画画大都是在隐秘状态下进行的。再比如李铁夫，我们今天都说他很重要，不只是革命经历，本身他这种革命者的气质和胸襟投射到艺术创作中，可以说无出其右者，但在当时，的确是很落魄，少人关心。

由于种种原因，他们可能并没有像徐悲鸿那样通过执掌美院，对后世影响那么广泛。但50年之后，很可能对艺术家和作品的评价标准会发生一些改变。如果我们对何剑士、符罗飞、谭华牧、司徒乔这些不太知名的广东美术家进行持续的史料发掘和研究，艺术史的景观将有望一新。我们根据一位画家在当时的情怀和天才表现去评价他的重要性，风景会越来越开阔，广东美术和世界的联系会成为更富魅力的研究主题。

南方日报：如果重新审视这些近代广东美术家做出的贡献，当前的研究还存在哪些误区？

李伟铭：提到岭南画派，现在依然存在各种各样的误读。人们习惯把岭南画派与粤剧等地方文化等同起来，其实并不是这样，高剑父从来没有说过要建立一个地方性画派，他生前也没有提过岭南画派。回到20世纪初，广东的康有为、梁启超等一批仁人志士真正抱有经营天下之志，“二高一陈”也是有大抱负的，绝不只是希望经营一个地方势力。而今天，许多人仅仅把“二高一陈”的努力局限在一个地域性的画派去认知，失之偏颇。

另外，美术界对于近代美术的许多先锋性人物的评价体系也不成熟。我们很容易去评价吴昌硕、齐白石、潘天寿，因为我们可以从传统绘画非常完善的评价体系中寻找对应物。但是对于高剑父或者开启现代主义的近代美术家来说，我们还没有找到一个恰当的评价体系。如果我们用吴昌硕的成就来衡量高剑父的成就，显然是不成立的。

蔡涛：如果我们尊重历史对象的话，高剑父在生前并没有明确提出“岭南”的区域性概念。严格意义上，“二高一陈”提出的是面向全国，乃至面向世界的新国画，或称“折衷派”。如果说他们有一个核心理念，那就是在近代，在广东，这批先行的实验者，已经意识到了自我跟外部世界的关系，这就是一个现代艺术的格局。对岭南画派的讨论，如果还停留在有没有笔墨这样的鉴赏角度，是不能够真正领会那一代的中国知识分子的，他们对于美术是如何期许和理解的，如果当年那些结构性的观念变化与语言变异，不能被今天的人们领略和理解的话，那是一种遗憾。

我们看高剑父晚年的作品，艺术语言的丰富变化和开放性格局让人感到惊讶，甚至还有类似西方现代派的尝试。晚年退居澳门，他还在进行着这样的尝试。可以说，我们现在对高剑父的理解和认识还是很肤浅。我们需要让美术史的解读重新回到那个汇入世界历史洪流的重要时刻，从而开启对这些重要历史人物的重新评价。

南方日报：回首近百年广东美术走过的历程，您认为最大的价值和意义在哪里？

李伟铭：我认为任何历史研究，要能以古通今。我记得费正清曾讲过，从事历史研究最大的优点，是能够杜绝各种各样的狂妄自大。我认为，在美术研究的领域尤应如此。我们生活在这个时代，经历的所谓浮躁、喧嚣，其实过去也有。但是历史比较公正。对于历史学来说，历史评价主要靠作品说话。历史梳理对于活在当下的人，无论在学术研究还是在艺术实践领域都很有意义。